THE WESTMINSTER STANDARDS

三訂版

ウェストミンスター信仰規準

Westminster Confession of Faith
Westminster Larger Catechism
Westminster Shorter Catechism

松谷好明✣訳
MATSUTANI Yoshiaki

Ex.3:2

一麦出版社

The Confession of Faith

The Larger Catechism

by
John Bower

tr by
MATSUTANI Yoshiaki

2965 Leonard St. NE, Grand Rapids, MI 49525

Ichibaku Shuppansha Publishing Co., Ltd.
Sapporo, Japan

Soli Deo Gloria

〈三訂版〉によせて

訳者

拙訳『ウェストミンスター信仰規準』第一版は二〇〇二年、改訂版は二〇〇四年に、一麦出版社から出版されました。第一版の「あとがき」において私は、「信仰告白を中心としたウェストミンスター信仰規準の基本的な性格」を、第一に、プロテスタント宗教改革の総決算、第二に、イングランド・ピューリタニズムの精華、そして第三に、リフォームド・エキュメニズムと規定し、それについて次のように述べています。

ウェストミンスター信仰規準は、その三五〇余年の歴史の中で、非常にしばしば、それらが告白された本来の歴史的文脈から切り離されて、聖書から抽出された神学的命題集として擁護され、あるいは攻撃されてきた、という事実（があります）……今日わたしたちとしては、ウェストミンスター信仰規準をそれらが生み出された歴史的文脈から理解し、それらの信仰告白文書本来の卓越したキリスト証言にもう一度真剣に耳を傾ける必要があるのではないかと思います。そのようにすることは、決して単に過去を振り返り、宗教改革とその遺産を懐かしむことではありません。むしろ、そのようにして初めて、今日と未来のわたしたち自身の課題に立ち向かう基礎的な力と方向付けを得ることが可能となるのではないでしょうか。

私のこのような確信は今もまったく変わりありません。二十年ぶりに出される本〈三訂版〉の特徴は、以下の三つの新機軸です。

第一は、最も重要なものですが、〈三訂版〉においては、この二十年間の間に出版された「信仰規準」にかかわる英語圏の研究書と信仰規準の現代語訳、註解書などの批判的吟味、および訳者自身のささやかな神学研究などを踏まえて、訳語、訳文を練り直していることです。

たとえば、**act** の訳語は「決定」→「意志決定」、**adoption** は「子とすること」→「養子とすること」、**civil** は「国家的」→「この世の」、**gift**（s）は「〔一般的な〕賜物」→「一般的賜物」、**gift**（s）と区別された場合の **grace**（s）は「恵みの賜物」→「霊的賜物」、**judgment** は「裁き」→「審判」、**oath** は「宣誓」→「誓約」、**reprobate** は「失格者」→「棄却の民」、と変更しました。

翻訳上特に有益だったのは、チャド・ヴァン・ディクソーン（Chad Van Dixhoorn）、ジョン・R・バウア（John R. Bower）、それぞれの著作ですが、具体的には、信仰規準各文書の冒頭の凡例において紹介いたします。

第二は、訳文構成上の新機軸です。「信仰規準」、特に「信仰告白」の原文は、ほとんどの場合かなり長文（複数の文章がコロンやセミコロンで繋がれている場合も、ピリオドは最後に一つのみ）ですが、それは、神学的論理を明確にし、その上で教理命題を簡潔・適切に提示するためでした。従来の拙訳でもその点に相当留意してはいますが、日本語としてわかりやすくするために長い一文を句点で句切り、複数の文章としたところも少なくありませんでした。しかし、この〈三訂版〉においては、原文の本来の意図を生かすことを優先させたいと考え、ピリオドが打たれていない限り、どんなに長い文章でもそれを一文として翻訳する方針を採りました。そのため、長い一文の場合、句点、読点なしで前の文章を一旦終わり、その後に縦線（――）を挿入して、後に続く文章と繋ぎ、全体が一文であることが一目瞭然にわかるよう工夫しました。これによって読者は、「信仰規準」、特に「信仰告白」の構造と展開が、聖書的・慣用的〈二分法《にぶんほう》〉（全体を二つに分ける）だけでなく、十六、十七世紀欧米の神学と哲学に大革新をもたらしたペトルス・ラームス（**Petrus Ramus** 一五七二年、サン・バルテルミの虐殺で殉教したフランス人哲学者）の〈二分法《にぶんほう》〉（各概念の二分をくり返す）に基づいていることを比較的容易に洞察することが可能となります（「ウェストミンスター信仰告白」の二分法的構造については7頁の図をご参照ください）。

第三は、相当数の訳語にカタカナのルビを振り、原文の英語を明記したことです。ある程度英語を学習している読者はこれによって、本文をより正確に理解できるようになり、また重要な神学用語、聖書語句の英語に習熟し、教理と神学の更なる学びがなされることを願っています。もとより英語の読み・発音については同じ英語圏においても時代と地方で相当の違いがあり、今日の表記法にも諸説があることは周知の事実です。それをふまえた上で本書では、便宜上、カタカタの読みを現代の標準的発音（研究社『リーダーズ英和辞典』を主に参照した）にできるだけ近づけることに努めました（但し、語尾については必ずしもそれに沿わずに、従来のカタカナ読みにしたところが多くあります。また、発音記号のa、ɑ、æ、ə、ʌ、をすべて「ア」と表記せざるをえなかったことなどもご了解ください）。

この二十年の間に、我が国においては、日本キリスト改革派教会の教師、長老（大学教授）による以下の「信仰規準」関連の翻訳、註解書が出版されていますので、それらとの批判的対話・検討も怠らないように努めました。村川満・袴田康裕訳『ウェストミンスター信仰告白』（一麦出版社、二〇〇九年）、水垣渉・袴田康裕著『ウェストミンスター小教理問答講解』（一麦出版社、二〇一二年）、宮崎彌男訳『ウェストミンスター大教理問答』（教文館、二〇一四年）などです。また、日本長老教会からは、小教理問答の解説書、G・I・ウィリアムソン著『よくわかる教理と信仰生活』（遠藤潔・黒川雄三・古川和男訳、二〇一二年）が出されています。しかし、そうした著作と性格を異にし、かつ「信仰規準」全体を厳密に翻訳することを試み、一書としている本〈三訂版〉の価値は、いささかも揺るがないと確信しております。

ウェストミンスター信仰告白の二分法的構造　訳者　松谷好明による分析

- 聖書 …… 第１章
  - 神について信ずべきこと（客観的）
    - 神の本性（属性、三一性） …… 第２章
    - 神の救いの御業
      - 聖定（予定） …… 第３章
      - その遂行
        - 創　造 …… 第４章
        - 摂　理 …… 第５章
          - 人間の堕落・罪・罰 …… 第６章
          - 人間の救い
            - 神の契約 …… 第７章
            - 仲介者キリスト …… 第８章
              - 自由意志 …… 第９章
              - 有効召命 …… 第10章
                - 義　認 …… 第11章
                - 養　子 …… 第12章
                - 聖　化 …… 第13章
  - 神が人間に求める義務（主観的）
    - 福音の受容（信仰）
      - 霊的賜物（Grace）
        - 救いに導く信仰 …… 第14章
        - 命にいたる悔い改め …… 第15章
      - その実り
        - 善い行い …… 第16章
        - 恵みの状態
          - 堅　忍 …… 第17章
          - 確　信 …… 第18章
    - 律法への従順（生活）
      - 神の律法（道徳律法） …… 第19章
      - キリスト者の奉仕
        - キリスト者の自由 …… 第20章
        - 自由に基づく奉仕
          - この世の秩序の中で
            - 神への義務
              - 礼拝・安息日 …… 第21章
              - 誓約・誓願 …… 第22章
            - 隣人への義務
              - 為政者 …… 第23章
              - 結　婚 …… 第24章
          - 教会的秩序の中で
            - 教　会
              - その本質 …… 第25章
              - 聖徒との交わり …… 第26章
            - 教会の制度
              - 聖礼典
                - 本　質 …… 第27章
                - 要　素
                  - 洗　礼 …… 第28章
                  - 主の晩餐 …… 第29章
              - 教会政治
                - 教会譴責 …… 第30章
                - 教会の会議 …… 第31章
- 来世（終末）
  - 死後の人間の状態と死者の復活 …… 第32章
  - 最後の審判 …… 第33章

目次

三訂版　ウェストミンスター信仰告白

凡例

1　底本には、ジョン・R・バウア（John R. Bower）の校訂による最新のクリティカル・テキスト（*The Confession of Faith-A Critical Text and Introduction*, Reformation Heritage Books, 2020所収）を用いた。このテキストは、従来訳者が底本としていたS・W・カラザース（S.W. Carruthers）校訂のクリティカル・テキスト（1937）、および、村川満・袴田康裕訳『ウェストミンスター信仰告白』が底本としているコーネリアス・バージス（Cornelius Burges　神学者会議の副議長も務めた中心的なメンバー）筆写のOriginal Manuscriptに基づく版（通称「ウェストミンスター信仰告白三〇〇周年記念版」、*The Confession of Faith of the Assembly of Divines at Westminster*…edited by S. W. Carruthers, London, Presbyterian Church of England, 1946）に見出された、本文と証拠聖句の多くの問題箇所に修正を施したものである。この修正の大部分は大文字と小文字の違いやコロン、セミコロンの打ち方の相違で、教理の叙述に大きくかかわるほどのものではないが、中には本文解釈上慎重に考慮すべき箇所が少なくない。証拠聖句については実質的な変更箇所が21、ピリオドとカンマの修正箇所が52ある。このような理由から、本〈三訂版〉は従来のS・W・カラザースのクリティカル・テキストではなく、バウアのクリティカル・テキストを底本とすることとした。但し、このクリティカル・テキストは英単語・文章の表記法（大文字、小文字、綴りなど）において非常に独自で読みにくいため、従来の底本であるカラザースのもの（1937）と上記イングランド長老教会の「ウェストミンスター信仰告白三〇〇周年記念版」（1946）を併用した。

なお、バウアは上記研究書（2020）において、イングランド長老教会の「三〇〇周年記念版」（1946）は、バージスの手になるOriginal Textにカラザースが大幅に手を入れて読みやすくしたものであることを綿密に実証している。S・W・カラザースのこうした努力によって、イングランド長老教会版は本信仰告白を解釈する上で極めて有用なものとなっている。

2　テキストでは、各章の第一節の冒頭には番号が付されていないが、便宜上［　］に入れて付した。また本文中で文章や節、句を列挙する場合、原文ではカンマだけでなく、主にセミコロンを多用している。本翻訳ではそれを活かすために、〔第一に〕、〔第二に〕などの表記を用いる工夫をしている。「本文にない第一、第二などの表記は問題だ」とする向きもあるが（既出の村川満教授ら）、それは今述べたように、それらは言葉としてはないが、主としてセミコロン、コロンなどで区別されている箇所を解釈して明示したもので、表記自体に問題はない。問題があるとすれば、それらの記号の役割を文脈上、神学的、論理的に的確に解釈しているかどうかである。

3　テキストでは、証拠聖句は英語のアルファベットで表示されているが、見やすさを考え、アラビア数字で代用した。証拠聖句の表示において〈with〉がテキスト全体にわたり多くの箇所で用いられている。訳者はこれを「～と比較」と訳してきたが、これに対して村川教授は、withはそうではなく、～

と共に、～と一緒に、が本来の意味であるとして、「さらに～も参照」と訳している。しかし、バウアの上掲書 *The Confession of Faith* は、証拠聖句に付ける with は「～と比較」（compared with）の意であることを明らかにしており、ヴァン・ディクソーン（Van Dixhoorn）も左記の註解書において同様の解釈を示している。したがって、訳者は従来のとおり「～と比較」とする。

4 （ ）は原註を、〔 〕は訳者註を表す。本文において挿入や付加と見られる部分は多くを――で示した。

5 翻訳にあたっては、一麦出版社の方針に従い、本文、証拠聖句とも、基本的に聖書新共同訳にそっている。証拠聖句の箇所が口語訳聖書、新改訳聖書で異なる場合は、〔 〕に記した。

6 本〈三訂版〉で参照した主な現代英語訳は Chad Van Dixhoorn, *CONFESSING THE FAITH–A reader's guide to the Westminster Confession of Faith*, The Banner of Truth Trust, 2014 所収のヴァン・ディクソーン（Van Dixhoorn）の訳である。この現代語訳は、本〈三訂版〉が採っている一文は一文で訳すという方針は採っていないが、本文を解釈する上で極めて有用である。なお、ヴァン・ディクソーンは『ウェストミンスター神学者会議議事録と会議関連文書』（*The Minutes and Papers of the Westminster Assembly 1643-1652*, 5vols, Oxford, 2012）という大作の編著者として知られる神学者である。

ウェストミンスター信仰告白

目次

第一章　聖書《ザ・ホウリィ・スクリプチャー》について

〔一〕本性の光《ライト・オヴ・ネイチャー》と、創造《クリエイション》および摂理《プラヴィデンス》の御業《ワークス》は、神の善《グッドネス》と知恵《ウィズダム》と力を、人間が言い逃れできない《アンイクスキューザブル》ほどに明らかにして《マニフェスト》はいるが、[1]しかしそれでも《イエット》、それらは、救いに必要な、神とその御心《ウィル》についての知識《ナリッジ》を与えるのに十分ではない。[2]それゆえ《ゼアフォー》主は、いろいろなときに《サンドリイ・タイムズ》、さまざまな方法《ダイヴァース・マナーズ》で、御自身を啓示《リヴィール》すること、そして、そのかれの御心《ウィル》をかれの教会に対して明示する《ディクレア》こと、[3]そして後《のち》には、真理をよりよく保持し《プリザーヴ》広める《プラパゲイト》ため、また、肉の腐敗《カラプション・オヴ・ザ・フレッシュ》と、サタンおよびこの世の悪意《マリス》に対して、教会をいっそう確立し慰めるために、その啓示された《ザ・セイム》御心を全面的に《ホウルリィ》文書《ライティング》にゆだねること《カミット》、をよしとされた《プリーズド》[4]——そのことが聖書を、最も必要なもの《モウスト・ネセサリィ》とするのであり、[5]神がその民《ピープル》に自らの御心を啓示された上述の以前の方法は、今では停止している《ビーイング・スィースト》。[6]

1　ローマ2・14、15、1・19、20、詩19・2～4〔19・1～3〕、ローマ1・32を2・1と比較
2　Ⅰコリント1・21、2・13、14
3　ヘブライ1・1
4　箴22・19～21、ルカ1・3、4、ローマ15・4、マタイ4・4、7、10、イザヤ8・19、20

5 Ⅱテモテ3・15、Ⅱペトロ1・19
6 ヘブライ1・1、2

二 聖書《ホウリィ・スクリプチャー》、すなわち、記された神の言葉《ザ・ワード・オヴ・ゴッド・リトゥン》、の名のもとに、今では、旧約と新約のすべての書物《オール・ザ・ブックス・オヴ・ズィ・オウルド・アンド・ニュー・テスタメント》が含まれており《コンテインド》、それらは以下のものである——

旧約聖書

創世記
出エジプト記
レビ記
民数記
申命記
ヨシュア記
士師記
ルツ記
サムエル記上
サムエル記下
列王記上
列王記下
歴代誌上
歴代誌下
エズラ記
ネヘミヤ記
エステル記
ヨブ記
詩編
箴言
コヘレトの言葉
雅歌
イザヤ書
エレミヤ書
哀歌
エゼキエル書
ダニエル書
ホセア書
ヨエル書
アモス書
オバデヤ書
ヨナ書
ミカ書
ナホム書
ハバクク書
ゼファニヤ書
ハガイ書
ゼカリヤ書
マラキ書

新約聖書

福音書　パウロの手紙　フィリピ　テトス　ヨハネの手紙一
マタイ　ローマ　コロサイ　フィレモン　ヨハネの手紙二
マルコ　コリント一　テサロニケ一　ヘブライ人への手紙　ヨハネの手紙三
ルカ　コリント二　テサロニケ二　ヤコブの手紙　ユダの手紙
ヨハネ　ガラテヤ　テモテ一　ペトロの手紙一　ヨハネの黙示録
使徒言行録　エフェソ　テモテ二　ペトロの手紙二

これらはすべて《（オール・ホウィッチ）》、神の霊感《（インスピレイション・オヴ・ゴッド）》によって与えられており、信仰と生活の規範《（ザ・ルール・オヴ・フェイス・アンド・ライフ）》である。[1]

1　ルカ16・29、31、エフェソ2・20、黙示22・18、19、Ⅱテモテ3・16

三　一般に外典《（アパクラファ）》とよばれている書物《（ブックス）》は、神の霊感《（ディヴァイン・インスピレイション）》によるものではないから、聖書の正典《（カナン）》の一部ではなく、したがって《（ゼアフォー）》、神の教会においては何の権威《（オーソリティ）》もなく、また、人間による他の文書《（ライティングズ）》と少しでも異なるものとして、承認《（アプルーヴド）》されたり、使用されたりしてはならない。[1]

1　ルカ24・27、44、ローマ3・2、Ⅱペトロ1・21

四　それゆえに《フォー・ホウィッチ》聖書が信じられ、従われねばならない、聖書の権威は、いかなる人間や教会の証言《テスティモニ》にも依拠《ディペンデス》せず、その著者である神（真理そのものであられる）に全面的《ホウルリィ》に依拠し、したがって《ゼアフォー》聖書は、神の言葉であるという理由で受け入れられなければならない。[1]

1　Ⅱペトロ1・19、21、Ⅱテモテ3・16、Ⅰヨハネ5・9、Ⅰテサロニケ2・13

五　わたしたちは、教会の証言《テスティモニィ》によって、聖書に対する高く敬虔《レヴァラント》な評価へと心を動かされ《ムーヴド》、促がされる《インデュースト》ことがある。[1] また、内容《マター》の天的性質《ヘヴンリネス》・教理《ダクトリン》の有効性《エフィカスィ》・文体《スタイル》の威厳《マジェスティ》・あらゆる部分の一致《カンセント》・全体の目標《スコウプ》（すなわち、すべての栄光を神に帰すこと）・人間の救いの唯一の方法についてなしている完全《フル》な開示《ディスカヴァリィ》・その他多くの比類ない《インコムパラブル》卓越した点《エクサランスィズ》・および、その全き《インタイア》完全性《パーフェクション》は、聖書が自らを神の言葉《ザ・ワード・オヴ・ゴッド》であると豊かに立証する《エヴァダンス》論拠《アーギュメンツ》である——しかしそれにもかかわらず《イェット・ノットウィズスタンディング》、聖書の無謬《インファラブル》の真理性《トゥルース》と神的権威《ディヴァイン・オーソリティ》に対するわたしたちの完全な《フル》納得《パスウェイジョン》と確信《アシュアランス》は、御言葉《ザ・ワード》により、御言葉とともに、わたしたちの心の中で証しをなさる《ベアリング・ウィットネス》聖霊《ザ・ホウリィ・スピリット》の内的御業《インワード・ワーク》による。[2]

1　Ｉテモテ3・15
2　Ｉヨハネ2・20、27、ヨハネ16・13、14、Ｉコリント2・10〜12、イザヤ59・21

六　御自身の栄光、ならびに人間の救いと、信仰と生活に、必要なすべての事柄に関する神の計らい《カウンサル》の全体は、聖書の中にはっきりと《イクスプレスリィ》書き記されて《セット・ダウン》いるか、または、正しく《グッド》必然的な《ネセサリィ》帰結《カンスィクワンス》により聖書から導き出される《ディデュースト》か、のいずれかである――聖書には《アントゥ・ホウィッチ》、御霊の新しい啓示《レヴァレイションズ》〔と言われるもの〕によっても、人間の伝承《トラディションズ》によっても、いかなるときにも、何も付け加えられてはならない。[1]しかしそれにもかかわらず《ネヴァー・ザ・レス》、わたしたちは、御言葉の中に啓示されている事柄を救いに役立つように理解する《セイヴィング・アンダスタンディング》ためには、神の霊の内的照明《インワード・イルミネイション》が必要であること、[2]また、神礼拝《ワーシップ・オヴ・ゴッド》と教会政治《ガヴァメント・オヴ・ザ・チャーチ》に関しては、常に遵守される《アヴザーヴド》べき御言葉の一般的原則《ジェネラル・ルールズ》に従いつつ、本性の光《ライト・オヴ・ネイチャー》とキリスト教的思慮《クリスチャン・プルーダンス》によって定められねばならない、人間の活動《アクションズ》や団体《ソサイアティズ》と共通《カマン》の付随的事柄《サーカムスタンスィズ》が存在すること、を認める《アクナリジ》。[3]

1　Ⅱテモテ3・15〜17、ガラテヤ1・8、9、Ⅱテサロニケ2・2
2　ヨハネ6・45、Ｉコリント2・9、10、12
3　Ｉコリント11・13、14、14・26、40

七　聖書の中のあらゆる事柄が、それ自体で同じくらいわかりやすい《プレイン》とか、あらゆる人にとって同じぐらい明瞭《クリア》だということはない[1]——しかしそれでも《イェット》、救いのために知られ、信じられ、遵守され《アヴザーヴド》る必要がある事柄は、聖書のどこかの箇所には非常に明瞭に《クリアリィ》述べられ《プラパウンディド》、説明されて《オウプンド》いるので、学識ある人たち《ザ・ラーニド》ばかりでなく、学識のない人たち《ズィ・アンラーニド》も、通常の手段《オーディナリィ・ミーンズ》を適切に用いる《デュー・ユース》ことによって、それらについて十分な《サフィシャント》理解に到達する《アテイン・トゥ》ことができる。[2]

1　Ⅱペトロ3・16

2　詩119・105、130

八　ヘブライ語（これが昔の神の民《ザ・ピープル・オヴ・ゴッド》の母国語《ネイティヴ・ランゲウィジ》だった）の旧約聖書と、ギリシア語（これが、新約聖書が書かれた当時、諸国民《ネイションズ》に最も広く知られていた）の新約聖書は、直接《イミーディアトリィ》、神によって霊感され《インスパイアド》、かれの特別な《スィンギュラー》配慮《ケア》と摂理《プラヴィデンス》により、あらゆる時代に純粋に保たれているので、真正《オーセンティカル》である[1]——したがって《ソウ・アズ》教会は、すべての宗教上の論争《カントラヴァースィズ・オヴ・リリジョン》において、最終的には《ファイナリィ》これら〔原語〕の旧・新約聖書に訴える《アピール》べきである。[2] しかし、これらの原語は、聖書に近づき、その益にあずかる《インタレスト・イン》権利《ライト》をもち、また、神を畏れつつ聖書を読み、調べる《サーチ》ように命じられている神の民すべてに知られているわけではないから、[3]神の言葉がすべての人に豊かに《プレンティフリィ》宿って《ドウェリング》、かれらが〔神に〕受け入れられるしかた《アクセプタブル・マナー》でかれを礼拝し、[4] 聖書の与える忍耐《ペイシャンス》と慰め《カムフォト》によって希望をもつことができるように、[5] 聖書は、それが到達するあらゆる《エヴリィ》国民《ネイション》の一般民衆の言語《ヴァルガー・ラングウィジ》に翻訳される《トランスレイティド》べきである。[6]

1　マタイ5・18
2　イザヤ8・20、使徒15・15、ヨハネ5・39、46
3　ヨハネ5・39
4　コロサイ3・16
5　ローマ15・4
6　Ⅰコリント14・6、9、11、12、24、27、28

九　聖書解釈《インタープリテイション・オヴ・スクリプチャー》の無謬の規範《インファラブル・ルール》は、聖書自体である——したがって《ゼアフォー》、いかなる聖書箇所《スクリプチャー》であれ、その真の完全な《フル》意味《センス》（それは多様《マニフォウルド》ではなく、一つである）について疑問があるときには、それは、もっと明瞭に語っている他のいくつかの箇所によって調べられ、知られねばならない。[1]

1　Ⅱペトロ1・20、21、使徒15・15、16

十　そのお方によって、すべての宗教上の論争が裁定され《ディターミンド》、すべての、教会会議の決定《ディクリーズ・オヴ・カウンサルズ》・

古代の著作家《エインシャント・ライターズ》の意見《アビニアンズ》・人々の教理《ダクトリンズ・オヴ・メン》・私的霊《プライヴィット・スピリッツ》〔による啓示とされるもの〕、が吟味《イグザミンド》されるべきであり、また、その判決《センテンス》にわたしたちが満足《レスト》すべきである、至上《スュプリーム》の審判者《ジャッジ》は、聖書においてお語りになる聖霊以外の何ものでもありえない。[1]

1　マタイ22・29、31、エフェソ2・20を使徒28・25と比較

第二章　神について、また、聖三位一体《ザ・ホウリイ・トリニティ》について

〔一〕唯一の[1]、生ける《リヴィング》、真《トゥルー》の神[2]が存在されるだけである――そのお方《フー》は、〔第一に〕存在《ビーイング》と完全性《パーフェクション》において無限《インフィニット》[3]であり、目に見えず《インヴィザブル》[4]、身体《バディ》や器官《パーツ》[5]や外因的苦痛《パッションズ》[6]をもたない、最も純粋な霊《ピュア・スピリット》[7]、〔第二に〕不変《イミュータブル》[8]で・不可則的《イメンス》[9]・永遠《イターナル》[10]で・理解しつくすことができず《インコムプリヘンサブル》[11]・全能《オールマイティ》[12]で・最も賢く[13]・最も聖く[14]・最も自由[15]・最も絶対的《アブサルート》[16]で、〔第三に〕すべての事柄を、御自身の不変《イミュータブル》で最も義しい《ライチャス》御心《ウィル》の計らい《カウンサル》[17]に従い、御自身の栄光に役立つように運ばれ《ワーキング》[18]、〔第四に〕最も愛と恵み[19]、憐れみ、忍耐《ロングサファリング》に富み・慈しみ《グッドネス》とまこと《トゥルース》に満ち・不正《イニクウィティ》と違反《トランスグレッション》、罪を赦し《フォギヴィング》[20]、〔第五に〕御自分を勤勉《ディリジャントリィ》に求める者たちに報いられるお方《リウォーダー》[21]、しかし他方《アンド・ウィズオール》〔第六に〕その審判《ジャッジメンツ》においては最も公正《ジャスト》で恐ろしく《テラブル》[22]、すべての罪を憎み[23]、罪責ある者《ザ・ギルティ》を決して無罪《クリア》にしてしまわれないお方である。[24]

1　申命6・4、Iコリント8・4、6
2　Iテサロニケ1・9、エレミヤ10・10
3　ヨブ11・7～9、26・14
4　Iテモテ1・17

5 申命4・15、16、ヨハネ4・24をルカ24・39と比較
6 使徒14・11、15
7 ヨハネ4・24
8 ヤコブ1・17、マラキ3・6
9 列王上8・27、エレミヤ23・23、24
10 詩90・2、Ｉテモテ1・17
11 詩145・3
12 創世17・1、黙示4・8
13 ローマ16・27
14 イザヤ6・3、黙示4・8
15 詩115・3
16 出エジプト3・14
17 エフェソ1・11
18 箴16・4、ローマ11・36
19 Ｉヨハネ4・8、16
20 出エジプト34・6、7
21 ヘブライ11・6
22 ネヘミヤ9・32、33
23 詩5・6、7〔5・5、6〕
24 ナホム1・2、3、出エジプト34・7

二　神は、御自身の内《イン》に、御自身《オヴ・ヒムセルフ》で、すべての命[1]・栄光[2]・善《グッドネス》[3]・幸い《ブレッセドネス》[4]を所有しておられ、また、ひとり御自身の内で、御自身に対して《アントゥ》、まったく充足して《オール・サフィシャント》おられて、かれがお造りになったいかなる被造物《クリーチャーズ》をも必要としたり、[5]それらからいくらかでも栄光を引き出したりすることなく、[6]かえってただ、それら被造物の内に《イン》、それらにより《バイ》、それらに対し《アントゥ》、それらの上に《アポン》、御自身の栄光を現しておられる。かれは、あらゆる存在《オール・ビーイング》の唯一の源《スィ・アロウン・ファウンテン》であり――万物《オール・スィングズ》はかれから《オヴ》出、かれによって《スルー》、かれに向かって《トゥー》存在する[7]――何事であれ御自身がよしとされることを、万物により《バイ》、それらのために《フォー》、あるいは、それらの上に《アポン》なすため、万物を最も主権的に支配して《ハス・サヴァリン・ドミニオン》おられる。[8]かれの目には万物が明らか《オウプン》で、露わ《マニフェスト》であり、[9]かれの知識は無限《インフィニット》、無謬《インファラブル》で、被造物に依存せず《インディペンダント》、[10]そのため、かれには偶然《コンティンジャント》なものや不確かなもの《アンサートゥン》は何もない。[11]かれは、そのすべての計らい《カウンサルズ》・すべての御業《ワークス》・すべての命令《カマンズ》において、最も聖くあられる。[12]かれに対しては、かれが天使と人間、および他のすべての被造物に求める《リクワイア》のをよしとされる、どのような礼拝《ワーシップ》・奉仕《サーヴィス》・あるいは従順《オウビーディアンス》も、当然それらからささげられるべきである。[13]

1　ヨハネ5・26
2　使徒7・2
3　詩119・68
4　Iテモテ6・15、ローマ9・5

5 使徒17・24、25
6 ヨブ22・2、3
7 ローマ11・36
8 黙示4・11、Ⅰテモテ6・15、ダニエル4・22、32〔4・25、35〕
9 ヘブライ4・13
10 ローマ11・33、34、詩147・5
11 使徒15・18、エゼキエル11・5
12 詩145・17、ローマ7・12
13 黙示5・12～14

三　一体《ユニティ》である神性《ゴッドヘッド》の中に、同一の実体《サブスタンス》・力《パウア》・永遠性《イタニティ》をもつ三つの位格《パースンズ》、すなわち、父なる神《ゴッド・ザ・ファーザー》・子なる神《ゴッド・ザ・サン》・聖霊なる神《ゴッド・ザ・ホウリィ・ゴウスト》が、存在される。[1] 父は、何ものにも由来せず《オヴ・ナン》、生まれること《ビゴットゥン》も、発出すること《プラスィーディング》もなさらず、子は、永遠に《イターナリィ》父からお生まれになり《ビゴットゥン》、[2] 聖霊は、永遠に《イターナリィ》父と子とから発出しておられる《プラスィーディング》。[3]

1 Ⅰヨハネ5・7、マタイ3・16、17、28・19、Ⅱコリント13・13〔欽定訳では13・14〕
2 ヨハネ1・14、18
3 ヨハネ15・26、ガラテヤ4・6

第三章　神の永遠の聖定《ゴッズ・イターナル・ディクリィ》について

［一］　神は、まったくの永遠《フラム・オール・イターニティ》から、起こってくることは何事であれすべて、御自身の御心《ウィル》の最も賢く聖い計らい《カウンサル》により、自由に、また不変的《アンチェインジャブリィ》に、お定めになられた《ディド・オーディン》[1]——しかしそれでも《イエット》、それによって、神が罪の作者《オーサー》となることなく、[2]また、被造物《クリーチャーズ》の意志に暴力《ヴァイアランス》が加えられず、さらにまた、第二原因《セカンド・コーズィズ》の自由《リバティ》や偶然性《カンティンジャンスィ》が取り去られる《テイクン・アウェイ》のではなく、むしろ確立される《イスタブリッシュト》ようなしかたにおいて、である。[3]

1　エフェソ1・11、ローマ11・33、ヘブライ6・17、ローマ9・15、18
2　ヤコブ1・13、17、Iヨハネ1・5
3　使徒2・23、マタイ17・12、使徒4・27、28、ヨハネ19・11、箴16・33

二　神は、考えられる《サポウズド》あらゆる条件に基づいて起こってくるであろうことや、起こりうることを、何事でもすべて知っておられるが、[1]しかしそれでも《イエット》かれは、いかなることも、それを将来《フューチャー》のこととして、あるいは、一定の条件に基づいて起こってくるものとして、予見《フォーソー》したので聖定《ハス・ディクリード》しておられるわけではない。[2]

1 使徒15・18、サムエル上23・11、12、マタイ11・21、23
2 ローマ9・11、13、16、18

三 神の聖定により、かれの栄光を現す《マニフェステイション》ため、ある人々と天使たちは[1]永遠の命《エヴァラスティング・ライフ》に予定され《プリデスティネイティド》、他《アザーズ》の者たちは永遠の死《エヴァラスティング・デス》に前もって定められて《フォーオーデインド》いる。[2]

1 Iテモテ5・21、マタイ25・41
2 ローマ9・22、23、エフェソ1・5、6、箴16・4

四 このように予定され、あるいは前もって定められている、これらの天使と人々は、個別的に《パティキュラリィ》、また不変的に《アンチェインジャブリィ》指定されて《ディザインド》おり、かれらの数は正確《サートゥン》で確定しているため、増やされ《インクリースト》たり減らされ《ディミニシュト》たりすることはありえない。[1]

1　Ⅱテモテ2・19、ヨハネ13・18

五　人類の中の命に予定されている《プリデスティネイティド・アントゥ・ライフ》者たちを、神は、世界の基《ファウンディション》が置かれる以前から、かれの永遠《イターナル》で不変《イミュータブル》の計画《パーパス》と、かれの御心《ウィル》の、隠れた《スィークレット》計らい《カウンサル》とよしとされるところ、とに従い、永遠の栄光《エヴァラスティング・グローリィ》へと、[1]キリストにあって選んでおられる《ハス・チョウズン》――それはかれのまったくの《ミア》無償《フリー》の恵みと愛とから、被造物の内に、信仰や善い行い《グッド・ワークス》、あるいはそのいずれかにおける堅忍《パースィヴィアランス》、もしくは何かほかのものを、そうするように御自身を促す条件《カンディションズ》ないし原因《コーズィズ》として、予見した《フォーサイト》からではない[2]――そして、すべてはかれの栄光ある《グローリアス》恵みが讃美されるためである。[3]

1　エフェソ1・4、9、11、ローマ8・30、Ⅱテモテ1・9、Ⅰテサロニケ5・9
2　ローマ9・11、13、16、エフェソ1・4、9
3　エフェソ1・6、12

六　神は、選びの民《ズィ・イレクト》を栄光に定めておられる《ハス・アポインティド》だけでなく、またそれにいたるすべての過程《ミーンズ》も、かれの御心の永遠で最も自由な計画《パーパス》により、前もって定めておられる《ハス・フォーオーディンド》。[1]それゆえ《ホウェアフォー》、選ばれている者たちは、アダムにおいて堕落して《ビーイング・フォールン》はいるが、〔第一に〕キリストによって贖われ《リディームド》、[2]〔第二に〕しかるべき時に《イン・デュー・スィーズン》働く神《（ヒズ）》の霊により、キリストに対する信仰へと有効《（イフェクチュアリイ）》に召命され《（コールド）》、義とされ《（ジャスティファイド）》、養子とされ《（アダプティド）》、聖化され《（サンクティファイド）》、[3]信仰をとおして神《（ヒズ）》の力により救いにいたるまで守られる《（ケプト）》。[4]他のいかなる者も、キリストによって贖われ、有効に召命され、義とされ、養子とされ、聖化され、救われる《（セイヴド）》ことはなく、ただ選びの民だけである。[5]

1　Ⅰペトロ1・2、エフェソ1・4、5、2・10、Ⅱテサロニケ2・13
2　Ⅰテサロニケ5・9、10、テトス2・14
3　ローマ8・30、エフェソ1・5、Ⅱテサロニケ2・13
4　Ⅰペトロ1・5
5　ヨハネ17・9、ローマ8・28〜39、ヨハネ6・64、65、10・26、8・47、Ⅰヨハネ2・19

七　人類のそれ以外の者たち《（ザ・レスト・オヴ・マンカインド）》を、神は、よしとされるままに憐れみ《（マースィ）》を示し《（イクステンデス）》も控えもなさる《（ウィズホウルデス）》、御自身の御心《（ウィル）》の測りしれない《（アンサーチャブル）》計らい《（カウンサル）》に従い、かれの被造物《（クリーチャーズ）》に対する自らの主権的な《（サヴァラン）》力の栄光を輝かせるために、〔第一に〕見過ごす《（パス・バイ）》こと、また、〔第二に〕御自身の栄光ある正義《（グローリアス・ジャスティス）》が讃美されるように、かれらをその罪のゆえに、恥辱《（ディスオナー）》と怒り《（ラス）》に定める《（オーディン）》こと、をよしとされた。[1]

1　マタイ11・25、26、ローマ9・17、18、21、22、Ⅱテモテ2・19、20、ユダ4、Ⅰペトロ2・8

八　予定というこの高度の神秘《ハイ・ミステリィ》についての教理は、その御言葉の中に啓示された神の御心に注意深く聴き《アテンディング》、それに従順《イールディング・オウビーディアンス》に従う人々が、かれらの有効的召し《イフェクチュアル・ヴォケイション》の確かさ《サートゥンティ》から、自らの永遠の選びを確信《アシュアド》できるように、[1]特別な思慮《プルーダンス》と注意《ケア》をもって取り扱われるべきである。[2] そうすれば《ソウ》、この教理《ダクトリン》は、誠実《スインスィアリィ》に福音《ガスペル》に従うすべての人々に、神への讃美《プレイズ》と畏敬《レヴァランス》と称賛《アドマレイション》の、理由《マター》[3]、および謙遜《ヒューミリティ》と勤勉《ディリジャンス》と豊かな慰め《カンサレイション》の、理由《マター》を、提供《アフォード》するであろう。[4]

1　Ⅱペトロ1・10
2　ローマ9・20、11・33、申命29・28〔29・29〕
3　エフェソ1・6、ローマ11・33
4　ローマ11・5、6、20、Ⅱペトロ1・10、ローマ8・33、ルカ10・20

第四章　創造《クリエイション》について

〔一〕父・子・聖霊なる神《ゴッド・ザ・ファーザー・サン・アンド・ホウリィ・ゴウスト》は、[1] かれの永遠の力と知恵と善《グッドネス》の栄光を現《マニフェステイション》すため、[2] 初めに、世界とその中の万物《オール・スィングス》を、目に見える《ヴィザブル》ものも見えない《インヴィザブル》ものも、六日間で、創造する《クリエイト》こと、すなわち、無から造ること《メイク・オヴ・ナッスィング》、をよしとされた――そして、すべて《オール》はきわめて良かった。[3]

1 ヘブライ1・2、ヨハネ1・2、3、創世1・2、ヨブ26・13、33・4
2 ローマ1・20、エレミヤ10・12、詩104・24、33・5、6
3 創世1章、ヘブライ11・3、コロサイ1・16、使徒17・24

二　神は、他のすべての被造物《クリーチャーズ》を造られたあと、人間を〔第一に〕男性《メイル》と女性《フィーメイル》に、[1] また、理性ある《リーズナブル》、不死《イムモータル》の魂《ソウルズ》をもち、[2] 御自身のかたち《イミジ》に従って、知識《ナリッジ》と義《ライチャスネス》と真の聖性《トゥルー・ホウリネス》を授けられ《インデュード》、[3] 〔第二に〕心の中に記された神の律法《ザ・ロー・オヴ・ゴッド》と、[4] その律法を果たす力[5]とをもち、しかしそれでも《アンド・イェット》、変わることもあるかれら自身の意志の自由《リバティ》にゆだねられていたため、違反する《トランスグレッシング》可能性のある、[6] そのような者として、創造された。かれらは、その心に記されたこの律法のほかに、善悪の知識の木《ザ・トゥリィ・オヴ・ナリッジ・オヴ・グッド・アンド・イーヴィル》からは食べてはならないという命令《カマンド》を受け、これを守っている間は、神との交わり《カミュニオン》の中にあって幸せであり、[7]被造物を支配《ハド・ドミニオン》していた。[8]

1　創世1・27
2　創世2・7をコヘレト12・7、ルカ23・43、マタイ10・28と比較
3　創世1・26、コロサイ3・10、エフェソ4・24
4　ローマ2・14、15
5　コヘレト7・29
6　創世3・6、コヘレト7・29
7　創世2・17、3・8～11、23
8　創世1・26、28

第五章　摂理《プラヴィデンス》について

〔一〕 万物《オール・スィングス》の偉大な創造者《クリエイター》である神は、かれの知恵・力・正義・善《グッドネス》・憐れみ《マースィ》、の栄光が讃美されるように、[1] あらゆる被造物と活動《アクションズ》と物事を、[2] 最大のものから最小のものまで、[3] 〔第一に〕かれの最も賢く聖い摂理により、[4] 〔第二に〕その無謬《インファラブル》の予知《フォーナリッジ》と、[5] 御自身の御心の自由で不変《イミュータブル》の計らい《カウンサル》とに従って、[6] 支え《アプホウルド》、[7] 導き《ダイレクト》、整え《ディスポウズ》、統治《ガヴァン》される。

1 イザヤ63・14、エフェソ3・10、ローマ9・17、創世45・7、詩145・7
2 ダニエル4・31、32〔4・34、35〕、詩135・6、使徒17・25、26、28、ヨブ38〜41章
3 マタイ10・29〜31
4 箴15・3、詩104・24、145・17
5 使徒15・18、詩94・8〜11
6 エフェソ1・11、詩33・10、11
7 ヘブライ1・3

二　万物は、第一原因《ザ・ファースト・コーズ》である神の、予知《フォーナリッジ》と聖定《ディクリィ》との関係では、不変的《イミュータブリィ》に、また無謬的《インファラブリィ》に起こってくるが、[1] しかしそれでも《イエット》、同じ摂理によって神は、万物が、第二原因《ザ・セカンド・コーズィズ》の性質に従い、必然的《ネセサリリィ》に、あるいは自由《フリーリィ》に、もしくは偶然《カンテンジャントリィ》に、生起《フォール・アウト》するように秩序《オーダース》づける。[2]

1　使徒2・23

2　創世8・22、エレミヤ31・35、出エジプト21・13を申命19・5と比較、列王上22・28、34、イザヤ10・6、7

三　神は、その通常《オーディナリィ》の摂理においては、手段《ミーンズ》をお用いになるが、[1] しかしそれでも、御自身がよしとされる場合には、手段なしで《ウィズアウト》[2]、手段以上に《アバヴ》[3]、また手段に反して《アゲンスト》[4]、自由に働かれる《フリー・トゥ・ワーク》。

1　使徒27・31、44、イザヤ55・10、11、ホセア2・21、22

2　ホセア1・7、マタイ4・4、ヨブ34・20

3　ローマ4・19〜21

4　列王下6・6、ダニエル3・27

四　神の全能の力と測りしれない《アンサーチャブル》知恵、無限の善《インフィニット・グッドネス》は、かれの摂理の中に非常によく現れるので、

〔第一に〕それ〔神の摂理〕は、最初の堕落と、天使および人間の他のすべての罪とにまで及んでおり、[1]〔第二に〕しかもそれは、単なる許容《ア・ベア・パミッション》によるのではなく、[2]許容に加えて神が、罪を、御自身の聖い目的《ホウリィ・エンズ》に役立つように、[3]多様な《マニフォウルド》方法《ディスペンセイション》で、最も賢く、力強く制限し、[4]さもなければ、秩序づけ、統治することによる――しかしそれでも《イェット・ソウ》、そうした場合の罪性《スィンフルネス》は、ただ被造物から出る《プラスィード》のであって、最も聖く、義しくいますので、罪の作者《オーサー》や支持者《アプルーヴァー》ではなく、また、そうではありえない、[5]神から出るのではない。

1　ローマ11・32～34、サムエル下24・1を歴代上21・1と比較、列王上22・22、23、歴代上10・4、13、14、サムエル下16・10、使徒2・23、4・27、28
2　使徒14・16
3　創世50・20、イザヤ10・6、7、12
4　詩76・11〔76・10〕、列王下19・28
5　ヤコブ1・13、14、17、Iヨハネ2・16、詩50・21

五　最も賢く、義しく《ライチャス》、恵み深い神は、しばしば《オーフンタイムズ》、御自身の子たちをしばらくの間《フォー・ア・スィーズン》、誘惑《テムプテイションズ》と、かれら自身の心の腐敗《カラプション》にまかせておかれる《ダス・リーヴ》――それは、〔第一に〕かれらを以前の罪のゆえに懲らしめる《チャスタイズ》ため、あるいは、かれらが謙虚にさせられる《ハムブルド》ように、かれらの心の腐敗《カラプション》と虚偽《ディスィートフルネス》の、隠れた強さをかれらに対して露わに示す《ディスカヴァー》ためであり、[1]また、〔第二に〕助け《サポート》を求めてかれ御自身に、よりいっそう、絶えず依り頼むようかれらを励ますためと、将来のあらゆる罪の機会《アケイジョンズ》に対してかれらをより警戒《ウォッチフル》させ、他の正しく《ジャスト》聖い《サンドリィ》さまざまな目的《エンズ》をめざさせるためである。[2]

1　歴代下32・25、26、31、サムエル下24・1
2　Ⅱコリント12・7〜9、詩73編、詩77・2〜13〔77・1〜12〕、マルコ14・66〜72をヨハネ21・15〜17と比較

六　神が、義しい《ライチャス》審判者《ジャッジ》として、以前の罪のゆえに目を見えなく《ブラインド》し、頑なにして《ハードゥン》しまわれる、悪い不信仰な者《アンゴッドリィ》たちについては、[1]神は、〔第一に〕それによってかれらが理解《アンダースタンディングズ》力を照らされ《インライトゥンド》、心に働きかけられて《ロート・アポン》いたはずの、御自身の恵みを、かれらにお与えにならないだけでなく、[2]時にはまた、かれらがもっていた賜物《ギフツ》までも取り上げ、[3]かれらの腐敗《カラプション》のせいで罪の機会《アケイジョンズ》となってしまう事物にかれらをさらし、[4]〔第二に〕その上かれらを、かれら自身の欲望《ラスツ》と世の誘惑《ウィズオール》、サタンの力に引き渡して《ギヴ・オウヴァー》しまわれる[5]――その結果《ホウェアバイ》、神が他《た》の人々をやわらかにするのにお用いになる手段のもとにおいてさえ、かれらが自らを頑なにしてしまう、ということが起こるのである。[6]

1　ローマ1・24、26、28、ローマ11・7、8
2　申命29・3〔29・4〕
3　マタイ13・12、25・29
4　申命2・30、列王下8・12、13
5　詩81・12、13〔81・11、12〕、Ⅱテサロニケ2・10～12
6　出エジプト7・3を8・15、32と比較、Ⅱコリント2・15、16、イザヤ8・14、Ⅰペトロ2・7、8、イザヤ6・9、10を使徒28・26、27と比較

七　神の摂理は、一般的に、あらゆる被造物に及ぶが、それだけでなくまた、最も特別なしかたで、かれの教会のために配慮し《テイク・ケア》、万事をその益《グッド》となるように整える《ディスポウゼス》。1

1　Ⅰテモテ4・10、アモス9・8、9、ローマ8・28、イザヤ43・3～5、14

第六章　人間の堕落《ザ・フォール・オヴ・マン》について、罪について、また、その罰《パニッシュメント》について

[一]　わたしたちの最初の先祖《ファースト・ペアレンツ》たちは、サタンの狡猾《サトルティ》さと誘惑《テムプテイション》に惑わされ《セデュースト》、禁じられていた木の果実《ザ・フォビッドゥン・フルートゥ》を食べて罪を犯した。[1] このかれらの罪を、神は、御自身の栄光に役立てることを計画《パーパスト》して、その賢く聖い計らい《カウンサル》に従い、許容《パミット》することをよしとされた。[2]

1　創世3・13、Ⅱコリント11・3
2　ローマ11・32

二　この罪によってかれらは、かれらの原義《オリジナル・ライチャスネス》と、神との交わり《カミュニオン》から堕落し《フェル》[1]、かくして《ソウ》罪の内に死に[2]、魂と肉体のすべての部分《パーツ》と機能《ファカルティズ》において、全面的に《ホウルリィ》汚れた《ディファイルド》[3]。

1　創世3・6〜8、コヘレト7・29、ローマ3・23
2　創世2・17、エフェソ2・1

3　テトス1・15、創世6・5、エレミヤ17・9、ローマ3・10～19

三　かれらは全人類《オール・マンカインド》の始祖《ルーツ》であったから、通常《オーディナリィ》の出生《ジェナレイション》によってかれらから生まれてくる《ディセンディング》全子孫《オール・ゼア・パステリティ》に、この罪の罪責《ギルト》が転嫁され《イムピューテイド》[1]、同じ、罪の中での死と腐敗した本性《カラプティド・ネイチャー》が、伝えられた《カンヴェイド》[2]。

1　創世1・27、28と2・16、17と使徒17・26を、ローマ5・12、15～19およびIコリント15・21、22、49と比較

2　詩51・7〔51・5〕、創世5・3、ヨブ14・4、15・14

四　この原腐敗《オリジナル・カラプション》——それによって《ホウェアバイ》わたしたちは、あらゆる善《グッド》に対しては完全に《アタリィ》無気力《インディスポウズド》、無能《ディスエイブルド》となり、敵対的《アバズィット》にされ[1]、あらゆる悪に対しては、全面的に《ホウルリィ》傾く《インクラインド》ようになっている[2]——から、すべての現実の違反《アクチュアル・トランスグレッション》が出てくる《プラスィード》[3]。

1　ローマ5・6、8・7、7・18、コロサイ1・21

2　創世6・5、8・21、ローマ3・10～12

3　ヤコブ1・14、15、エフェソ2・2、3、マタイ15・19

五　この本性の腐敗は、この世にある間は、再生させられた《リジェナレイティド》者たちの中に残って《リメイン》おり[1]、そしてそれは、キリストをとおして赦され《パードゥンド》、力をそがれて《モーティファイド》はいるが、しかしそれでも《イエット》、それ自体も、そのすべての活動《モウションズ》も、共に、真に《トゥルーリィ》、まさしく《プラバリィ》罪である[2]。

1　Ｉヨハネ1・8、10、ローマ7・14、17、18、23、ヤコブ3・2、箴20・9、コヘレト7・20
2　ローマ7・5、7、8、25、ガラテヤ5・17

六　どの罪も、原罪《オリジナル・スィン》も現実罪《アクチュアル・スィン》もともに、神の義しい《ライチャス》律法への違反《トランスグレッション》であり、それに反するものであるから、[1]必然的《イン・イツ・オウン・ネイチャー》に、罪人に罪責《ギルト》をもたらす[2]――それによって《ホウェアバイ》罪人は、神の怒り《ラス》[3]と律法の呪い《カース》[4]に引き渡され、かくして、霊的[5]、現世的《テムパラル》[6]、永遠的《イターナル》[7]なあらゆる悲惨《ミザリズ》ばかりでなく、死に服させ《サブジェクト》られる[8]。

1　Ｉヨハネ3・4
2　ローマ2・15、3・9、19
3　エフェソ2・3
4　ガラテヤ3・10
5　エフェソ4・18

6　ローマ8・20、哀3・39
7　マタイ25・41、Ⅱテサロニケ1・9
8　ローマ6・23

第七章　人間との神の契約《カヴェナント》について

〔一〕　神と被造物との間の隔たり《ディスタンス》は非常に大きいので、理性ある被造物《リーズナブル・クリーチャーズ》は、かれらの創造者としての神に当然従順であるべきではあるが、しかしそれでも《イェット》神の側での何らかの自発的な《ヴォランタリイ》へりくだり《カンディセンション》によるのでなければ、自分たちの幸《ブレッセッドネス》いと報《リウォード》いとして神を喜びとすること《ハヴ・フルーイッション》は決してできない――このへりくだり《ホウィッチ》を、かれは、契約という《バイ・ウェイ・オヴ》かたちで表《イクスプレス》すことをよしとしてこられた《ハス・ビーン・プリーズド》。[1]

1　イザヤ40・13～17、ヨブ9・32、33、サムエル上2・25、詩113・5、6、100・2、3、ヨブ22・2、3、35・7、8、ルカ17・10、使徒17・24、25

二　人間と結ばれた最初の契約は、行いの契約《ア・カヴェナント・オヴ・ワークス》で、[1] その契約においては《ホウェアイン》、命が、完全で《パーフェクト》個人的な《パースナル》従順《オウビーディアンス》を条件に、[2] アダムと、かれにあってかれの子孫《パステリティ》とに、約束されていた。[3]

1　ガラテヤ3・12

2 創世2・17、ガラテヤ3・10
3 ローマ10・5、5・12～20

三 人間は、自らの堕落《フォール》により、自分自身を、その契約によっては命を受けられなくしてしまったため、主《ザ・ロード》は、一般に《カマンリィ》恵みの契約《ザ・カヴェナント・オヴ・グレイス》とよばれる、第二の契約を結ぶことをよしとされた[1] —— この契約において《ホウェアイン》かれは、罪人に、イエス・キリストによる命と救いを無償《フリーリィ》で提供《オファース》しておられ、かれらからは、救われるために、イエス・キリストに対する信仰をお求め《リクワイア》になり[2]、そして、永遠の命《イターナル・ライフ》に定め《オーデインド》られている者たちすべてに、かれらが信じたいと願《ウィリング》い、また信じることができるようにするため、かれの聖霊《ホウリィ・スピリット》を与えることを約束しておられる[3]。

1 ガラテヤ3・21、ローマ8・3、3・20、21、創世3・15、イザヤ42・6
2 マルコ16・15、16、ヨハネ3・16、ローマ10・6、9、ガラテヤ3・11
3 エゼキエル36・26、27、ヨハネ6・44、45

四 この恵みの契約は、遺言者《テスティター》であるイエス・キリストの死と、それによって遺贈される《ビクウィースト》永遠の嗣業《エヴァラスティング・インヘリタンス》、および、それに付属《ビロング》するすべてのもの、との関連で、聖書ではしばしば遺言《テスタメント》〔契約〕という名で述べられている《（セット・フォース）》。[1]

1　ヘブライ9・15~17、7・22、ルカ22・20、Iコリント11・25

五　この契約は、律法《（ザ・ロー）》の時代と福音《（ザ・ガスペル）》の時代とでは、異なるしかたで《（ディファラントリィ）》執行された《（アドミニスタード）》[1]——すなわち、律法のもとでは、それは、約束《（プラミスィズ）》・預言《（プラフィスィズ）》・いけにえ《（サクリファイスィズ）》・割礼《（サーカムスィジョン）》・過越の小羊《（ザ・パスカル・ラム）》・その他、ユダヤ人の民《（ザ・ピープル・オヴ・ザ・ジューズ）》に与えられた《（ディリヴァード）》予型《（タイプス）》と規定《（オーディナンスィズ）》——これらはすべて、来るべきキリストを前もってさし示し《（フォー・スィグニファイイング）》[2]、約束されたメシアに対する信仰という点で選びの民《（ズィ・イレクト）》を教え、造り上げるのに、御霊の働き《（アパレイション）》をとおして、その時代にとっては十分かつ有効《（エフィケイシャス）》[3]で、かれらは、このメシアにより、完全な《（フル）》罪の赦し《（リミッション）》と永遠の救いを得ていた——によって執行されており、旧約《（ズィ・オウルド・テスタメント）》とよばれる。[4]

1　IIコリント3・6~9
2　ヘブライ8~10章、ローマ4・11、コロサイ2・11、12、Iコリント5・7
3　Iコリント10・1~4、ヘブライ11・13、ヨハネ8・56
4　ガラテヤ3・7~9、14

六　実体《（サブスタンス）》であるキリストが[1]差し出された《（イグズィビテッド）》、福音《（ガスペル）》のもとでは、この契約が実施される《（ディスペンスト）》規定《（オーディナンスィズ）》は、御言葉の説教と、洗礼および主の晩餐の聖礼典の執行である[2]——これら〔の規定〕は、以前より数が少なく、より簡素に、以前ほどの外的《アウトワード》栄光なしに執行されるが、しかしそれでも、それらにおいて、この契約は、ユダヤ人《ジューズ》にも異邦人《ジェンタイルズ》にもすべての国民に対し、[3]いっそうの完全性《フルネス》と証拠《エヴァダンス》と霊的効果《エフィカスィ》をもって提示《ヘルド・フォース》されており、[4]これが新約《ザ・ニュー・テスタメント》とよばれる。[5]したがって《ゼアフォー》、それぞれの時代《ディスペンセイションズ》に、実体《サブスタンス》において異なる二つの恵みの契約があるのではなく、まったく同じ一つ《ワン・アンド・ザ・セイム》の契約があるだけである。[6]

1 コロサイ2・17
2 マタイ28・19、20、Iコリント11・23～25
3 マタイ28・19、エフェソ2・15～19
4 ヘブライ12・22～28、エレミヤ31・33、34
5 ルカ22・20
6 ガラテヤ3・14、16、ローマ3・21～23、30、詩32・1をローマ4・3、6、16、17、23、24と比較、ヘブライ13・8、使徒15・11

第八章　仲介者《ミーディエイター》キリストについて

〔一〕 神は、御自身の永遠の計画《パーパス》により、その独り子《ヒズ・オウンリィ・ビゴットゥン・サン》である主イエスを、神と人間の間の仲介者、[1] 預言者《プラフィット》[2]・祭司《プリースト》[3]・王、[4] 自らの教会の頭《ヘッド》また救い主、[5] 万物の相続人《エア》、[6] 世界の審判者《ジャッジ》[7] として選び《チューズ》、任ずること《オーディン》をよしとされた――神は、その主イエスに対して、かれの子孫《スィード》となり、[8] 時いたって《イン・タイム》かれにより贖われ《リディームド》、召命され《コールド》、義とされ《ジャスティファイド》、聖化され《サンクティファイド》、栄光を与えられる《グローリファイド》[9] 一つの民《ア・ピープル》を、まったくの永遠から《フラム・オール・イタニティ》お与えになられた。

1　イザヤ42・1、Ⅰペトロ1・19、20、ヨハネ3・16、Ⅰテモテ2・5
2　使徒3・22
3　ヘブライ5・5、6
4　詩2・6、ルカ1・33
5　エフェソ5・23
6　ヘブライ1・2
7　使徒17・31
8　ヨハネ17・6、詩22・31〔22・30〕、イザヤ53・10

9　Ｉテモテ2・6、イザヤ55・4、5、Ｉコリント1・30

二　三位一体《ザ・トリニティ》の第二位格《ザ・セカンド・パースン》である神の御子は、父と同一の実体《サブスタンス》で、同等《イークワル》の、永遠の神そのものでいますが、時満ちて、御自身に人間の本性《マンズ・ネイチャー》[1]を、そのすべての本質的特性《イッセンシャル・プラパティズ》、および、さまざまな共通《カマン》の弱さ《インファーミティズ》とともに、しかし《イエット》それでもなお罪なくして《ヴィズアウト・スィン》[2]、取られた——すなわち、御子は、聖霊の力により、おとめマリアの胎に、彼女の実体《サブスタンス》を取って、宿された《カンスィーヴド》[3]。かくして《ソウ・ザット》、神性《ゴッドヘッド》と人性《マンフッド》という、二つの完結《ホウル》した、完全《パーフェクト》で、別個《ディスティンクト》の本性が、変化《カンヴァーション》・合成《カムパズィション》・混合《カンフュージョン》なしに、一人格《ワン・パースン》において、不可分《インセパラブリィ》に結び合わされた《ジョインド》[4]。この《ホウィッチ》人格《パースン》こそ、まこと《ヴェリィ》の神にして、まこと《ヴェリィ》の人であり、しかし《イエット》それでも、一人のキリスト、すなわち、神と人間の間の唯一の仲介者[5]、である。

1　ヨハネ1・1、14、Ｉヨハネ5・20、フィリピ2・6、ガラテヤ4・4
2　ヘブライ2・14、16、17、4・15
3　ルカ1・27、31、35、ガラテヤ4・4
4　ルカ1・35、コロサイ2・9、ローマ9・5、Ｉペトロ3・18、Ｉテモテ3・16
5　ローマ1・3、4、Ｉテモテ2・5

三　主イエスは、このようにして神性に結合《ユナイティド》されたかれの人性において、聖霊でもってかぎりなく《アバヴ・メジャー》、聖別《サンクティファイド》され、油注《アノインティド》がれて[1]、御自身の内に、知恵と知識のすべての宝を持っておられ[2]、父は、すべて満ちあふれる《フルネス》ものがかれ〔主イエス〕の内に宿るのをよしとされた[3]――それは、かれ〔主イエス〕が、聖く、傷なく、汚れなく、恵みと真理に満ちて[4]、仲介者《ミーディエイター》と保証人《シュアティ》の職務《オフィス》を遂行《エクスィキュート》するのに、完全《サラリィ》に備えられる《ファーニッシュト》ためであった[5]。この職務《ホウィッチ・オフィス》を、かれは、自らに引き受けたのではなく、かれの父によってそれに召されたのであり[6]、父は、主イエスの手に一切の権能《パウア》と審判《ジャッジメント》をゆだねて、かれにその職務を遂行するようにとの命令《カマンド》をお与えになられた[7]。

1　詩45・8〔45・7〕、ヨハネ3・34
2　コロサイ2・3
3　コロサイ1・19
4　ヘブライ7・26、ヨハネ1・14
5　使徒10・38、ヘブライ12・24、7・22
6　ヘブライ5・4、5
7　ヨハネ5・22、27、マタイ28・18、使徒2・36

四　この職務を、主イエスは、心から進んで《モウスト・ウィリングリィ》お引き受け《アンダーテイク》になられた[1]――それを果たす《ディスチャージ》ためにかれは、律法のもとに置かれて、[2]それを完全に成就し、[3]その魂においては最もひどい《グリーヴァス》苦しみ《トーメンツ》[4]を、その肉体においては最も激しい《ペインフル》苦痛《サファリングズ》[5]を直接《イミディアトリィ》耐え忍び、十字架につけられて死に、[6]葬られて、死の力のもとに留まられたが、しかしそれでも《イェット》、腐敗《カラプション》を見ることはなかった。[7]三日目にかれは、苦難を受けたのと同じ肉体をもって、[8]死者の中からよみがえり《アロウズ》、[9]また、その同じ肉体をもって天に昇《アセンディド》り、そこでかれの父の右の座に着いて、[10]執り成しをしておられ《メイキング・インターセッション》、[11]世の終わり《ズィ・エンド・オヴ・ザ・ワールド》のとき、人間と天使を裁く《ジャッジ》ために再び来られる。[12]

1 詩40・8、9〔40・7、8〕をヘブライ10・5～12と比較。ヨハネ10・18、フィリピ2・8
2 ガラテヤ4・4
3 マタイ3・15、5・17
4 マタイ26・37、38、ルカ22・44、マタイ27・46
5 マタイ26、27章
6 フィリピ2・8
7 使徒2・23、24、27、13・37、ローマ6・9
8 ヨハネ20・25、27
9 Ⅰコリント15・3、4
10 マルコ16・19
11 ローマ8・34、ヘブライ9・24、7・25
12 ローマ14・9、10、使徒1・11、10・42、マタイ13・40～42、ユダ6、Ⅱペトロ2・4

五　主イエスは、永遠の御霊によってひとたび神に献《オファード・アップ》げた、かれの完全な従順《オウビーディアンス》と御自身のいけにえ《サクリファイス・オヴ・ヒムセルフ》により、かれの父の正義を完全に《フリィ》満たし《サティスファイド》[1]、父がかれに与えておられる者たちすべてのために、和解《レコンスィリエイション》ばかりでなく、天国における永遠の嗣業《エヴァラスティング・インヘリタンス》も、買い取って《ハス・パーチャスト》[2]おられる。

1　ローマ5・19、ヘブライ9・14、16、10・14、エフェソ5・2、ローマ3・25、26
2　ダニエル9・24、26、コロサイ1・19、20、エフェソ1・11、14、ヨハネ17・2、ヘブライ9・12、15

六　贖いの御業《ザ・ワーク・オヴ・リデムプション》は、かれの受肉《インカーネイション》後に初めてキリストによって現実に《アクチュアリィ》なされた《ロート》のではあるが、しかしそれでも《イェット》、その効力《ヴァーチュー》・効果《エフィカスィ》・益《ベネフィッツ》は、かれが蛇の頭《あたま》を砕く《ブルーズ》べき女の子孫《ザ・スィード・オヴ・ウーマン》、世の初めから屠られた《スレイン》小羊《ラム》、として啓示され、表されている《スィグニファイド》種々の約束《プラミスィズ》・予型《タイプス》・いけにえ《サクリファイスィズ》において、また、それらによって、世の初めから、引き続きあらゆる時代に、選びの民に分かち与えられた《カミュニケイティド》――かれ〔キリスト〕は、きのうも今日も、また永遠に変わることのない同一《ザ・セイム》[1]のお方である。

1　ガラテヤ4・4、5、創世3・15、黙示13・8、ヘブライ13・8

七　キリストは、仲介《ミーディエイション》の御業において、〔神・人〕両方の本性《ネイチャーズ》に従い、それぞれの本性がそれ自身に固有《プラパー》なことをなすことによって、行動される《アクツ》[1]――しかしそれでも《イェット》、人格《ザ・パースン》の統一性《ユニティ》のゆえに、一方の本性に固有なことが、聖書では時々、他方の本性によって呼ばれる《ディノミネイティド》人格に帰されている《アトリビューティド》[2]。

1　ヘブライ9・14、Iペトロ3・18
2　使徒20・28、ヨハネ3・13、Iヨハネ3・16

八　キリストは、御自分が贖いを買い取っておられる《ハス・パーチャスト》者たちすべてに対して、その贖いを確実《サートゥンリィ》かつ有効《イファクチュアリィ》に適用し《アプライ》、分かち与えられる《カミュニケイト》[1]――すなわち、キリストは、〔第一に〕かれらのために執り成しをし《メイキング・インターセッション》[2]、御言葉において、また御言葉により、救いの奥義《ミステリィズ》をかれらに啓示し[3]、〔第二に〕信じて従うように、かれの霊によってかれらを有効に説得《パスウェイディング》し、かれの言葉と霊によってかれらの心を治め《ガヴァニング》[4]、さらに〔第三に〕かれの全能の力と知恵により、また、かれのすばらしく、測りしれない《アンサーチャブル》配剤《ディスペンセイション》に完全に一致する《カンソナント》しかた《マナー》と方法《ウェイズ》で、かれらのすべての敵に勝利される[5]。

1　ヨハネ6・37、39、10・15、16
2　Iヨハネ2・1、2、ローマ8・34
3　ヨハネ15・13、15、エフェソ1・7〜9、ヨハネ17・6
4　ヨハネ14・26、ヘブライ12・2、IIコリント4・13、ローマ8・9、14、15・18、19、ヨハネ17・17
5　詩110・1、Iコリント15・25、26、マラキ3・20、21〔4・2、3〕、コロサイ2・15

第九章　自由意志《フリー・ウィル》について

〔一〕　神は人間の意志に対して、強制《フォースト》されることも、本性《ネイチャー》の絶対的必然性《アブソリュート・ネセスィティ》といったものによって善《グッド》あるいは悪《イーヴィル》へと決定《ディターミンド》されているということもない、そのような生まれながらの自由《ナチュラル・リバティ》を授けて《ハス・インデュード》おられる。[1]

1　マタイ17・12、ヤコブ1・14、申命30・19

二　人間は、無罪の状態《ステイト・オヴ・イナスンスィ》においては、善《グッド》であり神に喜ばれることを、望み《ウィル》、行う、自由《フリーダム》と力《パウア》をもっていた[1]——しかし《イェット》それでもそれは可変的《ミュータブリィ》にであったから、人間はその状態から堕落《フォール》することもありえた。[2]

1　コヘレト7・29、創世1・26
2　創世2・16、17、3・6

三　人間は、罪の状態《ア・ステイト・オヴ・スィン》への堕落により、救いにかかわる《アカムパニング》いかなる霊的善《スピリチュアル・グッド》に対しても、意志のあらゆる能力《アビリティ》を全面的《ホウルリィ》に喪失している《ハス・ロスト》[1]——そのため《ソウ・アズ》、生まれながらの人間《ア・ナチュラル・マン》は、そのような善からまったく離反して《アヴァース》[2]、罪の中に死んでいるため[3]、自分自身の力によっては、回心すること《カンヴァート・ヒムセルフ》も、それに向けて準備すること《プリペア・ヒムセルフ》もできない[4]。

1　ローマ5・6、8・7、ヨハネ15・5
2　ローマ3・10、12
3　エフェソ2・1、5、コロサイ2・13
4　ヨハネ6・44、65、エフェソ2・2～5、Ⅰコリント2・14、テトス3・3～5

四　神は、罪人を回心させて《カンヴァーツ》、恵みの状態《ザ・ステイト・オヴ・グレイス》に移す《トランスレイツ》とき、かれをその生まれながらの《ナチュラル》、罪の奴隷状態《バンディジ・オヴ・スィン》から解放し《フリース》[1]、ただ御自身の恵みによって、かれが霊的に善なることを自由に望み《ウィル》、行うことができるようにしてくださる[2]——しかしそれでも《イエット・ソウ》、かれに残っている《リメイニング》腐敗《カラプション》のゆえに、かれは善なることを完全に、あるいはそれだけを、望むということはなく、悪なることをも望む[3]。

1　コロサイ1・13、ヨハネ8・34、36

2　フィリピ2・13、ローマ6・18、22

3　ガラテヤ5・17、ローマ7・15、18、19、21、23

五　人間の意志は、栄光の状態《ザ・ステイト・オヴ・グローリィ》においてのみ、完全《パーフェクトリィ》かつ不変的《イミュータブリィ》に、善のみを自由に選ぶ《フリー・トゥ・グッド・アローン》ようにされる。[1]

1　エフェソ4・13、ヘブライ12・23、Ⅰヨハネ3・2、ユダ24

第十章　有効召命《イフェクチュアル・コーリング》について

〔一〕　御自分が命に予定している者たち《ハス・プリデスティネイティド》すべてを、そしてかれらだけを、神は、御自分が定めた《アポインティド》、ふさわしい《アクセプティド》時《タイム》に、かれの言葉と霊により、[1] かれらが生まれながらにして《バイ・ネイチャー》その中にある罪と死の状態から、イエス・キリストによる恵み《グレイス》と救い《サルヴェイション》へと、[2] 有効に召命することをよしとされる[3] ——すなわち、神は、〔第一に〕御自身に関する事柄を霊的に、かつ、救いに役立つように《セイヴィングリィ》理解できるよう、かれらの思い《マインド》を照らし、[4] かれらの石の心を取り去って、かれらに肉の心を与え、[5]〔第二に〕かれらの意志を新たにし《リニュー》、かれの全能の力によって、かれらを善なることへと向かわせ《ディターミニング》、[6] かくしてかれらをイエス・キリストへと有効に引き寄せられる[7] ——しかしそれでも《イェット》、かれらは、神の恵みにより進んでそうするようにされているので、まったく自由に〔キリストのもとに〕行く。[8]

1　Ⅱテサロニケ2・13、14、Ⅱコリント3・3、6
2　ローマ8・2、エフェソ2・1～5、Ⅱテモテ1・9、10
3　ローマ8・30、11・7、エフェソ1・10、11
4　使徒26・18、Ⅰコリント2・10、12、エフェソ1・17、18

5　エゼキエル36・26
6　エゼキエル11・19、フィリピ2・13、申命30・6、エゼキエル36・27
7　エフェソ1・19、ヨハネ6・44、45
8　雅1・4、詩110・3、ヨハネ6・37、ローマ6・16〜18

二　この有効召命《コール》は、ただ神の無償《フリー》の特別な恵み《グレイス》のみによるもので、何か人間の内に予見された《フォースィーン》ものに由来するのではまったくない[1]――ここでは《ゼアイン》人間は完全に受動的《パッスィヴ》であり、聖霊によって生き返らされ《クウィックンド》、新たにされて《リニュード》初めて[2]、それにより《ゼアバイ》、この召命に応え《アンサー》、その内に提供され《オファード》、伝えられている《カンヴェイド》恵みを深く受け止める《イムブレイス》ことができるようにされる[3]。

1　Ⅱテモテ1・9、テトス3・4、5、エフェソ2・4、5、8、9、ローマ9・11
2　Ⅰコリント2・14、ローマ8・7、エフェソ2・5
3　ヨハネ6・37、エゼキエル36・27、ヨハネ5・25

三　幼くして死ぬ、選びの民である幼児《イレクト・インファンツ》は、御自身がよしとされる、時・場所・方法において働く[1]御霊をとおして、キリストによって再生させられ《リジェナレイティド》、救われる[2]――また御言葉の宣教《ミニストリイ》によって外的に《アウトワードリイ》召命《コールド》されることができない、他の選びの民である人々もみな、同様である。[3]

1 ヨハネ3・8
2 ルカ18・15、16と使徒2・38、39とヨハネ3・3、5とⅠヨハネ5・12とローマ8・9を比較
3 Ⅰヨハネ5・12、使徒4・12

四　選ばれていない他《た》の人々は、たとえ御言葉の宣教《ミニストリィ》によって召命されることがあり[1]、御霊の一般的《カマン》な働き《アパレイションズ》のいくつか《サム》にあずかることがあるが[2]、しかしそれでも《イエット》、真にキリストのもとに行くことは決してなく、したがって、救われることはできない[3]——まして《マッチ・レス》、キリスト教《ザ・クリスチャン・リリジョン》を公に告白《プラフェス》していない人々は、たとえかれらが、本性の光《ザ・ライト・オヴ・ネイチャー》と、かれらが公に告白している宗教の律法《ローズ》に従って、自分たちの生活を整える《フレイム》ことに、どれほど勤勉《ディリッジャント》であっても、他のいかなる方法によっても救われることはできない。[4]それで《アンド》、かれらが救われうると断定《アサート》し、主張《メインテイン》することは、きわめて有害《パニッシャス》であり、非難《ディテスティド》されるべきである。[5]

1 マタイ22・14
2 マタイ7・22、13・20、21、ヘブライ6・4、5
3 ヨハネ6・64〜66、8・24
4 使徒4・12、ヨハネ14・6、エフェソ2・12、ヨハネ4・22、17・3
5 Ⅱヨハネ9〜11、Ⅰコリント16・22、ガラテヤ1・6〜8

第十一章　義認《ジャスティフィケイション》について

〔一〕御自分が有効に召命する者たちを、神はまた、無償《フリーリィ》で義とされる《ジャスティファイス》[1]——それは、〔第一に〕かれらに義《ライチャスネス》を注入する《インフューズィング》ことによってではなく、かれらの罪を赦す《パードゥニング》ことによって、また、かれらの人格を義なる《ライチャス》ものとみなし《アカウンティング》、受け入れる《アクセプティング》ことによって——いずれも、何かかれらの内になされたことやかれらによって行われたことのゆえにではなく、ただキリストのゆえになされる——であり、さらに〔第二に〕信仰それ自体や信ずる行為《アクト》、あるいは何か他の福音的従順《イヴァンジェリカル・オウビーディアンス》を、かれらの義としてかれらに転嫁する《イムピューティング》ことによってではなく、キリストの従順と償《サティスファクション》いをかれらに転嫁し[2]、かれらの方では、信仰によってキリストとかれの義を受け入れて《リスィーヴィング》、それらに依り頼む《レスティング・オン》ことによって、である——この《ホウィッチ》信仰を、かれらは自分でもつのではない、それは神の賜物《ギフト》である。[3]

1　ローマ8・30、3・24
2　ローマ4・5〜8、Ⅱコリント5・19、21、ローマ3・22、24、25、27、28、テトス3・5、7、エフェソ1・7、エレミヤ23・6、Ⅰコリント1・30、31、ローマ5・17〜19
3　使徒10・43、ガラテヤ2・16、フィリピ3・9、使徒13・38、39、エフェソ2・7、8

二　このようにしてキリストとかれの義を受け入れ、それらに依り頼む《レスティング・オン》、信仰が、義認の唯一の手段《インストラメント》である[1]——しかしそれでも《イェット》、信仰は、義とされる人の中に、ただそれだけで存在するのではなく、他の、救いに導く恵み《セイヴィング・グレイスィズ》の賜物すべてを常に伴っており、死んだ信仰《デッド・フェイス》ではなく、愛によって働く《ワークス・バイ・ラヴ》。[2]

1　ヨハネ1・12、ローマ3・28、5・1
2　ヤコブ2・17、22、26、ガラテヤ5・6

三　キリストは、このようにして義とされる者たちすべての負債《デット》を、自らの従順《オウビーディアンス》と死によって完全に《フリーリー》支払い、かれの父の正義《ジャスティス》に対し、かれらのために《イン・ゼア・ビハーフ》、ふさわしい《プラパー》、真の、完全な《フル》償い《サティスファクション》をなさった。[1]しかしそれでも《イェット》、キリストは、かれらのために父によって与えられ[2]、また、キリストの従順と償いは、かれらの代わりに受け入れられ[3]、そしてその両方のことが、かれらの内にある何もののゆえでもなく、無償でなされたのであるから、かれらの義認は、ただ、無償の恵みによるのである[4]——それは、神の厳正な正義《イグザクト・ジャスティス》と豊かな恵み《リッチ・グレイス》が共に、罪人の義認においてほめたたえられる《グロリファイド》ためである。[5]

1　ローマ5・8〜10、19、Ⅰテモテ2・5、6、ヘブライ10・10、14、ダニエル9・24、26、イザヤ

53・4〜6、10〜12
2　ローマ8・32
3　Ⅱコリント5・21、マタイ3・17、エフェソ5・2
4　ローマ3・24、エフェソ1・7
5　ローマ3・26、エフェソ2・7

四　神は、まったくの永遠から《フラム・オール・イタニティ》、選びの民《ズィ・イレクト》すべてを義とする《ジャスティファイ》ことを聖定され《ディクリィ》[1]、キリストは、時満ちて《イン・ザ・フルネス・オヴ・タイム》、かれらの罪のために死に、かれらの義認のためによみがえられ《ライズ・アゲイン》た[2]――しかしそれにもかかわらず《ネヴァーザレス》、かれらは、聖霊《ザ・ホウリィ・スピリット》が、しかるべき時に《イン・デュー・タイム》、キリストを現実に《アクチュアリィ》かれらに適用なさる《アプライ》までは、義とされない[3]。

1　ガラテヤ3・8、Ⅰペトロ1・2、19、20、ローマ8・30
2　ガラテヤ4・4、Ⅰテモテ2・6、ローマ4・25
3　コロサイ1・21、22、ガラテヤ2・16、テトス3・3〜7

五　神は、義とされた者たちの罪を赦し《フォーギヴ》続けられる[1]――そして、かれらは、義認の状態から落ちてしまう《フォール》ことは決してありえないが[2]、それでも《イェット》、自らの罪によって、神の父としての不興《ディスプレジャー》に落ちてしまい、そのため、謙虚になり《ハムブル・ゼムセルヴズ》、自らの罪を告白し《カンフェス》、赦しを乞い《ベッグ・パードゥン》、自らの信仰と悔い改め《リペンタンス》を新たにする《リニュー》までは、神の御顔《カウンティナンス》の光を戻して《リストアド》もらえないことがある。[3]

1 マタイ6・12、Iヨハネ1・7、9、2・1、2
2 ルカ22・32、ヨハネ10・28、ヘブライ10・14
3 詩89・32～34〔89・31～33〕、51・7～12、32・5、マタイ26・75、Iコリント11・30、32、ルカ1・20

六　旧約のもとにあった信者たちの義認は、以上のすべての点で、新約のもとにある信者たちの義認と、まったく同一《ワン・アンド・ザ・セイム》であった。[1]

1 ガラテヤ3・9、13、14、ローマ4・22～24、ヘブライ13・8

第十二章　養子《アダプション》とすることについて

〔一〕義とされた者たちすべてを、神は、その独り子イエス・キリストにおいて、またかれのゆえに、養子とする恵み《ザ・グレイス・オヴ・アダプション》にあずかる者としてくださる《ヴァウチセイフス》[1]——これによって《バイ・ホウィッチ》かれらは、〔第一に〕神の子たちの数に入れられて、神の子たちの自由《リバティズ》と特権《プリヴァリッジズ》を享受し[2]、〔第二に〕神の御名をその上に記され[3]、〔第三に〕養子とする霊を受け[4]、〔第四に〕恵みの御座《ザ・スロウン・オヴ・グレイス》に大胆に近づき[5]、〔第五に〕「アッバ、父よ」と叫ぶことができるようにされ[6]、〔第六に〕父によってされるように、神によって、憐れまれ《ピティド》[7]、保護され《プラテクティド》[8]、必要を満たされ《プラヴァイディド》[9]、懲らしめられる《チェイスンド》[10]——しかしそれでも《イエット》、決して捨て去られて《カースト・オフ》しまうことはなく[11]、かえって贖いの日《ザ・デイ・オヴ・リデムプション》のために証印され《スィールド》[12]、永遠の救いの相続人《エアズ》として[13]、もろもろの約束《ザ・プラミスィズ》を受け継ぐ《インヘリット》[14]。

1　エフェソ1・5
2　ガラテヤ4・4、5、ローマ8・17、ヨハネ1・12
3　エレミヤ14・9、Ⅱコリント6・18、黙示3・12
4　ローマ8・15
5　エフェソ3・12、ローマ5・2

6　ガラテヤ4・6
7　詩103・13
8　箴14・26
9　マタイ6・30、32、Ⅰペトロ5・7
10　ヘブライ12・6
11　哀3・31
12　エフェソ4・30
13　Ⅰペトロ1・3、4、ヘブライ1・14
14　ヘブライ6・12

第十三章　聖化《サンクティフィケイション》について

〔一〕　有効に召命され《イフェクチュアリィ・コールド》、再生させられた《リジェナレイティド》者たちは、自らの内に、新しい心と新しい霊を創造されているが、さらに、キリストの死と復活の効力《ヴァーチュー》をとおして、[1] かれらの内に宿る《ドウェリング》キリストの言葉と霊により、[2] 現実に《リアリィ》、また個人的に《パースナリィ》、聖化される――〔第一に〕すなわち、全身にわたる罪の支配《ドミニオン》は破壊され《ディストロイド》、[3] 罪のさまざまな《セヴラル》欲望《ラスツ》はますます弱められ《ウィークンド》、力をそがれて《モーティファイド》いき、[4] そして〔第二に〕かれらは、それなしにはだれも主を見ることができない、真の聖性《ホウリネス》を実践できるように、[5] 救いに導く霊的賜物《セイヴィング・グレイスィズ》すべてにおいて、ますます生かされ《クウィックンド》、強められて《ストレンクスンド》いく。[6]

1　ヨハネ17・17、エフェソ5・26、Ⅱテサロニケ2・13
2　Ⅰコリント6・11、使徒20・32、フィリピ3・10、ローマ6・5、6
3　ローマ6・6、14
4　ガラテヤ5・24、ローマ8・13
5　Ⅱコリント7・1、ヘブライ12・14
6　コロサイ1・11、エフェソ3・16～19

二　この聖化は、全人《（ザ・ホウルマン）》にわたる《（スルーアウト）》ものであるが、[1] しかしそれでも《（イェット）》、それはこの世においては不完全《（イムパーフェクト）》で、どの部分にも腐敗《（カラプション）》の残滓《（レムナンツ）》がなお残っている《（アバイディング）》[2]――そこから《（ホウェンス）》、肉《（ザ・フレッシュ）》の望むところは、霊《（ザ・スピリット）》に反し、霊の望むところは、肉に反するという、継続的《（カンティニュアル）》で和解不可能《（イレコンサイラブル）》な戦い《（ウォー）》が生じる《（アライズィズ）》。[3]

1　Ⅰテサロニケ5・23
2　Ⅰヨハネ1・10、ローマ7・18、23、フィリピ3・12
3　ガラテヤ5・17、Ⅰペトロ2・11

三　この戦いにおいては《（ヘイン・ホウィッチ・ウォー）》、残っている腐敗《（ザ・リメイニング・カラプション）》が一時的に非常に優勢になる《（プリヴェイル）》こともある[1]――しかしそれでも《（イェット）》、聖化するキリストの霊《（スピリット・オヴ・クライスト）》から継続的に力《（ストレングス）》が供給《（サプライ）》されるので、再生した性質の側《（ザ・リジェナリット・パート）》が、必ず勝利する[2]――かくして《（アンド・ソウ）》聖徒たちは、恵み《（グレイス）》において成長し、[3] 神を畏れつつ、聖性《（ホウリネス）》を完成していく。[4]

1　ローマ7・23
2　ローマ6・14、Ⅰヨハネ5・4、エフェソ4・15、16
3　Ⅱペトロ3・18、Ⅱコリント3・18
4　Ⅱコリント7・1

第十四章　救いに導く信仰《セイヴィング・フェイス》について

〔一〕　選びの民《ズィ・イレクト》がかれらの魂の救いのために信ずることができるようにされる、信仰という霊的賜物《グレイス》[1]は、かれらの心の中におけるキリストの霊の御業であり[2]、通常《オーディナリリィ》は御言葉《ザ・ワード》の宣教《ミニストリィ》によって生み出される《ロート》[3]——それは、また、これ〔御言葉の宣教〕と、聖礼典の執行《アドミニストレイション》、ならびに祈り《プレア》により、増し加えられ《インクリースト》、強められる《ストレンクスンド》[4]。

1　ヘブライ10・39
2　Ⅱコリント4・13、エフェソ1・17〜19、2・8
3　ローマ10・14、17
4　Ⅰペトロ2・2、使徒20・32、ローマ4・11、ルカ17・5、ローマ1・16、17

二　この信仰によって、キリスト者《ア・クリスチャン》は、御言葉において啓示されていることは何事であれすべて真実《トゥルー》であると、御言葉において語っておられる神御自身の権威のゆえに信じ[1]、御言葉のそれぞれの箇所《イーチ・パティキュラー・パッセジ》が含んでいる《カンテインス》ことに応じて、さまざまに《ディファラントリィ》行為する《アクトゥス》——すなわち、命令《カマンズ》には従順に従い《イールディング》[2]、威嚇《スレトニングズ》にはおののき《トレムブリング》[3]、この世と来るべき世についての神の約束は深く受け止める《イムブレイスィング》[4]。しかし、救いに導く《セイヴィング》信仰の主《プリンスィパル》な行為《アクツ》は、恵みの契約《ザ・カヴェナント・オヴ・グレイス》の効力のゆえに《バイ・ヴァーチュー・オヴ》、義認と聖化と永遠の命を得るため、ただキリストのみを認め、受け入れ《リスィーヴィング》、かれに依り頼む《レスティング・アポン》ことである。[5]

1 ヨハネ4・42、Ⅰテサロニケ2・13、Ⅰヨハネ5・10、使徒24・14
2 ローマ16・26
3 イザヤ66・2
4 ヘブライ11・13、Ⅰテモテ4・8
5 ヨハネ1・12、使徒16・31、ガラテヤ2・20、使徒15・11

三 この信仰は、強弱に程度の差があり《ディファラント・イン・ディグリーズ》[1]、また、しばしば、さまざまなしかたで、攻撃され《アセイルド》、弱められる《ウィークンド》ことがあるが、ついには勝利を得る[2]——そして少なからざる《メニィ》人の場合、信仰は、わたしたちの信仰の創始者《オーサー》また完成者《フィニシャー》であるキリスト[3]をとおして、完全な確信《ア・フル・アシュアランス》に到達するまで成長していく。[4]

1 ヘブライ5・13、14、ローマ4・19、20、マタイ6・30、8・10
2 ルカ22・31、32、エフェソ6・16、Ⅰヨハネ5・4、5
3 ヘブライ12・2
4 ヘブライ6・11、12、10・22、コロサイ2・2

第十五章　命にいたる悔い改め《リペンタンス・アントゥ・ライフ》について

〔一〕命にいたる悔い改めは、福音的な《イヴァンジェリカル》霊的賜物《グレイス》の一つである[1]——この教理は、キリストに対する信仰についての教理《ダクトリン》と同様、福音に仕えるどの牧師《ミニスター》によっても説教《プリーチト》されるべきである[2]。

1　ゼカリヤ12・10、使徒11・18
2　ルカ24・47、マルコ1・15、使徒20・21

二　それ〔命にいたる悔い改め〕によって罪人《ア・スィナー》は、自分のもろもろの罪を神の聖い性質《ホウリィ・ネイチャー》と義しい律法《ライチャス・ロー》に反するものとして、その危険性《デインジャー》だけでなく、その汚らわしさ《フィルスネス》といまわしさ《オウディアスネス》をも見、感じ、また、悔いている者へのキリストにおける神の憐れみを悟《アプリヘンション》って、自分の罪を深く悲しみ、憎んで、それらすべての罪から離れて神に立ち帰り[1]、神の戒《カマンドメンツ》めのすべての道において神と共に歩むことを決意《パーパスィング》し、そう努める《インデヴァリング》ようになる[2]。

1 エゼキエル18・30、31、36・31、イザヤ30・22、詩51・6〔51・4〕、エレミヤ31・18、19、ヨエル2・12、13、アモス5・15、詩119・128、Ⅱコリント7・11
2 詩119・6、59、106、ルカ1・6、列王下23・25

三 悔い改めは、罪に対する償《サティスファクション》い、あるいは罪の赦《パードゥン》しの根拠《コーズ》、として頼られて《レスティド・イン》はならない[1]――それ〔赦しの根拠〕は、キリストにおける神の無償の恵み《フリー・グレイス》の意志決定《アクト》である[2]――が、しかしそれでも《イエット》、それ〔悔い改め〕は、すべての罪人に必要であるから、だれもそれなしに赦《パードゥン》しを期待することはできない[3]。

1 エゼキエル36・31、32、16・61～63
2 ホセア14・3、5〔14・2、4〕、ローマ3・24、エフェソ1・7
3 ルカ13・3、5、使徒17・30、31

四 裁《ダムネイション》きに値しないほど小さな罪が存在しないのと同様に[1]、真実に悔い改める者に裁きをもたらしうるほど大きな罪も存在しない[2]。

1　ローマ6・23、5・12、マタイ12・36
2　イザヤ55・7、ローマ8・1、イザヤ1・16、18

五　人々《メン》は、一般的《ジェネラル》な悔い改めで満足すべきではなく、かえって《バット》、自分の個々《パティキュラー》の罪について個別的《パティキュラリィ》に悔い改めるように努めることが、各人《エヴリィ・マン》の義務《デューティ》である。[1]

1　詩19・14〔19・13〕、ルカ19・8、Iテモテ1・13、15

六　だれでも《エヴァリイ・マン》、自分の罪《スインズ》を、神に私的に告白《プライヴィト・カンフェッション》して、罪の赦し《パードゥン》を祈り求めるべきである[1]——そのようにし、かつ罪を捨てる《フォーセイキング》ことによって、その人は憐れみ《マースィー》を見出すであろう[2]——が、同様に《ソウ》、自分の兄弟、あるいはキリストの教会を躓かせる《スキャンダライズィス》者は、私的《プライヴィット》、あるいは公的《パブリック》な告白と、自分の罪を悲しむ《サロウ》ことにより、傷つけられた《アフェンディド》相手の人々に対して、自分の悔い改めを進んで明らかに《ディクレア》すべきである[3]——そのように《ザアポン》なされたならば、傷つけられた者たちはその人と和解《ビー・レコンサイルド》し、愛をもってその人を受け入れる《リスィーヴ》べきである。[4]

1　詩51・6、7、9、11、16、〔51・4、5、7、9、14〕32・5、6

2　箴28・13、Ⅰヨハネ1・9
3　ヤコブ5・16、ルカ17・3、4、ヨシュア7・19、詩51編
4　Ⅱコリント2・8

第十六章　善い行い《グッド・ワークス》について

〔一〕　善《よ》い行《おこな》いとは、ただ神がその聖い御言葉において命じておられる《ハス・カマンディド》ものだけであり、[1] 御言葉の確証《ウォラント》もなしに、無批判的な《ブラインド》熱心《ズィール》から、あるいは何か良い意向《インテンション》を口実《プリテンス》に、人間によって考え出された《ディヴァイズド》ようなものではない。[2]

1　ミカ6・8、ローマ12・2、ヘブライ13・21
2　マタイ15・9、イザヤ29・13、Ⅰペトロ1・18、ローマ10・2、ヨハネ16・2、サムエル上15・21〜23

二　神の戒め《カマンドメンツ》に従順に服してなされるこのような善い行い《グッド・ワークス》は、真の、生きた《ライヴリィ》信仰の実り《フルーツ》であり、証拠《エヴァダンスイズ》であり、[1] それら〔善い行い〕によって信者《ビリーヴァーズ》は、かれらの感謝を表し《マニフェスト》、[2] かれらの確信を強め、[3] かれらの兄弟たちを造り上げ《エディファイ》、[4] 福音に対する公的告白《プラフェッション》を美しく飾り《アドーン》、[5] 敵対者の口を封じ《ストップ》、[6] 神に栄光を帰す[7]――かれら〔信者〕は、善い行いをする《ゼアアントゥー》ようにイエス・キリストにおいて創造された《クリエイティド》、神の作品《ワークマンシップ》だからであり、[8] かくして信者は、聖性にいたるかれらの実《フルートゥ》を結んで、目的《エンド》である永遠の命を得ることができる。[9]

1 ヤコブ2・18、22
2 詩116・12、13、Ⅰペトロ2・9
3 Ⅰヨハネ2・3、5、Ⅱペトロ1・5～10
4 Ⅱコリント9・2、マタイ5・16
5 テトス2・5、9～12、Ⅰテモテ6・1
6 Ⅰペトロ2・15
7 Ⅰペトロ2・12、フィリピ1・11、ヨハネ15・8
8 エフェソ2・10
9 ローマ6・22

三　善い行いをする信者の能力は、決してかれら自身によるものではなく、全面的《ホウルリィ》にキリストの霊によるものである。[1] また《アンド》、かれらが善い行いができるようになるためには、かれらがすでに受けている霊的賜物《グレイスィズ》のほかに、かれらの内に働き、御自身がよしとされることを望み《ウィル》、行うようにさせる、同じ聖霊の現実的《アクチュアル》な働きかけ《インフルアンス》が必要とされる《リクワイアド》[2] ―― しかしそれでも《イエット》ここで信者は、御霊の特別な導《モウション》きがなければ、いかなる義務も果たさなくてよいかのように、怠惰《ネグリジャント》になってはならず、むしろ、自分たちの内にある神の恵みをかきたてる《スター・アップ》ことに勤勉《ディリジャント》であるべきである。[3]

1　ヨハネ15・4、5、エゼキエル36・26、27
2　フィリピ2・13、4・13、Ⅱコリント3・5
3　フィリピ2・12、ヘブライ6・11、12、Ⅱペトロ1・3、5、10、11、イザヤ64・6〔64・7〕、Ⅱテモテ1・6、使徒26・6、7、ユダ20、21

四　従順《オウビーディアンス》においてこの世で可能な最高度まで到達する者たちも、いわゆる余功を積み《スーパーレラゲイト》、神がお求め《リクワイア》になる以上のことをすることなど到底できず、かえって、かれらが義務でしなければならない多くのことさえも、なしえない。[1]

1　ルカ17・10、ネヘミヤ13・22、ヨブ9・2、3、ガラテヤ5・17

五　わたしたちは、自分たちの最善の行い《ベスト・ワークス》によっても、神の御手から罪の赦し《パードゥン》や永遠の命を功績《メリット》として得ることはできない——それは、〔第一に〕それら〔最善の行い〕と来るべき栄光との間にある大き《グレイト》な不釣合《ディスプラポーション》と、わたしたちと神との間にある無限《インフィニット》の隔たり《ディスタンス》のためであり——わたしたちは最善の行いによっても神を益する《プラフィット》ことも、自分の以前の罪の負債《デット》に対して償い《サティスファイ》をすることもできず、[1] 自分にできることをすべてしてしまったときも、わたしたちはただ自分の義務を果たしただけで、無益《（アンプラフィタブル）》な僕《しもべ》にすぎない[2]――、また〔第二に〕行いが善いかぎり、それらは神の霊から出ている《（プラスィード）》のであり、[3] 行いがわたしたちによってなされる《（ロート）》かぎり、それらは汚れて《（ディファイルド）》おり、非常に多くの弱さ《（ウィークネス）》と不完全さ《（イムパーフェクション）》が混じって《（ミックスト）》いるため、神の審判の厳しさ《（スィベリティ）》に到底耐える《（インデュア）》ことができないからである。[4]

1 ローマ3・20、4・2、4、6、エフェソ2・8、9、テトス3・5〜7、ローマ8・18、詩16・2、ヨブ22・2、3、35・7、8
2 ルカ17・10
3 ガラテヤ5・22、23
4 イザヤ64・5〔64・6〕、ガラテヤ5・17、ローマ7・15、18、詩143・2、130・3

六　しかしそれにもかかわらず《（イエット・ノットウィズスタンディング）》、信者たちの全人格《（パーソンズ）》がキリストをとおして受け入れられる《（アクセプティド）》のであるから、かれらの善い行いもまた、かれにあって受け入れられる[1]――それは、それらの善い行いが、この世で神の御前に全面的に《（ホウルリィ）》責められるところが《（アンブレイマブル）》なく、非難の余地がない《（アンリブルーヴァブル）》ものだからではなく、[2] 神が、御自身の御子においてそれらをご覧になり、誠実《（スインスィア）》な行いは、たとえ多くの弱さと不完全さを伴っていても、受け入れ、それに報いる《（リウォード）》のをよしとされるからである。[3]

1　エフェソ1・6、Ⅰペトロ2・5、出エジプト28・38、創世4・4をヘブライ11・4と比較
2　ヨブ9・20、詩143・2
3　ヘブライ13・20、21、Ⅱコリント8・12、ヘブライ6・10、マタイ25・21、23

七　再生していない人々《（アンリジェナリット・メン）》によってなされる行い《（ワークス）》も、内容的には神が命じておられる《（カマンズ）》もので、かれら自身にも他《た》の人々にも有益なことがある[1]——しかしそれでも《（イエット）》、それらの行いは、信仰によって清められた《（ピュアリファイド）》心から出る《（プラスィード）》のではなく、[2]また、御言葉に従って正しい《（ライト）》しかた《（マナー）》でなされるのでも、[3]神の栄光という正しい《（ライト）》目的《（エンド）》のためになされるのでもないから、[4]それゆえに《（ゼアフォー）》罪深く、神を喜ばせる《（プリーズ）》ことや、あるいは人を神から恵みを受けるのにふさわしくする《（ミート）》ことはできない[5]——それでもなお《（アンド・イエット）》、かれらがそのような行いを怠る《（ニグレクト）》ことは、いっそう罪深く、神に喜ばれない《（ディスプリーズィング）》ことである。[6]

1　列王下10・30、31、列王上21・27、29、フィリピ1・15、16、18
2　創世4・5をヘブライ11・4と比較、ヘブライ11・6
3　Ⅰコリント13・3、イザヤ1・12
4　マタイ6・2、5、16
5　ハガイ2・14、テトス1・15、アモス5・21、22、ホセア1・4、ローマ9・16、テトス3・5
6　詩14・4、36・3、ヨブ21・14、15、マタイ25・41〜43、45、23・23

第十七章　聖徒の堅忍《ザ・パースィヴィアランス・オヴ・ザ・セインツ》について

〔一〕神がその愛する御子において受け入れ、自らの霊によって有効《イフェクチュアリィ》に召命し、聖化した《サンクティファイド》人々は、恵みの状態《ザ・ステイト・オヴ・グレイス》から全面的《トウタリィ》に落ちてしまうことも、最終的《ファイナリィ》に落ちてしまうこともありえず、かえって《バット》、最後まで《トゥ・ズィ・エンド》恵みの状態において確実に堅忍し《パースィヴィア》、永遠《イターナリィ》に救われる。[1]

1 フィリピ1・6、Ⅱペトロ1・10、ヨハネ10・28、29、Ⅰヨハネ3・9、Ⅰペトロ1・5、9

二 この聖徒の堅忍は、かれら自身の自由意志《フリー・ウィル》に基づく《ディペンズ・アポン》のではなく、〔第一に〕父なる神の無償《フリー》で変わらない《アンチェインジャブル》愛から出てくる、選びの聖定の不変性《イミュータビリティ》[1]と、〔第二に〕イエス・キリストの功績《メリット》と執り成し《インターセッション》の有効性《エフィカスィ》[2]、御霊と神の種《ザ・スィード・オヴ・ゴッド》のかれらへの内住《アバイディング》[3]、および、恵みの契約の本質《ネイチャー》[4]、に基づく――これらすべてから、また、聖徒の堅忍の確実性《サートゥンティ》と無謬性《インファラビリティ》が生じる《アライズィス》[5]。

1 Ⅱテモテ2・18、19、エレミヤ31・3

2 ヘブライ10・10、14、13・20、21、9・12～15、ローマ8・33～39、ヨハネ17・11、24、ルカ22・32、ヘブライ7・25
3 ヨハネ14・16、17、Iヨハネ2・27、3・9
4 エレミヤ32・40
5 ヨハネ10・28、IIテサロニケ3・3、Iヨハネ2・19

三　それにもかかわらず《ネヴァーザレス》、かれら〔聖徒たち〕は、サタンと世のさまざまな誘惑、かれらの内に残っている腐敗の勢い《プレヴァランスィ》、かれらを守ってくれる手段《ミーンズ・オヴ・プリザヴェイション》を無視すること《ニグレクト》、によって、ひどい《グリーヴァス》罪に陥り[1]、しばらくの間その中に留まり続けることがある[2]——それによって《ホウェアバイ》かれらは、神の不興《ディスプレジャー》を招き[3]、神の聖霊を悲しませ《グリーヴ》[4]、自分たちに与えられている霊的賜物《グレイスィズ》と慰《カムフォツ》めをある程度取り去られる《ディプライヴド・オヴ》にいたり[5]、その心は頑なにされ[6]、良心は傷つけられ[7]、他《た》の人々を傷つけ《ハート》、躓かせ《スカンダライズ》[8]、自分たちに一時的な《テムパラル》審判《ジャッジメンツ》を招く[9]。

1 マタイ26・70、72、74
2 詩51・1、2、16〔詩51編表題、14〕
3 イザヤ64・4、6、8〔64・5、7、9〕、サムエル下11・27
4 エフェソ4・30
5 詩51・10、12、14〔51・8、10、12〕、黙示2・4、雅5・2～4、6

6　イザヤ63・17、マルコ6・52、16・14
7　詩32・3、4、51・10〔51・8〕
8　サムエル下12・14
9　詩89・32、33〔89・31、32〕、Ⅰコリント11・32

第十八章　恵み《グレイス》と救《サルヴェイション》いの確《アシュアランス》信について

［一］　偽善者《ヒポクリッツ》と他の再生していない《アンリジェナレイティド》人々が、自分たちは神の愛顧《フェイヴァ》を得て救いの状態《エステイト》にある、という偽りの希望と肉的な《カーナル》思い込み《プリザムプション》で、愚か《ヴェインリィ》にも自らを欺くことがある[1]——かれらのそのような希望は必ずついえ去る《ペリッシュ》[2]——が、しかしそれでも《イエット》、主イエスを真に信じ、誠実《イン・スインセリティ》にかれを愛して、その御前に全き良心《オール・グッド・カンシャンス》をもって歩もうと努めている者たちは、自分たちが恵みの状態《ステイト》にあることを、この世において、確かに確信する《ビー・アシュアド》ことができ《メイ》[3]、神の栄光にあずかる希望をもって喜ぶ《リジョイス》ことができる《メイ》——この希望は、決してかれらを恥じ入らせる《アシェイムド》ことはない[4]。

1　ヨブ8・13、14、ミカ3・11、申命29・18〔29・19〕、ヨハネ8・41
2　マタイ7・22、23
3　Iヨハネ2・3、3・14、18、19、21、24、5・13
4　ローマ5・2、5

二　この確かさ《サートゥンティ》は、はかない《ファアラブル》希望に基づく、単なる憶測的《ベア・カンジェクチュラル》で、もっともらしい《プラバブル》信念《パスウェイジョン》ではなく[1]、

〔第一に〕救いの約束《（プラミスィズ）》についての神的真理《（ザ・ディヴァイン・トゥルース）》と、[2]〔第二に〕これらの約束が与えるとしていたさまざまな霊的賜物《（グレイスィズ）》が現に与えられているという内的証拠《（ズィ・インワード・エヴァダンス）》、[3]および、〔第三に〕わたしたちが神の子であることを、わたしたちの霊《（スピリッツ）》と共に証しする《（ウィットネスィング）》、養子とする御霊《（ザ・スピリット・オヴ・アダプション）》の証し《（テスティモニィ）》、[4]に基礎を置く《（ファウンディド）》、信仰による無謬の確信《（インファラブル・アシュアランス）》である――この《（ホウィッチ）》御霊は、わたしたちが嗣業を受け継ぐ保証《（アーネスト）》であり、御霊によって《（ホウェアバイ）》わたしたちは、贖いの日《（ザ・デイ・オヴ・リデムプション）》のために証印《（スィールド）》されている。[5]

1　ヘブライ6・11、19
2　ヘブライ6・17、18
3　Ⅱペトロ1・4、5、10、11、Ⅰヨハネ2・3、3・14、Ⅱコリント1・12
4　ローマ8・15、16
5　エフェソ1・13、14、4・30、Ⅱコリント1・21、22

三　この無謬の確信《（インファラブル・アシュアランス）》は、信仰の本質《（エッセンス）》に属するほどのものではないから、真の信者《（ア・トゥルー・ビリーヴァー）》も、それにあずかる者になるまで長く待ち、多くの困難にぶつかることがある[1]――しかしそれでも《（イエット）》そういう人も、神から無償《（フリーリィ）》で自分に与えられているさまざまなものを、御霊によって知ることができるようにされているので、特別な啓示《（イクストゥローディナリィ・レヴァレイション）》なしでも、通常《（オーディナリィ）》の手段の正しい使用《（ライト・ユース）》により、それ〔無謬の確信〕《（ゼアアントゥ）》に到達することができる。[2]したがって《（アンド・ゼアフォー）》、自分の召命と選びを確かにすることにきわめて勤勉に努める《（ギヴ・オール・ディリジャンス）》ことは、すべて《エヴリィワン》の信者の義務であり[3]、そうすることによってかれの心は、この確信のふさわしい《プラバー》実り《フルーツ》である、聖霊による平和と喜び・神への愛と感謝・従順の義務《デューティーズ》を果たす力と楽しさ、で満たされるであろう[4]——無謬の確信が、人々《メン》を放縦《ルースネス》に誘う《インクライニング》ことなどありえない[5]。

1　Ⅰヨハネ5・13、イザヤ50・10、マルコ9・24、詩88編、詩77・2〜13〔77・1〜12〕
2　Ⅰコリント2・12、Ⅰヨハネ4・13、ヘブライ6・11、12、エフェソ3・17〜19
3　Ⅱペトロ1・10
4　ローマ5・1、2、5、14・17、15・13、エフェソ1・3、4、詩4・7、8〔4・6、7〕、119・32
5　Ⅰヨハネ2・1、2、ローマ6・1、2、テトス2・11、12、14、Ⅱコリント7・1、ローマ8・1、12、Ⅰヨハネ3・2、3、詩130・4、Ⅰヨハネ1・6、7

四　真の信者たちも、自分たちの救いについての確信をさまざまなしかたで揺さぶられ《シェイクン》、弱められ《ディミニシュト》、とぎれさせられる《インターミッテイド》ことがある——それは、たとえば、〔第一に〕確信の保持を怠ることによって、〔第二に〕良心を傷つけ、御霊を悲しませる、何か特別な罪に陥ることによって、また、〔第三に〕何か突然の、あるいは、激しい《ヴィーマント》誘惑によって、〔第四に〕神が御顔《カウンティナンス》の光を取り上げてしまわれ、神を畏れる者たちさえも暗闇の中を歩ませて光をもてないようにされることによって、である[1]——しかしそれでも《イェット》、かれらは、神の種《たね》と信仰の命、キリストと兄弟たちへの愛、心の誠実さ《(スィンセリティ)》と義務感《(カンシャンス・オヴ・デューティ)》、を完全に欠いてしまうことは決してなく、かえって、これらのものが基《もとい》となって、この救いの確信《(バイ・ザ・ホウィッチ)》は、御霊の働き《(アパレイション)》により、しかるべき時《(イン・デュー・タイム)》に回復される《(リヴァイヴド)》ことができ、[2]また、これらのものによってかれらは、それまでの間《(イン・ザ・ミーンタイム)》も、完全な絶望《(アター・ディスペア)》から守られる《(サポーティド)》。[3]

1 雅5・2、3、6、詩51・10、14、16〔51・8、12、14〕、エフェソ4・30、31、詩77・2～11〔77・1～10〕、マタイ26・69～72、詩31・23〔31・22〕、88編、イザヤ50・10
2 Ⅰヨハネ3・9、ルカ22・32、ヨブ13・15、詩73・15、51・10、14〔51・8、12〕、イザヤ50・10
3 ミカ7・7～9、エレミヤ32・40、イザヤ54・7～10、詩22・2〔22・1〕、88編

第十九章　神の律法《ザ・ロー・オヴ・ゴッド》について

［一］ 神はアダムに、行いの契約《ア・カヴェナント・オヴ・ワークス》として、律法をお与えになられた――この律法によって神は、かれとかれのすべての子孫《パステリティ》に、個人的《パースナル》、全面的《インタイア》、厳正《イグザクト》で、かつ恒久的《パペチュアル》な従順《オウビーディアンス》を義務づけ、律法を果たすことに対しては命を約束し、それを破ることに対しては死をもって威嚇《スレットウンド》し、また、それを守る力と能力をかれにお授けになった《インドュード》[1]。

1　創世1・26、27を2・17と比較、ローマ2・14、15、10・5、5・12、19、ガラテヤ3・10、12、コヘレト7・29、ヨブ28・28

二　この律法は、かれの堕落後も、義《ライチャスネス》の完全な規範《ルール》であり続け、まさにそのようなものとして、神により、シナイ山の上で、十《とお》の戒め《カマンドメンツ》のかたちで与えられ、二枚の石の板に記された《リットゥン》[1]――その初めの四つの戒めは、神に対するわたしたちの義務を、残りの六つは、人間に対するわたしたちの義務を含んでいる《カンティニング》[2]。

1　ヤコブ1・25、2・8、10～12、ローマ13・8、9、申命5・32、10・4、出エジプト34・1
2　マタイ22・37～40

三　一般に道徳律法《（モラル・ロー）》とよばれるこの律法のほかに、神は、未成年の教会《（ア・チャーチ・アンダー・エイジ）》としてのイスラエルの民《（ザ・ピープル・オヴ・イズリアル）》に、儀式律法《（セレモニアル・ローズ）》を与えることをよしとされた――それらは、予型《（ティピカル）》となるいろいろな《（セヴラル）》規定《（オーディナンスィズ）》を含んでいた《（カンティニング）》が、それらのあるものは、キリストと、かれの霊的賜物《（グレイスィズ）》・活動《（アクションズ）》・苦難《（サファリングス）》・益《（ベネフィッツ）》を予め表す《（プリフィギュアリング）》礼拝に関するものであり、[1] また他のあるものは、道徳的義務《（モラル・デューティーズ）》についての多様な《（ダイヴァース）》教え《（インストラクションズ）》を提示する《（ホウルディング・フォース）》ものだった。[2] これらの《（ホウィッチ）》儀式律法はすべて、新約のもと、今では廃棄されて《（アブラゲイティド）》いる。[3]

1　ヘブライ9章、10・1、ガラテヤ4・1～3、コロサイ2・17
2　Ⅰコリント5・7、Ⅱコリント6・17、ユダ23
3　コロサイ2・14、16、17、ダニエル9・27、エフェソ2・15、16

四　かれ〔神〕はまた、政治的統一体《（ア・バディ・ポリティック）》としてのかれら〔イスラエルの民〕に、種々の《（サンドリィ）》司法律法《（ジュディッシャル・ローズ）》を与えられた――しかしこれらは、その民の国家《（ステイト）》とともに失効した《（イクスパイアド）》から、今では、その一般的公正さ《（ジェネラル・エクウィティ）》が求めうる《（メイ・リクワイア）》以上のことを、他のいかなる民にも義務づける《（アブライジング）》ことはない。[1]

1　出エジプト21章、21・37～22・28〔22・1～29〕、創世49・10をⅠペトロ2・13、14と比較、マタイ5・17を5・38、39と比較、Ⅰコリント9・8～10

五　道徳律法《ザ・モラル・ロー》は、義とされた人々《ジャスティファイド・パースンズ》もそうでない人々も、すべての人々に、それへの従順を、いつの時代《フォー・エヴァー》も義務づける《バインド》[1]——それは、単に道徳律法に含まれている内容《マター》のゆえばかりでなく、その律法をお与えになった創造者なる神の権威のゆえである。[2] また、キリストは福音において、この義務《アブリゲイション》を少しも解消《ディゾルヴ》なさらず、かえって、大いに強化《ストゥレンクスン》しておられる。[3]

1　ローマ13・8～10、エフェソ6・2、Ⅰヨハネ2・3、4、7、8
2　ヤコブ2・10、11
3　マタイ5・17～19、ヤコブ2・8、ローマ3・31

六　真《トゥルー》の信者たちは、行いの契約《ア・カヴェナント・オヴ・ワークス》としての律法《ザ・ロー》のもとにはなく、したがって、それによって義とされたり、罪に定められたり《カンデムド》することはないが、[1] しかし《イエット》それでも律法は、他《た》の人々にとってばかりでなく、真の信者たちにとっても、非常に有益である——なぜなら《イン・ザット》、〔第一に〕それは、神の御心とかれらの義務をかれらに教える《インフォーミング》生活の規範《ルール・オヴ・ライフ》として、かれらを導き《ダイレクツ》、その教えに従って歩むよう義務づける《バインズ》からであり、[2] また〔第二に〕それは、かれらの本性《ネイチャー》・心・生活が、罪に汚れているありさま《ザ・スインフル・ポルーション》を露わにし《ディスカヴァリング》、[3] そのため、それによってかれらが自分を吟味する《イグザミニング》とき、いっそう罪を確信し、その罪のゆえに謙虚になり、罪を憎むようになるからであり、[4] それとともに、かれらがキリストをどれ程必要としているかと、キリストの従順の完全性《パーフェクション》とを、いっそう明瞭に見てとるようになるからである。[5] さらに《ライクワイズ》、律法は再生している人々《ザ・リジェナレイティド》にとって、かれらの腐敗を抑制する《リストレイン》のに有益である[6] ―― なぜなら、〔第一に〕それは罪を禁じており、〔第二に〕それが与える威嚇《スレットニングズ》は、かれらの罪でさえも何に値するか、また、かれらが、律法において威嚇されている律法の呪いからは解放されているが、罪のゆえにこの世においていかなる災い《アフリクションズ》を予期できるか、を示すのに役立つからである。[7] 律法が与える約束《プロミスイズ》は、同様にして、〔第一に〕かれら〔再生している人々〕に、神が従順を是認してくださる《アプラベイション》こと、また、〔第二に〕律法を果たすときどのような祝福《ブレッスィングズ》をかれらが期待《イクスペクト》できるか、を示す[8] ―― もっとも、それらの祝福は、行いの契約としての律法によってかれらに当然のものとして与えられるのではない。[9] したがって《ソウ・アズ》、ある人が、律法が善へと励まし悪を思い留まらせるという理由で善を行い悪から遠ざかるということは、その人が律法のもとにあって恵みのもとにはいない、という証拠《エヴァダンス》ではない。[10]

1　ローマ6・14、ガラテヤ2・16、3・13、4・4、5、使徒13・39、ローマ8・1

2　ローマ7・12、22、25、詩119・4〜6、Ⅰコリント7・19、ガラテヤ5・14、16、18〜23
3　ローマ7・7、3・20
4　ヤコブ1・23〜25、ローマ7・9、14、24
5　ガラテヤ3・24、ローマ7・24、25、8・3、4
6　ヤコブ2・11、詩119・101、104、128
7　エズラ9・13、14、詩89・31〜35〔89・30〜34〕
8　レビ26・1〜14をⅡコリント6・16と比較、エフェソ6・2、3、詩37・11をマタイ5・5と比較、詩19・12〔19・11〕
9　ガラテヤ2・16、ルカ17・10
10　ローマ6・12、14、Ⅰペトロ3・8〜12を詩34・13〜17〔34・12〜16〕と比較、ヘブライ12・28、29

七　以上に挙げた律法の用法《ユースィズ》はいずれも、福音の恵み《ザ・グレイス・オヴ・ザ・ガスペル》と相容れないものではなく、かえってそれに見事に《スウィートリィ》一致している《カムプライ》[1]——なぜなら、律法の中に啓示された神の御心《ウィル》が行うように求めている《リクワイア》ことを、自由に、喜んで行うよう人間の意志を従わせ、そうできるように、キリストの霊が、してくださるのだからである。[2]

1　ガラテヤ3・21
2　エゼキエル36・27、ヘブライ8・10をエレミヤ31・33と比較

第二十章　キリスト者の自由《クリスチャン・リバティ》と、良心の自由《リバティ・オヴ・カンシャンス》について

〔一〕キリストが、福音のもとにある信者たちのために買い取って《ハス・パーチャスト》おられる自由《リバティ》は、〔第一に〕罪責《ザ・ギルト・オヴ・スィン》・罪に定める神の怒り・道徳律法の呪いからの解放《フリーダム》と、[1]かれらが、今のこの《プレザント》悪の世・サタンへの隷属《バンディッジ》・罪の支配《ドミニオン》から、[2]また、災い《アフリクションズ》という悪・死のとげ《ザ・スティング・オヴ・デス》・墓の勝利《ザ・ヴィクトリィ・オヴ・ザ・グレイヴ》・永遠の裁き《エヴァラスティング・ダムネイション》から、救い出される《ディリヴァード》こと、[3]さらに〔第二に〕かれらが自由に神に近づくこと、[4]および、かれらが奴隷的な恐怖心《フィア》からではなく、子どもらしい愛と自発的《ウィリング》な考え《マインド》から、神に従順に従うこと、[5]からなる。これらはみな《オール・ホウィッチ》、律法のもとにあった信者たちにも共通であった。[6]しかし、新約のもとで、キリスト者の自由は、〔第一に〕ユダヤ教会《ザ・ジューイシュ・チャーチ》が服していた儀式律法のくびき《ヨウク》からかれらが自由であることと、[7]〔第二に〕恵みの御座《ザ・スロウン・オヴ・グレイス》にいっそう大胆に近づくことができること、[8]そして、律法のもとにあった信者たちが通常あずかって《パーテイク》いたよりも、神の自由の霊《ザ・フリー・スピリット・オヴ・ゴッド》をいっそう豊かに分かち与えられていること、[9]などの点で、さらに拡大されて《インラージド》いる。

1　テトス2・14、Ⅰテサロニケ1・10、ガラテヤ3・13

2　ガラテヤ1・4、コロサイ1・13、使徒26・18、ローマ6・14
3　ローマ8・28、詩119・71、Ⅰコリント15・54～57、ローマ8・1
4　ローマ5・1、2
5　ローマ8・14、15、Ⅰヨハネ4・18
6　ガラテヤ3・9、14
7　ガラテヤ4・1～3、6、7、5・1、使徒15・10、11
8　ヘブライ4・14、16、10・19～22
9　ヨハネ7・38、39、Ⅱコリント3・13、17、18

二　神のみが良心の主《ロード・オヴ・ザ・カンシャンス》であり、[1] 神は、いかなることにおいても、かれの御言葉に反する《カントラリィ》、また、信仰や礼拝にかかわる事柄の場合には、かれの御言葉にない《ビザイド》[2]、そのような人間の教理《ダクトリンズ》と戒め《カマンドメンツ》から、良心をすでに解放しておられる《ハス・レフト》。したがって《ソウ・ザット》、良心のゆえに《アウト・オヴ》そのような教理を信じたり、そのような戒めに従うことは、良心の真の自由《リバティ・オヴ・カンシャンス》に背くことであり、[3] また、理解抜きの信仰《イムプリッスィト・フェイス》や絶対的で無批判的な《ブラインド》従順《オヴビーディアンス》を要求することは、良心の自由と、さらには理性《リーズン》をも破壊する《ディストロイ》ことである。[4]

1　ヤコブ4・12、ローマ14・4
2　使徒4・19、5・29、Ⅰコリント7・23、マタイ23・8～10、Ⅱコリント1・24、マタイ15・9

3 コロサイ2・20、22、23、ガラテヤ1・10、2・4、5、5・1
4 ローマ10・17、14・23、イザヤ8・20、使徒17・11、ヨハネ4・22、ホセア5・11、黙示13・12、16、17、エレミヤ8・9

三 キリスト者の自由を口実《プリテンス》にして罪を犯したり《プラクティス》、欲望《ラスト》を抱いたり《チェリッシュ》する者たちは、それによって、キリスト者の自由の目的、すなわち、敵の手から救い出されて、わたしたちが、生涯のすべての日々、恐れなく、御前に聖性《ホウリネス》と義《ライチャスネス》をもって、主に仕えることができるようになること、を破壊するのである。[1]

1 ガラテヤ5・13、Ⅰペトロ2・16、Ⅱペトロ2・19、ヨハネ8・34、ルカ1・74、75

四 また、神がお定めになって《ハス・オーディンド》おられる権能《パウアズ》と、キリストが買い取って《ハス・パーチャスト》おられる自由とは、互いを破壊するようにではなく、相互に支え、守り合うように、神によって意図されているので、キリスト者の自由を口実にして、この世《スィヴィル》のものであれ、教会的《エクリーズィアスティカル》なものであれ、合法的な権能《ローフル・パウア》、あるいは、その合法的行使《エクササイズ》、に反対する者たちは、神の定め《ズィ・オーディナンス・オヴ・ゴッド》に反抗するのである。[1] また、本性の光《ザ・ライト・オヴ・ネイチャー》や、キリスト教《クリスチャニティ》の周知の原則《ノウン・プリンスィプルズ》、信仰・礼拝・あるいは行動のいずれに関するものであれ、もしくは信仰心《ゴッドリネス》の力、に反する意見を公表《パブリッシング》したり、そのような実践《プラクティスィズ》を継続《メインテイニング》したりすることに対して、また、キリストが教会の中に確立しておられる外的《イクスターナル》平和と秩序にとって、本質的に、もしくは、その公表や継続のしかたにおいて、破壊的である、誤った意見や行為に対して、人々は、教会の譴責《センシャーズ》により、[2] また、この世の為政者《スィヴィル・マジストレイト》の権能《パウア》によって、[3] 合法的《ローフリィ》に責任を問われ《コールド・トゥ・アカウント》、訴追され《プラスィーディド》るもの《メイ》とする。

1　マタイ12・25、Ⅰペトロ2・13、14、16、ローマ13・1～8、ヘブライ13・17

2　ローマ1・32をⅠコリント5・1、5、11、13と比較、Ⅱヨハネ10、11以下、Ⅱテサロニケ3・14、Ⅰテモテ6・3～5、テトス1・10、11、13、テトス3・10を、マタイ18・15～17と比較、Ⅰテモテ1・19、20、黙示2・2、14、15、20、3・9

3　申命13・7～13〔13・6～12〕、ローマ13・3、4をⅡヨハネ10、11と比較、エズラ7・23、25～28、黙示17・12、16、17、ネヘミヤ13・15、17、21、22、25、30、列王下23・5、6、9、20、21、歴代下34・33、15・12、13、16、ダニエル3・29、Ⅰテモテ2・2、イザヤ49・23、ゼカリヤ13・2、3

第二十一章　宗教的礼拝《リリジャス・ワーシップ》と安息日《ザ・サバス・デイ》について

〔一〕本性の光《ザ・ライト・オヴ・ネイチャー》は、万物に対して支配権《ロードシップ》と主権《サヴァランティ》をもち、善《グッド》であり、万物に対して善を行い、それゆえに、心を尽くし、精神を尽くし、力を尽くして、畏れられ《フィアド》・愛され・讃美され《プレイズド》・呼び求められ《コールド・アポン》・信頼され《トラスティド・イン》・仕えられる《サーヴド》べき、神《ア・ゴッド》が存在されることを示している。[1] しかし、この真の神《ザ・トゥルー・ゴッド》を礼拝する、唯一〔神に〕受け入れられる《アクセプタブル》方法《ウェイ》は、神御自身によって制定されて《イズ・インスティテューティド》おり、したがって神御自身の啓示された御心《リヴィールド・ウィル》によって制限されて《リミティド》いるので、神は、人間の想像《イマジネイションズ》や工夫《ディヴァイスィズ》、あるいはサタンの示唆《サジェスチョンズ》に従って、何か目に見える絵画・彫像《レプリゼンテイション》や、聖書に規定されていない《ノット・プリスクライヴド》、他のいかなる方法ででも、礼拝されてはならない。[2]

1　ローマ1・20、使徒17・24、詩119・68、エレミヤ10・7、詩31・24〔31・23〕、18・4〔18・3〕、ローマ10・12、詩62・9〔62・8〕、ヨシュア24・14、マルコ12・33

2　申命13・1〔12・32〕、マタイ15・9、使徒17・25、マタイ4・9、10、申命4・15～20、出エジプト20・4～6、コロサイ2・23

二　宗教的礼拝《リリジャス・ワーシップ》は、父・子・聖霊なる神に、そして神にのみ、ささげられるべきであり、[1]天使たちや聖人《セインツ》たち、その他いかなる被造物《クリーチャー》にもささげられてはならない[2]――また、堕落《ザ・フォール》以後は、仲介者《ミーディエイター》なしで、あるいは、キリストおひとり以外の、他のいかなる者の仲介《ミーディエイション》によっても、ささげられてはならない。[3]

1　マタイ4・10をヨハネ5・23、Ⅱコリント13・13〔欽定訳では13・14〕と比較
2　コロサイ2・18、黙示19・10、ローマ1・25
3　ヨハネ14・6、Ⅰテモテ2・5、エフェソ2・18、コロサイ3・17

三　感謝をもってなされる祈り《プレア》は、宗教的礼拝の特別な要素《パート》であって、[1]神により、すべての人に求められている《リクワイアド》[2]――そして、受け入れられる《アクセプティド》ためには、祈りは、御子の名によって、[3]かれの霊の助けにより、[4]かれの御心《ウィル》に従い、[5]理解・畏敬《レヴァランス》・謙遜《ヒューミリティ》・熱意《ファーヴァンスィ》・信仰・愛・堅忍《パースィヴィアランス》をもって、[6]また、声に出して祈る場合には他《た》の人にわかる言葉で、[7]なされるべきである。

1　フィリピ4・6
2　詩65・3〔65・2〕

3 ヨハネ14・13、14、Ⅰペトロ2・5
4 ローマ8・26
5 Ⅰヨハネ5・14
6 詩47・8〔47・7〕、コヘレト4・17〜5・1〔5・1、2〕、ヘブライ12・28、創世18・27、ヤコブ5・16、1・6、7、マルコ11・24、マタイ6・12、14、15、コロサイ4・2、エフェソ6・18
7 Ⅰコリント14・14

四 祈りは、合法的《ローフル》な事柄のため、[1] また、今生きているか、あるいは、これから生まれてくる、あらゆるたぐい《ソーツ》の人々のため、[2] になされるべきである――しかし、死者たち《ザ・デッド》のためや、[3] 死にいたる罪《スィン・アントゥ・デス》を犯したことが知られている人々のためには、[4] なされてはならない。

1 Ⅰヨハネ5・14
2 Ⅰテモテ2・1、2、ヨハネ17・20、サムエル下7・29、ルツ4・12
3 サムエル下12・21〜23をルカ16・25、26と比較、黙示14・13
4 Ⅰヨハネ5・16

五 信仰深い畏れ《ゴッドリィ・フィア》をもって聖書を朗読すること、[1] 神に従順に従って、理解・信仰・畏敬《レヴァランス》をもってなされる、御言葉の健全《サウンド》な説教と[2] 御言葉への傾聴《カンショナブル・ヒアリング》、[3] 心から感謝しつつ《グレイス・イン・ザ・ハート》詩編《サームズ》を歌うこと、[4] さらにまた、キリストによって制定された聖礼典の正しい《デュー》執行《アドミニストレイション》とふさわしい受領《リスィーヴィング》[5]などはすべて、通常の宗教的神礼拝の要素《パーツ》である――これら以外に、宗教的誓約《オウスス》[6]・誓願《ヴァウズ》[7]・厳粛な断食《サラム・ファースティングズ》[8]・感謝礼拝《サンクスギヴィングズ》[9]などが、特別な機会《オケイジョンズ》に行われるが、これらは、それぞれの時《タイムズ》と場合《スィーズンズ》に、聖く、信仰的な《リリジャス》しかたで用いられるべきである。[10]

1　使徒15・21、黙示1・3
2　Ⅱテモテ4・2
3　ヤコブ1・22、使徒10・33、マタイ13・19、ヘブライ4・2、イザヤ66・2
4　コロサイ3・16、エフェソ5・19、ヤコブ5・13
5　マタイ28・19、Ⅰコリント11・23～29、使徒2・42
6　申命6・13をネヘミヤ10・30〔10・29〕と比較
7　イザヤ19・21をコヘレト5・3、4〔5・4、5〕と比較
8　ヨエル2・12、エステル4・16、マタイ9・15、Ⅰコリント7・5
9　詩107編、エステル9・22
10　ヘブライ12・28

六　祈りも宗教的礼拝の他のどの要素も、今や福音《ザ・がスペル》のもとでは、それが行われ、あるいは、向けられる、どこかの場所に結びつけられたり、その場所のゆえにいっそう受け入れられる、といったこ

とはなく、[1]かえって、神はいたるところで、[2]霊《スピリット》と真理《トゥルース》をもって、[3]礼拝されるべきである――すなわち、日ごとに[4]それぞれ《プライヴィット》の家族で、[5]また、各自一人で密か《イン・スイークレット》に、[6]また、それだけでなく、公的な集会《ザ・パブリック・アセンブリイズ》では、いっそう厳粛《サラムリィ》に、なされるべきである――公的《ホウィッチ》な集会は、神がかれの言葉あるいは摂理《プラヴィデンス》によってそこにお招きになるとき、不注意から、あるいは故意に、それらを無視《ニグレクト》し、途中で帰ったり《フォーセイク》してはならない。[7]

1 ヨハネ4・21
2 マラキ1・11、Iテモテ2・8
3 ヨハネ4・23、24
4 マタイ6・11
5 エレミヤ10・25、申命6・6、7、ヨブ1・5、サムエル下6・18、20、Iペトロ3・7、使徒10・2
6 マタイ6・6、エフェソ6・18
7 イザヤ56・6、7、ヘブライ10・25、箴1・20、21、24、8・34、使徒13・42、ルカ4・16、使徒2・42

七　一般に、しかるべき《デュー》割合《プラポーション》の時間が神礼拝のために割かれるべきである、というのが自然の法則《ザ・ロー・オヴ・ネイチャー》であるが、神は、それだけでなく、かれの御言葉において、あらゆる時代にあらゆる人々を拘束《バインディング》する、一つの実定的《パズィティヴ》・道徳的《モラル》・恒久的な《パーペチュアル》戒《カマンドメント》めにより、七日《なのか》のうち一日《いちにち》を、御自身に対して聖く守られるべき安息日《あんそくび》として、特《パティキュラリィ》に定めておられる[1]――それは《ホウィッチ》、世の初めからキリストの復活までは週の最後の日であったが、キリストの復活から週の最初の日に変えられた[2]――この日は《ホウィッチ》、聖書では主の日《ザ・ローズ・デイ》とよばれており[3]、キリスト教安息日《ザ・クリスチャン・サバス》として、世の終わり《ズィ・エンド・オヴ・ザ・ワールド》まで継続される《カンティニュード》べきである[4]。

1　出エジプト20・8、10、11、イザヤ56・2、4、6、7
2　創世2・2、3、Iコリント16・1、2、使徒20・7
3　黙示1・10
4　出エジプト20・8、10をマタイ5・17、18と比較

八　この安息日は、人々が、しかるべき《デュー》心の備えをし、日常の用事《カモン・アフェアズ》を予め整えたあと、この世の仕事《ワールドリィ・イムプロイメンツ》や娯楽《レクリエイションズ》についての自分たち自身の活動《ワークス》・言葉《ワーズ》・思い《ソーツ》から丸一日《オール・ザ・デイ》聖い休息《レスト》を遵守する《アヴザーヴ》だけでなく[1]、全時間、公的《パブリック》・私的な《プライヴィット》神礼拝の営《エクササイズィズ》みと、必要な義務《デューティーズ・オヴ・ネセスィティ》および憐れみの義務《デューティーズ・オヴ・マースィ》とにあたるとき[2]、主に対して聖く守られる《ケプト・ホウリィ》。

1　出エジプト20・8、16・23、25、26、29、30、31・15〜17、イザヤ58・13、ネヘミヤ13・15〜19、21、22
2　イザヤ58・13、マタイ12・1〜13

第二十二章　合法的誓約《ローフル・オウスス》と誓願《ヴァウズ》について

［一］　合法的誓約《ア・ローフル・オウス》は、宗教的礼拝の一要素《ア・パート》である[1]——これによって《ホウェアイン》、正当な場合《アポン・ジャスト・アケイジョン》、誓いをする《スウェアリング》人は、自分が主張し、あるいは約束する《プラミセス》ことを証しして《ウィットネス》くださるように、また、自分が誓う《スウェアス》ことの真偽に応じて自分を裁いて《ジャッジ》くださるように、厳粛に《サラムリィ》神を呼び求める《コールス》のである[2]。

1　申命10・20
2　出エジプト20・7、レビ19・12、Ⅱコリント1・23、歴代下6・22、23

二　神の御名のみが、それによって人々が誓う《スウェア》べき名であり、誓いにおいて神の御名は、まったく聖い畏怖《フィア》と畏　敬《レヴァランス》をもって用いられるべきである[1]。したがって《ゼアフォー》、その栄光ある、恐るべき《ドレッドフル》御名によって、みだりに《ヴェインリィ》、あるいは、軽率に《ラッシュリィ》誓うことや、ともかく何か他のものによって誓うことは、罪深いことで、嫌悪される《アブホアド》べきである[2]。しかしそれでも《イエット》、非常に重要な《オヴ・ウェイト・アンド・モウメント》事柄の場合に、誓約は、旧約のもとばかりでなく新約のもとにおいても、神の言葉によって是認されて《ウォランティド》いる[3]——それで、そのような事柄の場合、合法的権威《ローフル・オーソリティ》によって課《イムポウズド》されたならば、それはなされるべきである。[4]

1　申命6・13
2　出エジプト20・7、エレミヤ5・7、マタイ5・34、37、ヤコブ5・12
3　ヘブライ6・16、Ⅱコリント1・23、イザヤ65・16
4　列王上8・31、ネヘミヤ13・25、エズラ10・5

三　誓約を行う人はだれでも、かくも厳粛《サラム》な行為《アクト》の重大さ《ウェイティネス》をしかるべく考慮すべきであり、誓約においては、自分が真実であると完全《フリー》に確信《パスウェイディド》していること以外は、何事も、真実だと言明《アヴァウチ》してはならない[1]——また、いかなる人も、善《グッド》であり、正しい《ジャスト》こと、自分がそうだと信じていること、そして、自分が果たすことができ、また果たそう《パフォーム》と決意《リゾルヴド》していること、以外の、いかなることにも、誓約によって自分を拘束《バインド》してはならない。[2]しかしそれでも《イエット》、合法的な権威《ローフル・オーソリティ》によって課《イムポウズド》されながら、善であり、正しい、いかなることについても誓約を拒否《リフューズ》することは、罪である。[3]

1　出エジプト20・7、エレミヤ4・2
2　創世24・2、3、5、6、8、9
3　民数5・19、21、ネヘミヤ5・12、出エジプト22・6～10〔22・7～11〕

四　誓約《オウス》は、多義性《イクウィヴォケイション》〔同一の語や音にいろいろな意味をもたせる偽装〕や意中留保《メンタル・レザヴェイション》〔言葉の普通の意味を、自分の心の中で特定の意味に限定すること〕なしに、用いられる言葉の、明瞭《プレイン》で、通常《カマン》の意味において、なされるべきである。[1] それ〔誓約〕は人に、罪を犯すように強いることはできないが、しかし、罪ではない、いかなることにおいても、いったんなされたならば、たとえその人自身が損失をこうむる《トゥー・ア・マンズ・オウン・ハート》としても、果たすことを義務づける。[2] また、それは、たとえ異端者《ヘラティックス》や不信者《インフィデルズ》に対してなされたとしても、破られて《ヴァイアレイティド》はならない。[3]

1　エレミヤ4・2、詩24・4
2　サムエル上25・22、32～34、詩15・4
3　エゼキエル17・16、18、19、ヨシュア9・18、19をサムエル下21・1と比較

五　誓願《ヴァウ》は、約束の誓約《プラミッサリィ・オウス》と同様の性格をもつもので、同様の信仰的な《リリジャス》注意《ケア》をもってなされ、同様の誠実さ《フェイスフルネス》をもって果たされる《パフォームド》べきである。[1]

1　イザヤ19・21、コヘレト5・3～5〔5・4～6〕、詩61・9〔61・8〕、66・13、14

六　それ〔誓願〕は、いかなる被造物に対してもなされてはならず、ただ神に対してのみなされるべ

きであり[1]、そして、それが受け入れられるためには、自発的《ヴァランタリリィ》で、信仰と義務感《カンシャンス・オヴ・デューティ》とから、受けた憐れみに感謝して、あるいは、求めているものを得るために、なされるべきである――それによって《ホウェアバイ》わたしたちは、必要な義務《ネセサリィ・デューティーズ》や、あるいは、それらの遂行に適切《フィットリィ》に役立つ《カンデュース》かぎりで他の事柄に、自らをいっそうきびしく拘束するのである[2]。

1　詩76・12〔76・11〕、エレミヤ44・25、26
2　申命23・21～23、詩50・14、創世28・20～22、サムエル上1・11、詩66・13、14、詩132・2～5

七　いかなる人も、神の言葉において禁じられていること、神の言葉において命じられている義務の遂行を妨げる《ヒンダー》こと、あるいは、自分の力にあまり、しかもそれを成し遂げる能力を神から約束されていないこと、などを、果たすと誓願《ヴァウ》してはならない[1]。これらの点で、終生の独身《パーペチュアル・スィングル・ライフ》・修道者となるための清貧《プラフェスト・パヴァティ》・上長者への従順《レギュラー・オウビーディアンス》、という教皇主義《ポウピッシュ》の修道誓願《マナスティカル・ヴァウズ》は、より高い完全性《パーフェクション》の段階であるどころか、迷信的《スーパースティッシャス》で罪深い罠《スネアズ》であり、キリスト者はだれも、そのようなもので身動きをとれ《インタングル・ヒムセルフ》なくしてはならない[2]。

1　使徒23・12、14、マルコ6・26、民数30・6、9、13、14〔30・5、8、12、13〕

2　マタイ19・11、12、Iコリント7・2、9、エフェソ4・28、Iペトロ4・2、Iコリント7・23

第二十三章　この世の為政者《ザ・スィヴィル・マジストレイト》について

〔一〕全世界の至上《スュプリーム》の主《ロード》であり王《キング》である神は、御自身の栄光と公共善《パブリック・グッド》のため、御自身のもとにあって、国民《ザ・ピープル》の上に立つ、この世の為政者を定めて《ハス・オーデインド》おられ、そしてこの目的《エンド》のため、善良な者《グッド》は守り励まし、悪を行う者《イーヴィル・ドゥアズ》は処罰するように、この世の為政者に剣の権能《ザ・パウア・オヴ・ザ・ソード》を帯びさせておられる。[1]

1　ローマ13・1～4、Ⅰペトロ2・13、14

二　キリスト者が為政者の職務《オフィス》に召されるとき、それを受け入れて遂行する《エクセキュート》ことは、合法的である[1]――職務の執行にあたって《イン・ザ・マニジング・ホウェアオヴ》、かれらは、それぞれの国《カマンウェルス》の健全な《ホウルサム》法律《ローズ》にのっとり、特に敬虔《パイアティ》と正義、平和を維持す《メインテイン》べきである[2]――それで、その目的のために為政者は、正当で必要な場合《ジャスト・アンド・ネセサリィ・アケイジョン》には、新約のもとにある今でも、合法的に《ローフリィ》戦争を行う《ウェイジ》ことができる《メイ》。[3]

1　箴8・15、16、ローマ13・1、2、4

2　詩2・10～12、Iテモテ2・2、詩82・3、4、サムエル下23・3、Iペトロ2・13
3　ルカ3・14、ローマ13・4、マタイ8・9、10、使徒10・1、2、黙示17・14、16

三　この世の為政者《ザ・スィヴィル・マジストレイト》は、御言葉と聖礼典の執行《アドミニストレイション》や、天国の鍵の権能《ザ・パウア・オヴ・ザ・キーズ・オヴ・ザ・キングダム・オヴ・ヘブン》を、自らのものとしてはならない[1]――しかしそれでも《イェット》、かれは、〔第一に〕教会の中に一致《ユニティ》と平和が守られる《プリザーヴ》ように、また〔第二に〕神の真理が純粋かつ完全に保たれるように、すなわち〔第一に〕すべての冒瀆《ブラスファミズ》と異端《ヘラスィーズ》が抑圧され《サプレスト》、礼拝と規律におけるすべての腐敗《カラプションズ》と悪弊《アビューズィズ》が予防《プリヴェンテイド》あるいは改革され《リフォームド》、〔第二に〕神の規定《オーディナンスィズ》すべてがしかるべく定められ《セトルド》、執行され《アドミニスタード》、遵守され《アブザーヴド》るように、取り計らう権威を有しており、また、そうすることが、かれらの義務である[2]。こうしたことをより効果的に行う《ベター・イフェクティング》ため、かれは、教会会議《スィナッズ》を召集し、そこに出席し、そこで取り扱われる《トランザクテイド》ことがすべて神の思い《マインド》にそったものとなるように配慮《プラヴァイド》する、そのような権能《パウア》を有している[3]。

1　歴代下26・18をマタイ18・17、16・19と比較、Iコリント12・28、29、エフェソ4・11、12、Iコリント4・1、2、ローマ10・15、ヘブライ5・4
2　イザヤ49・23、詩122・9、エズラ7・23、25～28、レビ24・16、申命13・6、7、12〔13・5、6、11〕、列王下18・4、歴代上13・1～9、列王下23・1～26、歴代下34・33、15・12、13
3　歴代下19・8～11、29章、30章、マタイ2・4、5

四　為政者《マジストレイツ》たちのために祈り、[1] かれらの人格《パースンズ》を尊び、[2] かれらに税《トリビュート》あるいは他のさまざまな負担金《デューズ》を納め、[3] 良心のゆえに、かれらの合法的命令《ローフル・カマンズ》に従い、かれらの権威に服することは、[4] 国民《ピープル》の義務である。為政者の不信仰《インフィデリティ》や宗教上の違いは、かれらの正当《ジャスト》で法的《リーガル》な権威を無効《ヴォイド》にはせず、また、かれらに対する当然《デュー》の従順から国民を解くこともない[5]――教会人《イクリーズィアスティカル・パーソン》〔聖職者〕といえども、この当然の従順から除外されず、[6] まして教皇《ザ・ポウプ》は、為政者たちの領土《ドミニオンズ》において、かれらやかれらの国民の一部を治めたり、いわんや《リースト・オヴ・オール》、たとえ教皇がかれらを異端者《ヘラティックス》と断定《ジャッジ》し、あるいは、他のどんな口実《プリテンス》を設けても、かれらからその領土や生命を奪い取るといった、そのような権能《パウア》と管轄権《ジュリスディクション》を何ら有していない。[7]

1　Ⅰテモテ2・1、2
2　Ⅰペトロ2・17
3　ローマ13・6、7
4　ローマ13・5、テトス3・1
5　Ⅰペトロ2・13、14、16
6　ローマ13・1、列王上2・35、使徒25・9～11、Ⅱペトロ2・1、10、11、ユダ8～11
7　Ⅱテサロニケ2・4、黙示13・15～17

第二十四章　結婚《マリジ》と離婚《ディヴォース》について

〔一〕　結婚は、一人の男《マン》と一人の女《ウーマン》の間でなされるべきである――いかなる男も一人より多くの妻を、また、いかなる女も一人より多くの夫を、同時にもつことは、合法的《ローフル》でない。[1]

1　創世2・24、マタイ19・5、6、箴2・17

二　結婚は、〔第一に〕夫と妻が互いに助け合うため、[1]〔第二に〕嫡出子《ア・リジッティミット・イシュー》をもって人類《マンカインド》を、聖い子孫《アン・ホウリィ・スィード》をもって教会を、増やすため、[2] また、そして〔第三に〕不品行《アンクリーンネス》を防ぐため、[3] に定められた《ワズ・オーディンド》。

1　創世2・18
2　マラキ2・15
3　Iコリント7・2、9

三　判断力《ジャッジメント》をもって自分の同意《カンセント》を与えることができる、あらゆるたぐい《ソーツ》の人々にとって、結婚《マリィ》することは合法的である。[1]しかしそれでも《イエット》、主にあってのみ《オウンリィ・イン・ザ・ロード》結婚することが、キリスト者の義務である。[2]したがって《アンド・ゼアフォー》、真の《トゥルー》改革された宗教《リフォームド・リリジョン》〔プロテスタント信仰〕を公に告白する《プラフェス》人々は、不信者《インフィデルズ》や教皇主義者《パピスツ》、あるいはその他の偶像崇拝者《アイダラターズ》と結婚すべきではなく、また、信仰深い《ゴッドリィ》人は、生活においてひどく悪い《ウィッキッド》人や、いまわしい《ダムナブル》異端《ヘラスィーズ》を唱える《メインテイン》人と結婚することによって、不釣り合いな軛《アンイークワリィ・ヨウクト》につながれてはならない。[3]

1　ヘブライ13・4、Ⅰテモテ4・3、Ⅰコリント7・36～38、創世24・57、58
2　Ⅰコリント7・39
3　創世34・14、出エジプト34・16、申命7・3、4、列王上11・4、ネヘミヤ13・25～27、マラキ2・11、12、Ⅱコリント6・14

四　結婚は、御言葉において禁じられている血縁《カンサングイニティ》あるいは姻戚《アフィニティ》の親等《ディグリーズ》内でなされるべきではなく、[1]また、このような近親相姦的結婚《インセスチャス・マリジズ》は、人間のいかなる法律や当事者《パーティーズ》たちの同意《カンセント》によっても、そうした人々が夫婦《マン・マンド・ワイフ》として一緒に暮らせるように、合法《ローフル》とされることは決してできない。[2]〔したがって、配偶者が亡くなって再婚する場合〕男は、自分自身の縁者《キンドレッド》と結婚できる範囲よりも、血縁関係《イン・ブラッド》でもっと近い、妻の縁者《キンドレド》と結婚することはできず、女もまた、自分自身の縁者と結婚できる範囲よりも、血縁関係でもっと近い、夫の縁者と結婚することはできない。[3]

1 レビ18章、Iコリント5・1、アモス2・7
2 マルコ6・18、レビ18・24～28
3 レビ20・19～21

五 婚約《(カントラクト)》後に犯された姦淫《(アダルタリイ)》あるいは私通《(フォーニケイション)》は、結婚前に見つけられた《(ディテクト)》ならば、無罪《(イナスント)》の側に、その婚約を解消《(ディゾルヴ)》する正当《(ジャスト)》な理由《(アケイジョン)》を与える。[1] 結婚後の姦淫の場合は、無罪の側が訴訟を起こして離婚をかちとること《(スー・アウト・ア・ディヴォース)》、[2] そして離婚後に、罪を犯した側《(ズィ・アフェンディング・パーティ)》がすでに死んでしまったかのように、別の人と結婚することは、合法的である。[3]

1 マタイ1・18～20
2 マタイ5・31、32
3 マタイ19・9、ローマ7・2、3

六 人間の腐敗は相当なもので、神が結婚において結び合わされた者たち《(ハス・ジョインド)》を不当に《(アンデューリイ)》引き離す《(プット・アサンダー)》ために、さまざまな論拠《(アーギュメンツ)》を挙げるのに腐心《(スタディ)》しがちである《(イズ・アプト・トゥ)》が、しかしそれでも《(イエット)》、姦淫《(アダルタリイ)》、もしくは、教会やこの世の為政者によってもどうしても救済《レミディ》できない故意《ウィルフル》の遺棄《ディザーション》、以外の、いかなることも、結婚のきずな《ボンド》を解消《ディゾルヴィング》するのに十分な根拠《コーズ》とはならない[1]——結婚のきずなの解消にあたっては《ホウェア・イン》、公的《パブリック》で正規《オーダリイ》の手続《コース・オヴ・プラスィーディング》が遵守《アブザーヴド》されるべきであり、問題の取り扱いが、当事者たち自身の願い《ウィルズ》と裁量《ディスクリーション》にまかされて《レフト・トゥ》しまってはならない[2]。

1　マタイ19・8、9、Ⅰコリント7・15、マタイ19・6
2　申命24・1〜4

第二十五章　教会《ザ・チャーチ》について

［一］公同的《カサリック》あるいは普遍的《ユニヴァーサル》教会――それは目に見えない《インヴィザブル》――は、その頭《かしら》であるキリストのもとに、過去・現在・未来を通じて一つに集められた、選びの民全員《ズィ・イレクト》から成り、すべてにおいてすべてを満たしているキリストの、花嫁《ザ・スパウス》・体《ザ・バディ》・満ちて《ザ・フルネス》おられる場である。[1]

1　エフェソ1・10、22、23、5・23、27、32、コロサイ1・18

二　目に見える教会《ザ・ヴィザブル・チャーチ》――これも福音のもとでは公同的、あるいは普遍的である（かつて律法のもとでそうであったように、一つの民族《ネイション》にかぎられてはいない）――は、真の宗教《ザ・トゥルー・リリジョン》を公に告白する《カンフェス》世界中のすべての人々と、[1] その子どもたちとから成り、[2] 主イエス・キリストの御国《キングダム》、[3] 神の家また家族であり、[4] その外《アウト・オヴ・ホウィッチ》に、救いの通常の可能性《オーディナリィ・パッサビリティ》はない。[5]

1　Iコリント1・2、12・12、13、詩2・8、黙示7・9、ローマ15・9〜12

2 Ⅰコリント7・14、使徒2・39、エゼキエル16・20、21、ローマ11・16、創世3・15、17・7
3 マタイ13・47、イザヤ9・6〔9・7〕
4 エフェソ2・19、3・15
5 使徒2・47

三　この公同的《カサリック》な、目に見える《ヴィザブル》教会に対して、キリストは、この世《ライフ》において、世《ワールド》の終わりまで、聖徒たち《ザ・セインツ》を集め《ギャザリング》、完成させる《パーフェクティング》ため、牧師職《ミニストリィ》と聖書《オラクルズ》と神の諸規定《オーディナンスイズ》を与えて《ハス・ギヴン》おられ、また、自らの約束に従い、御自身の臨在《プレザンス》と霊により、これらのものをその〔目的の〕ために有効な《イフェクチュアル》ものとされる。[1]

1 Ⅰコリント12・28、エフェソ4・11〜13、マタイ28・19、20、イザヤ59・21

四　この公同的教会《ズィ・カサリック・チャーチ》は、時により、比較的よく目に見える《ヴィザブル》こともあれば、あまり目に見えな《レス・ヴィザブル》いこともあった。[1] また、その枝《メムバーズ》である個々の《パティキュラー》教会は、そこで福音の教理《ザ・ダクトリン・オヴ・ザ・ガスペル》が教えられて、深く受け止められ《イムブレイスト》、諸規定《オーディナンスイズ》が執行され《アドミニスタード》、公的礼拝《パブリック・ワーシップ》が行われる、純粋さに応じて、より純粋な場合もあれば、それほどでない場合もある。[2]

1　ローマ11・3、4、黙示12・6、14
2　黙示2章、3章、Iコリント5・6、7

五　天《てん》の下《した》の最も純粋な教会も、混合《ミクスチャー》と誤《エラー》りのいずれをも免《サブジェクト》れず、[1]教会の中には、あまりにも堕落《ディジェナレイティド》して、キリストの教会ではなく、サタンの会堂《スィナゴーグズ》になり果てたものもある。[2] それにもかかわらず《ネヴァーザレス》、地上には、御心《ヒズ・ウィル》に従って神を礼拝する教会が、常に存在するであろう。[3]

1　Iコリント13・12、黙示2章、3章、マタイ13・24～30、47
2　黙示18・2、ローマ11・18～22
3　マタイ16・18、詩72・17、102・29〔102・28〕、マタイ28・19、20

六　主イエス・キリスト以外に、教会の頭《かしら》はない。[1] また、ローマ教皇《ザ・ポウプ・オヴ・ロウム》は、いかなる意味でも、教会の頭《かしら》ではありえず、かえって、キリストと、すべて神とよばれるものに逆らって、教会の中で、自らを高くする《イグゾルテス》、あの反キリスト《ザット・アンティクライスト》、すなわち、あの罪の者・滅びの子《ザット・マン・オヴ・スィン・アンド・サン・オヴ・パーディッション》である。[2]

1　コロサイ1・18、エフェソ1・22

2　マタイ23・8〜10、Ⅱテサロニケ2・3、4、8、9、黙示13・6

第二十六章　聖徒の交わり《ザ・カミュニオン・オヴ・セインツ》について

〔一〕　自分たちの頭《かしら》であるイエス・キリストに、かれの霊により、信仰によって、結合されている《ユナイティド》すべての聖徒たちは、〔第一に〕かれの、霊的賜物《グレイスィズ》・苦難・死・復活・栄光において、かれとの交流《フェロシップ》をもち、[1]また、〔第二に〕かれらは、愛において互いに結合されているので、互いの一般的な賜物《ギフツ》と霊的賜物《グレイスィズ》にあずかる交わり《カミュニオン》をもっており、[2]内なる人《インワード》においても外なる人《アウトワード》においても〔内面的にも外面的にも〕相互の益《グッド》となるような、公的《パブリック》、私的《プライヴィット》な義務《デューティーズ》を果たさなければならない。[3]

1　Ⅰヨハネ1・3、エフェソ3・16〜19、ヨハネ1・16、エフェソ2・5、6、フィリピ3・10、ローマ6・5、6、Ⅱテモテ2・12
2　エフェソ4・15、16、Ⅰコリント12・7、3・21〜23、コロサイ2・19
3　Ⅰテサロニケ5・11、14、ローマ1・11、12、14、Ⅰヨハネ3・16〜18、ガラテヤ6・10

二　信仰を公に告白している《バイ・プラフェッション》聖徒たちは、〔第一に〕神礼拝において、および互いを造り上げる《ミューチュアル・エディフィケイション》のに役立つ他の霊的奉仕《スピリチュアル・サーヴィスィズ》を行う《パフォーム》ことにおいて、さらに〔第二に〕外的な《アウトワード》〔物質的・物理的な〕事柄に関しても、それぞれ《セヴラル》の能力と必要に応じて互いに助け合う《リリーヴィング》ことにおいて、聖い交流《フェロシップ》と交わり《カミュニオン》を保たなければならない。[1] この《ホウィッチ》交わりは、神が機会《アパテューニティ》を提供してくださるままに、いたる所で、主イエスの名を呼んでいる、すべての人々に広げられる《イクステンディド》べきである。[2]

1　ヘブライ10・24、25、使徒2・42、46、イザヤ2・3、Ⅰコリント11・20
2　使徒2・44、45、Ⅰヨハネ3・17、Ⅱコリント8章、9章、使徒11・29、30

三　聖徒たちがキリストともつこの交わり《カミュニオン》は、かれらを、いかなる意味でもキリストの神性《ゴッドヘッド》の実体《サブスタンス》にあずかる者《パーテイカーズ》とはしないし、また、いかなる点でも、キリストと同等《イークワル》にすることはない――そのいずれを主張することも、不敬虔《イムパイアス》であり、冒瀆《ブラスファミ》である。[1] また、かれらの聖徒としての相互の交わりは、各人が自分の所有物《グッズ》と財産《パゼッションズ》に対してもっている権利《タイトル》や所有権《プラプライアティ》を、奪ったり《テイク・アウェイ》、侵害する《インフリンジ》ものではない。[2]

1　コロサイ1・18、19、Ⅰコリント8・6、イザヤ42・8、Ⅰテモテ6・15、16、詩45・8〔45・7〕をヘブライ1・8、9と比較
2　出エジプト20・15、エフェソ4・28、使徒5・4

第二十七章　聖礼典《ザ・サクラメンツ》について

〔一〕　聖礼典は、直接神によって制定された《インスティテューティド》[1]、恵みの契約《ザ・カヴェナント・オヴ・グレイス》の聖いしるし《サインズ》、また証印《スィールズ》であって、[2]〔第一に〕キリストとかれが与える益《ベネフィッツ》を表《レプリゼント》すため、〔第二に〕わたしたちがかれ〔キリスト〕にあずかること《アウア・インタレスト・イン・ヒム》を確証《カンファーム》[3]するため、のものである――さらにまた《アズ・オールソウ》〔第一に〕教会に属する者とこの世の他の者《ザ・レスト》との間に目に見える区別《ディファランス》をつけるため、[4]〔第二に〕神の言葉に従ってかれらを、キリストにある神奉仕《ザ・サーヴィス・オヴ・ゴッド》に厳粛《サラムリィ》につかせる《インゲイジ》ため、のものである。[5]

1　マタイ28・19、Ｉコリント11・23
2　ローマ4・11、創世17・7、10
3　Ｉコリント10・16、11・25、26、ガラテヤ3・27
4　ローマ15・8、出エジプト12・48、創世34・14
5　ローマ6・3、4、Ｉコリント10・16、21

二　どの聖礼典においても、しるし《ザ・サイン》と、しるしで意味されている事柄《ザ・スィング・スィグニファイド》との間に、霊的な関係《ア・スピリチュアル・リレイション》、すなわち、聖礼典的一致《サクラメンタル・ユニオン》、が存在する——そこから、一方の名称《ネイムズ》と効果《イフェクツ》が、他方に帰される《アトリビューテイド》ということが起こる。[1]

1　創世17・10、マタイ26・27、28、テトス3・5

三　正しく用いられた《ライトリィ》聖礼典において、あるいは、それらによって差し出される《イグズィビテイド》恵みは、聖礼典の内にある、いかなる力によって与えられるのでもなく、また、聖礼典の効力《エフィカスィ》は、それを執行する者《アドミニスター》の敬虔さ《パイアティ》や意向《インテンション》によるのではない[1]——そうではなく《バット》、御霊の働き《ワーク》と、[2]制定の言葉《ザ・ワード・オヴ・インスティテューション》——これは、聖礼典の使用に権威を与える命令《プリセプト》とともに、ふさわしい受領者《リスィーヴァーズ》に対する益の約束《ア・プラミス・オヴ・ベネフィット》を含んでいる《カンテインズ》[3]——とによるのである。

1　ローマ2・28、29、Ｉペトロ3・21
2　マタイ3・11、Ｉコリント12・13
3　マタイ26・27、28、28・19、20

四　福音においては、わたしたちの主キリストによって、ただ二つの聖礼典、すなわち、洗礼と主の晩餐、が定められているだけである――そのいずれも、合法的《ローフリィ》に任職された《オーディンド》御言葉に仕える牧師《ア・ミニスター・オヴ・ザ・ワード》以外の、いかなる人によっても施されて《ディスペンスト》はならない。[1]

1 マタイ28・19、Ⅰコリント11・20、23、4・1、ヘブライ5・4

五 旧約の聖礼典は、それらによって意味され《スィグニファイド》、差し出された《イグズィビティド》霊的な事柄に関するかぎり、新約の聖礼典と実体《サブスタンス》においては同じであった。[1]

1 Ⅰコリント10・1～4

第二十八章　洗礼《バプティズム》について

〔一〕　洗礼は、イエス・キリストによって定められた新約の一つの聖礼典で、[1]〔第一に〕受洗者《パーティ・バプタイズド》を目に見える教会《ザ・ヴィザブル・チャーチ》に厳粛に加入《アドミッション》させるためのものであるだけでなく、[2]また〔第二に〕、受洗者に対し、恵みの契約《ザ・カヴェナント・オヴ・グレイス》[3]・キリストへのかれの接ぎ木《イングラフティング》[4]・再生《リジェナレイション》[5]・罪の赦し《リミッション・オヴ・スィンズ》[6]・新しい命の内に歩むためイエス・キリストをとおして自分を神にささげること《ギヴィング・アップ》[7]などの、しるし《サイン》と証印《スィール》となるためのものである。この《ホウィッチ》聖礼典は、キリスト御自身の指示《アポイントメント》によって、世の終わりまで、キリストの教会において継続されなければならない。[8]

1　マタイ28・19
2　Iコリント12・13
3　ローマ4・11をコロサイ2・11、12と比較
4　ガラテヤ3・27、ローマ6・5
5　テトス3・5
6　マルコ1・4

7 ローマ6・3、4
8 マタイ28・19、20

二　この聖礼典《ズィス》において用いられる外的な品《アウトワード・エリメント》は水である——それでもって《ホウェアウィズ》受洗者は、その職に《ゼアアントゥー》合法的に召された福音に仕える牧師《ア・ミニスター・オヴ・ザ・ガスペル》により、父と子と聖霊の名によって、洗礼を授けられなければならない。[1]

1 マタイ3・11、ヨハネ1・33、マタイ28・19、20

三　受洗者を水の中に浸すこと《ディッピング》は、必ずしも必要ではなく、洗礼は、受洗者に水を注ぐ《ポアリング》か、ふりかけること《スプリンクリング》によって、正しく《ライトリイ》執行される《アドミニスタード》。[1]

1 ヘブライ9・10、19～22、使徒2・41、16・33、マルコ7・4

四　キリストに対する信仰と従順を実際に《アクチュアリイ》公に告白する《プラフェス》者たちだけでなく、[1]信仰をもつ、片方の親もしくは両親の、幼児たち《ズィ・インファンツ》も、洗礼を授けられるべきである。[2]

1　マルコ16・15、16、使徒8・37、38
2　創世17・7、9、10を、ガラテヤ3・9、14、コロサイ2・11、12、使徒2・38、39、ローマ4・11、12と比較、Ｉコリント7・14、マタイ28・19、マルコ10・13～16、ルカ18・15

五　この規定《オーディナンス》〔洗礼〕を軽蔑《カンテム》したり無視《ニグレクト》したりすることは大きな罪《ア・グレイト・スイン》であるが、[1]しかしそれでも《イエット》、この規定にあずからなければ、だれも再生させられ《リジェナレイティド》たり、救われることはできないとか、[2]受洗者はすべて疑いもなく再生させられている、[3]というほど、恵みと救いが、不可分に《インセパラブリィ》この規定に結びつけられ《アネックスト》ているわけではない。

1　ルカ7・30を出エジプト4・24～26と比較
2　ローマ4・11、使徒10・2、4、22、31、45、47
3　使徒8・13、23

六　洗礼の効力《エフィカスイ》は、それが執行される《アドミニスタード》時点に結びつけられ《タイド》ている〔その時点で直ぐに現れる〕わけではない[1]——しかし《イエット》、それにもかかわらず《ノットウィズスタンディング》、この規定の正しい使用により、約束されている恵みは、その恵みが属している人々（成人、幼児を問わず）に対して、ただ単に提示《オファー》されるだけでなく、神御自身の御心《ウィル》の計らい《カウンサル》に従い、神が定められたときに《イン・ヒズ・アポインテッド・タイム》、聖霊によって、現実に《リアリイ》差し出され《イグズィビテッド》、与えられる《カンファード》。[2]

1　ヨハネ3・5、8
2　ガラテヤ3・27、テトス3・5、エフェソ5・25、26、使徒2・38、41

七　洗礼の聖礼典は、いかなる人に対しても、ただ一度《バット・ワンス》だけ執行されるべきである。[1]

1　テトス3・5

第二十九章　主の晩餐《（ザ・ローズ・サパー）》について

〔一〕 わたしたちの主イエスは、引き渡され《（ビトレイド）》る夜、その死による御自身のいけにえ《（サクリファイス）》をいつまでも記念させる《（パーペチュアル・リメムブランス）》ため、世の終わりまでかれの教会において守られるべきものとして、主の晩餐とよばれる、かれの体と血の聖礼典を制定された――それは、〔第一に〕かれの死が真の信者たちにもたらすあらゆる益《（ベネフィッツ）》、すなわち主イエスにおける、かれらの霊的栄養《（ナリッシュメント）》と成長《（グロウス）》、および、主イエスに対して負っているすべての義務《（デューティーズ）》における、またそれらへの、かれらのさらなる献身《（ファーザー・インゲイジメント）》、とに証印する《（スィール）》ため、また〔第二に〕かれの神秘体《（ミスティカル・バディ）》の部分《（メムバーズ）》としてかれらがもつ、主イエス、およびお互い《（イーチ・アザー）》との交わり《（カミュニオン）》の、盟約《（バンド）》と保証《（プレッジ）》となるためである。[1]

1　Ⅰコリント11・23～26、10・16、17、21、12・13

二　この聖礼典において、キリストがかれの父に献げられる《（オファード・アップ）》のではなく、また、生きている者たち《（ザ・クウィック）》や死者たち《（ザ・デッド）》の罪の赦し《（リミッション）》のために何か現実の《（リアル）》いけにえ《（サクリファイス）》が行われるのではまったくなく、[1]これ〔この聖礼典〕はひとえに、キリスト御自身が、あのようにして一度かぎり十字架の上で自らを献げられた《(オファリング・アップ)》ことの記念《(カメマレイション)》であり、そのことのゆえに《(フォー・ザ・セイム)》神に献げる、できるかぎりの讃美の、霊的な奉献《(アブレイション)》である[2]——したがって《(ソウ・ザット)》、教皇主義者のミサのいけにえ《(ザ・ポウピッシュ・サクリファイス・オヴ・ザ・マス)》（かれらはそう呼ぶ）は、神の選びの民のあらゆる罪に対するただ一つの《(ズィ・アロウン)》宥めの供え物《(プラピシエイション)》である、キリストのいけにえ《(サクリファイス)》、唯一のいけにえ、をこの上なく傷つける《(モウスト・アバミナブリィ・インジュリアス)》ものである[3]。

1 ヘブライ9・22、25、26、28
2 Iコリント11・24～26、マタイ26・26、27
3 ヘブライ7・23、24、27、10・11、12、14、18

三　主イエスは、この規定《(オーディナンス)》において、かれに仕える牧師たち《(ヒズ・ミニスターズ)》に、次のようにすることを定めておられる《(ハス・アポインティド)》——すなわち、〔第一に〕かれ〔主イエス〕の制定の言葉《(ワード・オヴ・インスティテューション)》を会衆《(ザ・ピープル)》に告げる《(ディクレア)》こと、〔第二に〕祈って《(プレイ)》、パンとぶどう酒の品《(エリメンツ)》を祝福し《(ブレス)》、それによって、それらの品《しな》を日常の《(カマン)》用途《(ユース)》から聖なる《(ホウリィ)》用途《(ユース)》へと区別すること、〔第三に〕パンを取って《(テイク)》割き《(ブレイク)》、杯を取り、（自分自身もあずかりながら《(カミュニケイティング)》）両方の品《しな》を陪餐者たち《(カミュニカンツ)》に与える《(ギヴ)》こと[1]、しかし〔第四に〕そのとき、集会《(カングリゲイション)》に出席していない人には、だれにも与えないこと[2]、である。

1　マタイ26・26～28とマルコ14・22～24、およびルカ22・19、20を、Iコリント11・23～26と比較
2　使徒20・7、Iコリント11・20

四　私唱ミサ《プライヴィット・マスイズ》、すなわち、この聖礼典を司祭《プリースト》や他のだれかからひとりで受領すること《リスィーヴィング》[1]、また同じように、杯を会衆《ピープル》に与えないこと[2]、品々《エリメンツ》を礼拝すること《ワーシッピング》、および崇敬《アドレイション》のためにそれらを高くかかげたり《リフティング・アップ》、持ち回ったりすること《キャリング・アバウト》、そして、偽り《プリテンディド》の宗教的用途《リリジャス・ユース》のためにそれらを保存して《リザーヴィング》おくこと、などは、すべて、この聖礼典の本質《ネイチャー》とキリストの制定《インスティテューション》とに反する。[3]

1　Iコリント10・16
2　マルコ14・23、Iコリント11・25～29
3　マタイ15・9

五　キリストによって定められた用途《ユースィズ》のためにしかるべく《デューリィ》区別された《セット・アパート》、この聖礼典の外《アウトワード》的品々《エリメンツ》は、ときどき、それらが表している《レプリゼント》もの、すなわち、キリストの体と血、という名で、真《トゥルーリィ》に、しかし聖礼典的《サクラメンタリィ》にのみ、呼ばれる、そのような関係を、十字架につけられたキリストに対してもっている[1]

――しかし、それにもかかわらず《オールビーイト》、外的な品々は、実体《サブスタンス》と本質《ネイチャー》において、以前と同様、真に、ただパンとぶどう酒のままである。[2]

1　マタイ26・26～28
2　Iコリント11・26～28、マタイ26・29

六　司祭の聖別《カンサクレイション》や他の何らかの方法により、パンとぶどう酒の実体《サブスタンス》がキリストの体と血の実体に変化するとする教理（一般に全実体変化説《トランサブスタンシエイション》とよばれる）は、聖書のみにでなく、常識《カマン・センス》と理性《リーズン》にさえも反《リパグナント》し、この聖礼典の本質をくつがえし《オウヴァスロウ》、過去においても現在においても、多様な迷信《スーパースティッションズ》、さらには、ひどい《グロス》偶像崇拝《アイドラトリィズ》の原因《コーズ》である。[1]

1　使徒3・21をIコリント11・24～26と比較、ルカ24・6、39

七　この聖礼典において目に見える品々《ヴィザブル・エリメンツ》に外的《アウトワードリィ》にあずかっている《パーティキング》ふさわしい《ワーズィ》受領者《リスィーヴァーズ》たちは[1]、そのとき同時に、信仰により内的《インワードリィ》に、現実《リアリィ》に、また実際《インディード》に、しかし肉的《カーナリィ》・身体的《コーポラリィ》にではなく、霊的《スピリチュアリィ》に、十字架につけられたキリストと、かれの死がもたらすすべての益《ベネフィッツ》を受け、それらに養われる《フィード・アポン》――このとき、キリストの体と血は、パンとぶどう酒の中《イン》に、それらとともに《ウィズ》、あるいは、それらのもとに《アンダー》、身体的あるいは肉的にあるわけではないが、しかし、信者の信仰にとっては、この規定の中に、品々自体が信者の外的感覚《センフィズ》に対してそうであるのと同じほど現実《リアリィ》に、しかし霊的に、存在《プレザント》している。[2]

1　Ⅰコリント11・28
2　Ⅰコリント10・16

八　無知《イグナラント》で邪悪《ウィッキッド》な人々がこの聖礼典において外的品々《アウトワード・エリメンツ》を受けても、かれらは、それらによって意味されているものを受けることはなく、かえって、ふさわしくない《アンワーズィ》ままこの聖礼典に臨んだことにより、主の体と血に対して罪《ギルティ》を犯して、自らに裁き《ダムネイション》を招くことになる。したがって《ホウェアフォー》、すべての無知《イグナラント》で不信仰《アンゴッドリィ》な人々は、主との交わり《カミュニオン》を享受《インジョイ》する資格《アンフィット》はなく、また、主の食卓にふさわしく《アンワーズィ》もないから、もしかれらが、依然としてそのような者でありながらこれらの聖なる奥義《ホウリィ・ミステリーズ》にあずかったり《パーティク》[1]、あるいは、あずかることがゆるされたり《アドミッティド・ゼアアントゥ》するなら、かれらは必ずキリストに対して大きな罪を犯すことになる。[2]

1　Ⅰコリント11・27〜29、Ⅱコリント6・14〜16
2　Ⅰコリント5・6、7、13、Ⅱテサロニケ3・6、14、15、マタイ7・6

第三十章　教会譴責《チャーチ・センシャーズ》について

〔一〕主イエスは、かれの教会の王また頭《かしら》として、その中に、この世の為政者《ザ・スィヴィル・マジストレイト》とは別個《ディスティンクト》の、教会役員《チャーチ・オフィサーズ》の手による政治《ア・ガヴァメント》を定めておられる《ハス・アポインティド》。1

1　イザヤ9・5、6〔9・6、7〕、Ⅰテモテ5・17、Ⅰテサロニケ5・12、使徒20・17、28、ヘブライ13・7、17、24、Ⅰコリント12・28、マタイ28・18〜20

二　これらの役員に、天国の鍵《キーズ》がゆだねられている《カミッティド》——それらの力によって《バイ・ヴァーチュー・オヴ》かれらは、場合に応じて《リスペクティヴリィ》、罪を留め置いたり《リテイン》、赦したり《リミット》する、すなわち〔第一に〕罪を悔いていない者《ズィ・インペニタント》には、御言葉《ザ・ワード》と譴責《センシャーズ》の両方によって天国を閉ざし、〔第二に〕悔いている罪人《ペニタント・スィナーズ》には、折にかなった《アズ・アケイジョン・シャル・リクワイア》福音の適用《ミニストリィ》と譴責の解除《アブサルーション》によって天国を開く、そのような権能《パウア》を有している。1

1　マタイ16・19、18・17、18、ヨハネ20・21〜23、Ⅱコリント2・6〜8

三　教会譴責は、〔第一に〕過ちを犯した《（アフェンディング）》兄弟たちを改心させ《（リクレイミング）》、獲得する《（ゲイニング）》ため、〔第二に〕他《た》の人々に同じような過ち《（アフェンスィズ）》を思い止まらせる《（ディターリング）》ため、〔第三に〕かたまり全体《（ザ・ホウル・ラムプ）》を損なう《（インフェクト）》恐れのあるパン種《（レヴァン）》を除く《（パージング）》ため、〔第四に〕キリストの栄誉《（オナー）》と、福音に対する聖い公の告白《（プラフェッション）》を擁護する《（ヴィンディケイト）》ため、また〔第五に〕もし神の契約とその証印《（スィールズ）》が、名うての《（ノウトーリアス）》、頑なな《（アブスティニット）》、過ちを犯す者たち《（アフェンダーズ）》によって冒瀆される《（プラフェインド）》ままにしておけば《（サファー）》、教会に当然下《くだ》るであろう神の怒り《（ラス）》を防ぐ《（プリヴェンティング）》ため、に必要である。1

1　Iコリント5章、Iテモテ5・20、マタイ7・6、Iテモテ1・20、Iコリント11・27～34をユダ23と比較

四　これらの目的《（エンズ）》をよりよく達成するため、教会の役員たち《（ズィ・オフィサーズ・オヴ・ザ・チャーチ）》は、その人の犯罪《（クライム）》の性質《（ネイチャー）》と過失《（デメリット）》の程度に応じて、訓戒《（アドマニッション）》、主の晩餐の聖礼典の一時的な《（フォー・ア・スィーズン）》停止《（サスペンション）》、そして教会からの除名〔破門〕《（エクスコミューニケイション）》などの手続き《（プラスィード）》を順次とらなければならない。1

1　Iテサロニケ5・12、IIテサロニケ3・6、14、15、Iコリント5・4、5、13、マタイ18・17、テトス3・10

第三十一章　シノッド《スィナッズ》とカウンシル《カウンサルズ》について

〔一〕　教会のよりよい政治とさらなる造り上げ《エディフィケーション》のために、一般にシノッド《スィナッズ》とかカウンシル《カウンサルズ》とよばれるような会議《アセンブリィ》があるべきである。[1]

1　使徒15・2、4、6

二　為政者たち《マジストレイツ》は、宗教上の問題《マターズ・オヴ・リリジョン》について相談《カンサルト》し、助言を受ける《アドヴァイズ》ため、牧師《ミニスターズ》および他のふさわしい人々《フィット・パースンズ》のシノッドを合法的《ローフリィ》に召集《コール》できる[1]――同様に、もし為政者たちが教会に対する公然の敵《オウプン・エナミーズ》であれば、キリストに仕える牧師たち《ミニスターズ・オヴ・クライスト》は、かれらの職務《オフィス》のゆえに自分たちだけで、あるいは、他のふさわしい人々と共に自分たちの教会を代表して《アポン・デリゲイション》、そのような会議《アセンブリィーズ》に共に会する《ミート・トゥゲザー》ことができる。[2]

1　イザヤ49・23、Ⅰテモテ2・1、2、歴代下19・8〜11、29章、30章、マタイ2・4、5、箴11・

14

2　使徒15・2、4、22、23、25

三　信仰上の論争《カントラヴァースィズ》と良心の問題《ケイスィズ・オヴ・カンシャンス》を〔キリストに〕仕える者として《ミニステリアリィ》裁定《ディターミン》すること、公的神礼拝と神の教会の政治をよりよく整える《オーダリング》ために、規則《ルールズ》と方針《ダイレクションズ》を定めること、また誤った教会運営《マルアドミニストレイション》の場合に訴え《カムプレインツ》を受理《リスィーヴ》して、それを権威をもって《オーソリティティヴリィ》裁定する《ディターミン》ことは、シノッドとカウンシルに属する——そうした《ホウィッチ》決定《ディクリーズ》と裁定《ディターミネイションズ》は、神の言葉に一致しているならば、畏敬《レヴァランス》と服従《サブミッション》をもって受け入れ《リスィーヴド》られねばならないが、それは、それらが御言葉に一致《カンセント》しているという理由からだけでなく、それらがなされた権能《パウア》——これは神の言葉においてそうするように定められた《アポインティド》、神の規定《オーディナンス》である——のゆえである。[1]

1　使徒15・15、19、24、27～31、16・4、マタイ18・17～20

四　使徒時代以後のすべてのシノッドやカウンシルは、全体的《ジェネラル》なものであれ個別的《パティキュラー》なものであれ、誤りうるし、実際、多くのものが誤りを犯してきた。したがって《ゼアフォー》、シノッドやカウンシルは、信仰や実践の規範《ルール》とされてはならず、むしろ、その両者〔信仰と実践〕における助け《ヘルプ》として用いられるべきである。[1]

1　エフェソ2・20、使徒17・11、Ⅰコリント2・5、Ⅱコリント1・24

五　シノッドとカウンシルは、教会的《イクリーズィアスティカル》な事柄以外の何事も取り扱《ハンドル》ったり、決議《カンクルード》してはならず、また、特別な場合《ケイスイズ・イクストローディナリィ》に謙虚な請願《ハムブル・ピティッション》を行ったり、この世の為政者から求められて《リクワイアド》、良心の満足《サティスファクション・オブ・カンシャンス》のために助言《アドヴァイス》したりする場合を除いて、国家《カモンウェルス》にかかわるこの世の問題《スィヴィル・アフェアズ》に干渉して《インターメドル》はならない。[1]

1　ルカ12・13、14、ヨハネ18・36

第三十二章　死後《アフター・デス》の人間の状態《ザ・ステイト・オヴ・メン》について、また、死者の復活《ザ・レザレクション・オヴ・ザ・デッド》について

［一］　人間の体は、死後、塵《ダスト》に帰り、腐敗を見る《スィー・カラプション》[1]が、しかし、不死《イモータル》の自存的実在《サブスイスタンス》をもつかれらの魂《ソウルズ》（それは死ぬことも眠ることもない）は、それをお与えになった神に直ちに帰る[2]――義《ザ・ライチャス》人の魂は、そのとき聖性《ホウリネス》において完全とされ《メイド・パーフェクト》て、いと高き天《ザ・ハイエスト・ヘヴンズ》に受け入れられ、そこでかれらの体の完全《フル》な贖《リデムプション》いを待ちながら、光と栄光の内に神の御顔を見る。[3]また、悪《ザ・ウィキッド》人の魂は、地獄《ヘル》に投げ込まれ、そこで大いなる日《ザ・グレイト・デイ》の審判《ジャッジメント》へと指定され《リザーヴド》て、苦痛《トーメンツ》と完全《アター》な暗闇《ダークネス》の中に留まる。[4]聖書はこの二つの場所以外に、体から分離された《セパレイティド》魂に対して、いかなる場所も認《アクナリジス》めていない。

1　創世3・19、使徒13・36
2　ルカ23・43、コヘレト12・7
3　ヘブライ12・23、Ⅱコリント5・1、6、8、フィリピ1・23を使徒3・21、エフェソ4・10と比較
4　ルカ16・23、24、使徒1・25、ユダ6、7、Ⅰペトロ3・19

二　終わりの日《ザ・ラスト・デイ》に、生きている者たち《ファウンド・アライヴ》は、死なずに、変えられ《チェインジド》[1]、死者たち《ザ・デッド》はみな、ほかならぬ《ナン・アザー》、生前と同一の体《セルフ・セイム》――異なる《ディファレント》性質《クウォリティズ》を帯びてはいるが――をもってよみがえらされ《レイズド・アップ》、その体《バディズ》は再びかれらの魂に永久《フォー・エヴァー》に結合される《ユナイティド》。[2]

1　Iテサロニケ4・17、Iコリント15・51、52
2　ヨブ19・26、27、Iコリント15・42〜44

三　正しくない者たち《ズィ・アンジャスト》の体は、キリストの力《パウア》により、恥辱《ディスオナー》へとよみがえらされ《レイズド》、正しい者たち《ザ・ジャスト》の体は、キリストの霊により、栄誉《オナー》へとよみがえらされ《レイズド》、キリスト御自身の栄光ある体《グローリアス・バディ》に似たもの《カンフォーマブル》とされる。[1]

1　使徒24・15、ヨハネ5・28、29、Iコリント15・43、フィリピ3・21

第三十三章　最後の審判《ザ・ラスト・ジャッジメント》について

〔一〕 神は、イエス・キリスト――この方にすべての権能《パウア》と審判が父からゆだねられている《ギヴン》[1]――により義をもって《イン・ライチャスネス》世界を裁く日を、定めておられる《ハス・アポインテッド》。[2] その日には《イン・ホウィッチ・デイ》、背反した《アパスティト》天使たちが裁かれるだけでなく、[3] 同じように、地上に生きたことのあるすべての人が、かれらの思い《ソーツ》と言葉《ワーズ》と行い《ディーズ》について申し述べ《ギヴ・アン・アカウント》、善《グッド》であれ悪《イーヴィル》であれ、かれらが体をもってなしたことに応じて報い《リスィーヴ》を受けるために、キリストの法廷《トライビューナル》に立つ《アピア》ことになる。[4]

1 ヨハネ5・22、27
2 使徒17・31
3 Ⅰコリント6・3、ユダ6、Ⅱペトロ2・4
4 Ⅱコリント5・10、コヘレト12・14、ローマ2・16、14・10、12、マタイ12・36、37

二 神がこの日を定めておられる目的《エンド》は、選び《ズィ・イレクト》の民の永遠の救い《イターナル・サルヴェイション》によって、自らの憐れみ《マースィー》の栄光を現《マニフェスティション》し、また、悪く不従順な棄却の民《ザ・リプロベイト》の裁《ダムネイション》きによって、自らの正義《ジャスティス》の栄光を現《マニフェスティション》すためである。なぜなら、そのとき義人《ザ・ライチャス》は、永遠の命《エヴァーラスティング・ライフ》に入り、主の御前《プレザンス》から来る満ちあふれる喜び《ジョイ》と力づけ《リフレッシング》を受けるが、悪人《ザ・ウィキッド》は、神を知らず、イエス・キリストの福音に従わないので、永遠の苦しみ《イターナル・トーメンツ》に投げ込まれ、主の御前《プレザンス》と、かれの力の栄光から永遠に絶たれる《エヴァーラスティング・ディストラクション》ことによって罰せられる《パニッシュト》からである。[1]

1　マタイ25・31〜46、ローマ2・5、6、9・22、23、マタイ25・21、使徒3・19、Ⅱテサロニケ1・7〜10

三　キリストは、すべての人に罪を思いとどまらせ《ディター・フラム》、また、信仰深い者《ゴッドリイ》たちをその逆境《アドヴァースィティ》の中でいっそう慰めるという両方の目的のために、審判の日があることをわたしたちに固く《サートゥンリイ》確信させ《パスウェイディド》ようとされる[1]——同時に、いつ主が来られるかわからないので、人々が、すべての肉的な油断《カーナル・セキュリティ》を振り捨てて《シェイク・オフ》、常に目を覚ましているように、また、「主イエスよ、来てください。すぐに来てください、アーメン」と言う用意がいつでもできているように、その日を人々に知らせずにおかれる。[2]

1　Ⅱペトロ3・11、14、Ⅱコリント5・10、11、Ⅱテサロニケ1・5〜7、ルカ21・27、28、ローマ8・23〜25
2　マタイ24・36、42〜44、マルコ13・35〜37、ルカ12・35、36、黙示22・20

三訂版　ウェストミンスター大教理問答

凡例

1　底本には、ジョン・R・バウア（John R. Bower）の校訂による最新のクリティカル・テキスト（*The Larger Catechism–A Critical Text and Introduction*, Reformation Heritage Books, 2010 所収）を用いた。大教理問答の場合は、カラザース父子（W. Carruthers, S.W. Carruthers）が長年にわたって積み重ねた信仰告白諸版のテキスト批評のような歴史がないため、従来クリティカル・テキストは存在しなかった。したがって、バウアのクリティカル・テキストは画期的なものである。但し、この版は、訳者が従来底本としていた一六四八年の聖句付き初版と、その照合に用いた一六四七年の聖句なし初版の二つをベースにしたものなので、従来の拙訳に大きな問題があった訳ではない。しかし、文・節・区の区切り、証拠聖句などにおいてより正確な、バウアのクリティカル・テキストに依ることとした。

2　長い本文中で節や句を列挙する場合、原文ではカンマだけでなく、セミコロン、コロンを多用している。本翻訳ではそれを活かすために、〔第一に〕、〔第二に〕などの表記を用いる工夫をしている。なお列挙する場合、信仰告白は基本的に第一、第二止まりで、多くても第三あるいは第四までであるが（若干例外はある）、本「大教理問答」の場合はペトルス・ラームスの二分法の適用が部分的であるため、そうした制限に必ずしもとらわれていない（「〈三訂版〉によせて」および「信仰告白」の凡例を参照）。

3　テキストでは、証拠聖句は英語のアルファベットで表示されているが、見やすさを考えてアラビア数字で代用した（信仰告白の凡例を参照）。

4　（　）は原註を、〔　〕は訳者註を表す。一つの長文がコロン、セミコロンで区切られている場合、あるいは本文において挿入や付加と見られる部分の場合、――で示した。

5　翻訳にあたっては、一麦出版社の方針に従い、本文、証拠聖句とも、基本的に聖書新共同訳にそっている。ただし「十戒」については、暗記を容易にするため文語文を用いる。証拠聖句の箇所が口語訳聖書、新改訳聖書で異なる場合は、〔　〕に記した。

問［1］　人間《マン》の第一《チーフ》の、最高《ハイエスト》の目的《エンド》は何ですか。

答　人間の第一の、最高の目的は、神に栄光を帰し《グロリファイ・ゴッド》[1]、永遠《フォ・エヴァ》に神をかぎりなく《フリィ》喜びとする《インジョイ》ことです。[2]

1　ローマ11・36、Iコリント10・31
2　詩73・24～28、ヨハネ17・21～23

問［2］　神が存在されること《ゼア・イズ・ア・ゴッド》は、どのようにして《ハウ》明らかになり《アピア》ますか。

答　人間の内にある本性の光《ライト・オヴ・ネイチャー》そのもの《ヴェリィ》と、神の御業《ワークス》が、神が存在されることをはっきりと《プレインリィ》明示して《ディクレア》います[1]が、しかし、かれ〔神〕の言葉と霊だけが、人々に対して、かれらの救いのために、十分《サフィシャントリィ》かつ有効《イフェクチュアリィ》に、神を啓示します《リヴィール》。[2]

1　ローマ1・19、20、詩19・2～4〔19・1～3〕、使徒17・28

2　Ｉコリント2・9、10、Ⅱテモテ3・15～17、イザヤ59・21

問[3]
答　神の言葉《ザ・ワード・オヴ・ゴッド》とは、何ですか。
　旧約と新約《オウルド・アンド・ニュー・テスタメント》の聖書《ザ・ホウリィ・スクリプチャーズ》が、神の言葉であり、[1] 信仰《フェイス》と従順《オウビーディアンス》の唯一の規範《スィ・オウンリィ・ルール》です。[2]

1　Ⅱテモテ3・16、Ⅱペトロ1・19～21
2　エフェソ2・20、黙示22・18、19、イザヤ8・20、ルカ16・29、31、ガラテヤ1・8、9、Ⅱテモテ3・15～17

問[4]　聖書《ザ・スクリプチャーズ》が神の言葉であるということは、どのようにして明らかになり《アピア》ますか。
答　聖書は、〔第一に〕それらの威厳《マジェスティ》[1]と純粋さ《ピュアリティ》[2]により、〔第二に〕すべての部分《パーツ》の一致《カンセント》と、[3]すべての栄光を神に帰そうとする全体《ザ・ホウル》の目標《スコウプ》[4]により、〔第三に〕罪人に罪を悟らせて《カンヴィンス》回心させ《カンヴァート》、信者を慰め《カムフォート》造り上げて《ビルド・アップ》救いにいたらせる、それらがもつ光と力によって、[5]自らが神の言葉であることを明らかにしています《マニフェスト》。しかし、聖書により《バイ》、聖書とともに《ウィズ》、人間の心の内で証言をなさる《ベアリング・ウィットネス》神の霊のみが、聖書が神の言葉そのもの《ヴェリィ》であることを、完全に《フリィ》納得させる《パスウェイド》ことがおできになります。[6]

1　ホセア8・12、Ⅰコリント2・6、7、13、詩119・18、129
2　詩12・7〔12・6〕、119・140
3　使徒10・43、26・22
4　ローマ3・19、27
5　使徒18・28、ヘブライ4・12、ヤコブ1・18、詩19・8〜10〔19・7〜9〕、ローマ15・4、使徒20・32
6　ヨハネ16・13、14、Ⅰヨハネ2・20、27、ヨハネ20・31

問[5]　聖書は、主《プリンスィパリィ》に何を教えていますか。
答　聖書は、主に、人間が神について何を信じなければならないかと、神が人間にどのような義務《デューティ》を求めて《リクワイア》おられるかを教えています。[1]

1　Ⅱテモテ1・13

問[6]　聖書は、神についてどのようなこと《ホワット》を知らせて《メイク・ノウン》いますか。
答　聖書は、神がどのようなお方であるか《ホワット・ゴッド・イズ》[1]、神性《ゴッドヘッド》の内の位格《パースンズ》[2]、かれの聖定《ディクリーズ》[3]、かれの聖定の遂行《エクスィキューション》[4]、について知らせています。

1 ヘブライ11・6
2 Iヨハネ5・7
3 使徒15・14、15、18
4 使徒4・27、28

問[7] 神は、どのようなお方ですか。

答 神は、〔第一に〕存在《ビーイング》[1]・栄光[2]・幸い《ブレッスィドネス》[3]・完全性《パーフェクション》[4]において自立自存《イン・アンド・オヴ・ヒムセルフ》で無限《インフィニット》の、霊《ア・スピリット》であり、[5]〔第二に〕まったく《オール》充足し《サフィシャント》[6]、永遠《イターナル》[7]、不変《アンチェインジャブル》[8]で、理解し尽くすことができず《インカムプリヘンサブル》[9]、どこにでもおられ《エヴリィホウェア・プレザント》[10]、全能《オールマイティ》[11]で、あらゆることを知っておられ[12]、最も賢く[13]、最も聖く[14]、最も正しく《ジャスト》[15]、最も憐れみ《マースィフル》と恵み《グレイシャス》に富み、忍耐強く《ロング・サファリング》、慈しみ《グッドネス》とまこと《トゥルース》に満ちておられます《アバンダント》[16]。

1 出エジプト3・14、ヨブ11・7～9
2 使徒7・2
3 Iテモテ6・15
4 マタイ5・48
5 ヨハネ4・24

6 創世17・1
7 詩90・2
8 マラキ3・6、ヤコブ1・17
9 列王上8・27
10 詩139・1〜13
11 黙示4・8
12 ヘブライ4・13、詩147・5
13 ローマ16・27
14 イザヤ6・3、黙示15・4
15 申命32・4
16 出エジプト34・6

問[8] ひとりより、多くの神々《ゴッズ》がいますか。

答 ただひとり《ワン・オウンリィ》、生ける《リヴィング・アンド・トゥルー》真の神がおられるだけです。[1]

1 申命6・4、Iコリント8・4、6、エレミヤ10・10

問[9] 神性《ゴッドヘッド》の内には、いくつの位格《パースンズ》がありますか。

答　神性《ゴッドヘッド》の内には、三つの位格、すなわち、父《ザ・ファーザー》と子《ザ・サン》と聖霊《ザ・ホウリィ・ゴウスト》があり、これら三つの位格は、それらの位格的固有性《パースナル・プラパティーズ》によって区別《ディスティングウィッシュト》されますが、実体《サブスタンス》において同一《ザ・セイム》、力と栄光において同等《イークウォル》の、ひとり《ワン》の、真《トゥルー》の、永遠《イターナル》の神です。[1]

1　Ⅰヨハネ5・7、マタイ3・16、17、28・19、Ⅱコリント13・13〔欽定訳では13・14〕、ヨハネ10・30

問[10]　神性《ゴッドヘッド》の内にある三つの位格《パースンズ》の位格的固有性とは、何ですか。

答　子を生む《ビゲット》ことは父に、[1] 父から生まれる《ビゴットゥン》ことは子に、[2] まったくの永遠から《フラム・オール・イタニティ》父と子とから発出する《プラスィード》ことは聖霊に、[3] 固有《プラパー》です。

1　ヘブライ1・5、6、8
2　ヨハネ1・14、18
3　ヨハネ15・26、ガラテヤ4・6

問[11]　子と聖霊が、父と同等《イークワル》の神であられることは、どのようにして明らか《アピア》になりますか。

答　聖書《ザ・スクリプチャーズ》が、神のみに固有な《プラパー》名前[1]・属性《アトリビューツ》[2]・御業《ワークス》[3]・礼拝《ワーシップ》[4]を、子と聖霊に帰して《アスクライビング》、子と聖霊が父と同等の神であられることを明らかにして《マニフェスト》います。

1　イザヤ6・3、5、8をヨハネ12・41、使徒28・25と比較、Ⅰヨハネ5・20、使徒5・3、4
2　ヨハネ1・1、イザヤ9・5〔9・6〕、ヨハネ2・24、25、Ⅰコリント2・10、11
3　コロサイ1・16、創世1・2
4　マタイ28・19、Ⅱコリント13・13〔欽定訳では13・14〕

問[12]　神の聖定《ディクリーズ》とは、何ですか。

答　神の聖定とは、それによって《ホウェアバイ》神が、まったくの永遠から《フラム・オール・イタニティ》、御自身の栄光のため、時間の中で起こってくることは何事であれすべて[1]、特に天使《エインジェルズ》と人間《メン》に関して、不変的《アンチェインジャブリィ》に、前もって定めて《ハス・フォー・オーデインド》おられる、そのようなかれの御心《ウィル》の計らい《カウンサル》による、賢く、自由で、聖い意志決定《アクツ》です[2]。

1　エフェソ1・4、11、ローマ9・22、23、詩33・11
2　エフェソ1・11、ローマ11・33、9・14、15、18

問[13]　神は、天使《エインジェルズ》と人間《メン》に関して、特にどのようなことを聖定して《ハス・ディクリード》おられますか。

答　神は〔第一に〕、永遠不変《イターナル・アンド・イミュータブル》の聖定《ディクリー》により、かれの完全な愛《ミア・ラヴ》から、しかるべき時《イン・デュー・ターム》に現される《マニフェスティド》かれの栄光ある《グローリアス》恵みが讃美されるため、ある《サム》天使たちを栄光へと選び《ハス・イレクティド》[1]、また、キリストにおいて、ある《サム》人々を永遠の命へと、その過程《ミーンズ》もともに、選んでおられ《ハス・チョウズン》[2]、また〔第二に〕、かれの主権的な《サヴァリン》力と、御自身の御心の測りしれない《アンサーチャブル》計らい《カウンサル》（それによって神は、よしとされるままに、愛顧《フェイヴァ》を示したり《イクステンドス》控えたりなさいます《ウィズ・ホウルデス》）に従い、かれの正義《ジャスティス》の栄光が讃美されるよう他の者たち《ザ・レスト》を見過ごし《ハス・パースト・バイ》、かれらの罪のゆえに加えられる《インフリクテド》、恥辱《ディスオナー》と怒り《ラス》とに前もって定めて《ハス・フォー・オーディンド》おられます[3]。

1　Ⅰテモテ5・21
2　エフェソ1・4〜6、Ⅱテサロニケ2・13、14
3　ローマ9・17、18、21、22、マタイ11・25、26、Ⅱテモテ2・20、ユダ4、Ⅰペトロ2・8

問[14]　神は、かれの聖定《ディクリーズ》をどのように遂行され《エクスィキュート》ますか。

答　神は、かれの無謬の《インファラブル》予知《フォーナリッジ》と、御自身の御心《ウィル》の、自由で不変の《イミュータブル》計らい《カウンサル》とに従い、創造《クリエイション》と摂理《プラヴィデンス》の御業《ワークス》によって、かれの聖定を遂行されます。[1]

1　エフェソ1・11

問[15] 創造《クリエイション》の御業《ワークス》とは、何ですか。

答 創造の御業とは、神が初めに、かれの力ある言葉《ザ・ワード・オヴ・ヒス・パウア》により、世界とその中の万物《オール・スィングズ》を、御自身のために、無《オヴ・ナッスィング》から、六日間で、すべてきわめて良く《ヴェリィ・グッド》造られた《ディド・メイク》御業です。[1]

1 創世1章、ヘブライ11・3、箴16・4

問[16] 神は、天使たち《エインジェルズ》をどのように創造《クリエイト》されましたか。

答 神は、すべての天使を、[1] 不死《イモータル》で、[2] 聖く《ホウリィ》、[3] 知識において卓越し《イクセリング》、[4] 力において優れ《マイティ》、[5] かれの命令《カマンドメンツ》を遂行し、かれの御名を讃美《プレイズ》する、[6] しかし変わることもある《サブジェクト・トゥ・チェインジ》、[7] 霊《スピリッツ》[8] として創造されました。

1 コロサイ1・16
2 マタイ22・30
3 マタイ25・31
4 サムエル下14・17、マタイ24・36
5 Ⅱテサロニケ1・7
6 詩103・20、21

7 Ⅱペトロ2・4
8 詩104・4

問[17] 神は、人間《マン》をどのように《ハウ》創造されましたか。

答 神は、他のすべての被造物《クリーチャーズ》を造られ《メイク》た後、〔第一に〕人間を男性《メイル》と女性《フィーメイル》に創造され、[1]〔第二に〕男《マン》の体《バディ》は地のちり《ザ・ダスト・オウ・ザ・グラウンド》から、[2]女《ウーマン》は男のあばら骨《リブ》から形づくり《フォームド》、[3]〔第三に〕かれらに生きた《リヴィング》、理性ある《リーズナブル》、不死の《イモータル》魂《ソウルズ》を授け《インデュード》、[4]〔第四に〕知識《ナリッジ》と[5]義《ライチャスネス》と聖性《ホウリネス》において[6]御自身のかたち《イミッジ》に従い、[7]その心の中に記された《リットゥン》神の律法《ザ・ロー・オウ・ゴッド》[8]とそれを果たす《フルフィル》力とをもち、[9]被造物に対する支配権《ドミニオン》を有しているが、[10]しかし堕落する《ザブジェクト・トゥ・フォール》ことある者として造られ《メイド》ました。[11]

1 創世1・27
2 創世2・7
3 創世2・22
4 創世2・7を、ヨブ35・11、コヘレト12・7、マタイ10・28、ルカ23・43と比較
5 コロサイ3・10
6 エフェソ4・24
7 創世1・27
8 ローマ2・14、15

9 コヘレト7・29
10 創世1・28
11 創世3・6、コヘレト7・29

問[18] 神の摂理《プラヴィデンス》の御業《ワークス》とは、何ですか。

答 神の摂理の御業とは、かれの全被造物《クリーチャーズ》に対する神の最も聖く[1]、賢く[2]、力強い、保持《プリザーヴィング》[3]と統治《ガヴァニング》[4]であり、御自身の栄光に役立つように[5]それら〔全被造物〕とその全活動《アクションズ》を、秩序《オーダリング》づけることです[6]。

1 詩145・17
2 詩104・24、イザヤ28・29
3 ヘブライ1・3
4 詩103・19
5 ローマ11・36、イザヤ63・14
6 マタイ10・29〜31、創世45・7

問[19] 天使たちに対する神の摂理は、どのようなものですか。

答 神はかれの摂理により、〔第一に〕ある天使たちが故意に《ウィルフリィ》、回復できない《イリカヴァブリィ》ほど、罪と裁き《ダムネイション》に陥る《フォール》ことを、[1] それ〔彼らの堕落〕とすべての罪が御自身の栄光に役立つよう制限し《リミティング》秩序づけ《オーダリング》つつ、許容され《パミティド》、[2]〔第二に〕他の者〔天使〕たちは、御自身の力と憐れみと正義《ジャスティス》の執行においてよしとされるままに、[3] お用いになりながら《イムプロイイング》、[4] かれらすべてを聖性《ホウリネス》と幸福《ハッピネス》においてゆるぎないもの《イスタブリッシュト》とされました。[5]

1 ユダ6、Ⅱペトロ2・4、ヘブライ2・16、ヨハネ8・44
2 ヨブ1・12、マタイ8・31
3 列王下19・35、ヘブライ1・14
4 詩104・4
5 Ⅰテモテ5・21、マルコ8・38、ヘブライ12・22

問[20] 創造された状態《イステイト》にあった人間《マン》に対する神の摂理は、どのようなものでしたか。

答 創造された状態にあった人間に対する神の摂理は、〔第一に〕人間を楽園《パラダイス》に置き、かれにそこを耕す《ドゥレス》ことを命じ、かれに地《ズィ・アース》の実り《フルート》を食べる自由《リバティ》を与え、[1] 被造物《クリーチャーズ》をかれの支配《ドミニオン》下に置き、[2] かれの助けのために結婚《マリッジ》を定めた《オーディニング》こと、[3] また、〔第二に〕かれに御自身との交わり《カミュニオン》を与え《アフォーディング》[4]、安息日《サバス》を制定《インスティテューティング》し、[5] 個人的《パーソナル》な、完全《パーフェクト》で、恒久的《パーペチュアル》な従順《オウビーディアンス》──命の木《ザ・トゥリー・オヴ・ライフ》がその保証《プレッジ》でした[6]──を条件に、[7] かれとの命の契約《ア・カヴァナント・オヴ・ライフ》に入り、死を罰《ペイン》として、善悪の知識の木《ザ・トゥリー・オヴ・ザ・ナリッジ・オヴ・グッド・アンド・イーヴィル》から食べるのを禁じた《フォビディング》こと、です。[8]

1 創世2・8、15、16
2 創世1・28
3 創世2・18
4 創世1・26〜29、3・8
5 創世2・3
6 創世2・9
7 ガラテヤ3・12、ローマ10・5
8 創世2・17

問[21] 人間は、神が最初にかれを創造された状態《イステイト》に留まって《カンティニュー》いましたか。

答 わたしたちの最初の先祖《ファースト・ペアレンツ》たちは、かれら自身の意志《ウィル》の自由《フリーダム》にまかされていた《レフト》ところ、サタンの誘惑《テムプテイション》により、禁じられていた木の果実《ザ・フォビッドゥン・フルートゥ》を食べて神の戒め《カマンドメント》に違反し《トランスグレスト》、それによって、かれらが創造された無罪《イナスンス》の状態から堕落《フェル》しました。[1]

1 創世3・6〜8、13、コヘレト7・29、Ⅱコリント11・3

問[22] その最初の違反において、全人類《(オール・マンカインド)》が堕落したのですか。

答 契約《(ザ・カヴェナント)》は、ただアダム自身のためばかりでなく、かれの子孫《(パステリティ)》のためにも、公人《(パブリック・パースン)》としてのアダムと結ばれていたので、通常《(オーディナリィ)》の出生《(ジェナレイション)》によってアダムから出る《(ディセンド)》全人類は[1]、その最初の違反《(トランスグレッション)》において、かれにあって罪を犯し《(スィンド)》、かれと共に堕落し《(フェル)》ました[2]。

1 使徒17・26
2 創世2・16、17をローマ5・12～20、Ⅰコリント15・21、22と比較

問[23] 堕落《(ザ・フォール)》は、人類《(マンカインド)》をどのような状態《(イステイト)》に陥れ《(ブリング)》ましたか。

答 堕落は人類を、罪と悲惨《(ミザリィ)》の状態に陥れました[1]。

1 ローマ5・12、3・23

問[24] 罪《(スィン)》とは何ですか。

答 罪とは、理性ある被造物《(ザ・リーズナブル・クリーチャー)》に規範《(ルール)》として与えられたいかなる神の律法《(ロー・オヴ・ゴッド)》に対してであれ、それへの服従の欠如《(ウォント・オヴ・カンフォーミティ)》、あるいはそれへの違反《(トランスグレッション)》です[1]。

1　Iヨハネ3・4、ガラテヤ3・10、12

問[25]　人間が堕落して陥った状態の罪性《スィンフルネス》は、どのような点《ホウェアイン》にありますか。

答　人間が堕落して陥った状態の罪性は、〔第一に〕アダムの最初の罪の罪責《ギルト》[1]と〔第二に〕かれが創造されたときにもっていた義《ライチャネス》の欠如《ウォント》と、〔第三に〕かれの本性《ネイチャー》の腐敗《カラプション》にあり、これ〔本性《ほんせい》の腐敗〕によって人間は、霊的に善《グッド》であるすべてのものに対してはまったく《アタリィ》無気力《インディスポウズド》、無能《ディスエイブルド》となり、敵対し《アポズィット》、すべての悪《イーヴィル》に対しては全面的《ホウルリィ》に、しかも継続的《カンティニュアリィ》に傾《インクラインド》くようになっています[2]——これ〔本性《ほんせい》の腐敗〕は一般に原罪《オリジナル・スィン》とよばれ、これからすべての現実の違反《アクチュアル・トランスグレッションズ》が出てくる《プラスィード》のです[3]。

1　ローマ5・12、19
2　ローマ3・10〜20、エフェソ2・1〜3、ローマ5・6、8・7、8、創世6・5
3　ヤコブ1・14、15、マタイ15・19

問[26]　原罪《オリジナル・スィン》は、どのようにしてわたしたちの最初の先祖《ファースト・ペアレンツ》たちから、それらの子孫《パステリティ》に伝えられる《カンヴェイド》のですか。

答　原罪は、わたしたちの最初の先祖たちからかれらの子孫に、自然的《ナチュラル》出生《ジェナレイション》によって伝えられます——そのため、そのようにして〔自然的出生によって〕かれらから出る《プラスィード》すべての者は、罪の内に宿され《カンスィーヴド》、そして生まれる《ボーン》のです。[1]

1　詩51・7〔51・5〕、ヨブ14・4、15・14、ヨハネ3・6

問[27]　堕落《ザ・フォール》は、人類《マンカインド》にどのような悲惨《ミザリィ》をもたらしましたか。

答　堕落は人類に、神との交わり《コミューニオン》の喪失《ロス》と、[1] かれの不興《ディスプレジャー》と呪い《カース》をもたらしました——そのためわたしたちは、生まれながらにして《バイ・ネイチャー》怒りの子《チルドレン・オヴ・ラス》、[2] サタンの奴隷《バンド・スレイヴス》であり、[3] この世《ズィス・ワールド》と来るべき世《ザット・ホウィッチ・イズ・トゥ・カム》におけるあらゆる罰《パニッシュメンツ》を当然《ジャストリィ》免れなく《ライアブル》されています。[4]

1　創世3・8、10、24
2　エフェソ2・2、3
3　Ⅱテモテ2・26
4　創世2・17、哀3・39、ローマ6・23、マタイ25・41、46、ユダ7

問[28]　罪に対するこの世《ズィス・ワールド》での罰は、何ですか。

答　罪に対するこの世での罰は、〔第一に〕内的《インワード》なものでは、知性の闇《ブラインドネス・オヴ・マインド》[1]・邪悪な感覚《レプラベイト・センス》[2]・強い思い込み《ストロング・ディルージョンズ》[3]・心の硬化《ハードネス》[4]・良心のおびえ《ホラー》[5]・恥ずべき情欲《ヴァイル・アフェクションズ》[6]であり、〔第二に〕外的《アウトワード》なものでは、わたしたちのゆえに被造物に下される神の呪い《カース》[7]と、死そのものばかりでなく《トゥゲザー・ウィズ》[8]、わたしたちの体《バディズ》・評判《ネイムズ》・境遇《イステイツ》・人間関係《リレイションズ》・仕事《イムプロイメンツ》においてわたしたちに降りかかる他のすべての害悪《イーヴィルズ》[9]です。

1　エフェソ4・18
2　ローマ1・28
3　Ⅱテサロニケ2・11
4　ローマ2・5
5　イザヤ33・14、創世4・13、マタイ27・4
6　ローマ1・26
7　創世3・17
8　ローマ6・21、23
9　申命28・15〜68

問[29]　罪に対する来るべき世《ザ・ワールド・トゥ・カム》での罰は、何ですか。

答　罪に対する来るべき世での罰は、神の慰めに満ちた《カムフォタブル》御前《プレザンス》からの永久の分離《エヴァーラスティング・セパレイション》と、地獄の火《ヘル・ファイア》の中で永遠に絶え間なく受ける、魂と体の最もひどい《グリーヴァス》苦しみ《トーメンツ》[1]です。

1 Ⅱテサロニケ1・9、マルコ9・44、46、48、ルカ16・24

問[30] 神は全人類《オール・マンカインド》を、罪と悲惨の状態《イステイト》の中で滅び《ペリッシュ》るままにしておかれる《リーヴ》のですか。

答 神は全人類が、一般に《カマンリィ》行いの契約《ザ・カヴェナント・オヴ・ワークス》とよばれる、最初の契約を破ることによって陥った、[1]罪と悲惨の状態の中で滅びるままにしておかれるのではなく、[2]その全き《ミア》愛《ラヴ》と憐れみ《マーシィ》により、かれの選びの民《イレクト》をそこから救い出し《ディリヴァー》、かれらを、一般に恵みの契約《ザ・カヴェナント・オヴ・グレイス》とよばれる、第二の契約によって、救いの状態《イステイト》に入れられます。[3]

1 ガラテヤ3・10、12
2 Ⅰテサロニケ5・9
3 テトス3・4～7、ガラテヤ3・21、ローマ3・20～22

問[31] 恵みの契約《ザ・カヴェナント・オヴ・グレイス》は、だれと結ばれました《ワズ・メイド》か。

答 恵みの契約は、第二のアダムとしてのキリスト、およびかれ〔キリスト〕にあって、かれの子孫《スィード》としての選びの民すべて《オール・ズィ・イレクト》、と結ばれました。[1]

1　ガラテヤ3・16、ローマ5・15～21、イザヤ53・10、11

問[32]　神の恵みは、第二の契約においてどのように明らかにされて《（マニフェスティド）》いますか。

答　神の恵みは、第二の契約において次のようなかたちで《（イン・ザット）》明らかにされています――すなわち、神は罪人たちに仲介者《（ミーディエイター）》[1]および、かれ〔仲介者〕による命と救い[2]を、無償《（フリーリィ）》で備え、提供しておられ、またかれらをかれ〔仲介者〕にあずからせる《（インタレスト・イン）》条件として信仰を要求しつつ《（リクワイアリング）》[3]、かれの選びの民すべてにかれの聖霊を約束し、与えて[4]、〔第一に〕その信仰そのものを[5]、他の救いに導く霊的賜物《（セイヴィング・グレイスィズ）》すべてとともに[6]、かれらの内に造り出し《（ワーク）》、さらに〔第二に〕神に対するかれらの信仰と[7]感謝[8]の真実性《（トゥルース）》の証拠《（エヴァダンス）》、および神がかれらのために定められた救いにいたる道[9]、としての、すべての聖い《（ホウリィ）》従順《（オウビーディアンス）》を、かれらに可能にさせられます。[10]

1　創世3・15、イザヤ42・6、ヨハネ6・27
2　Iヨハネ5・11、12
3　ヨハネ3・16、1・12
4　箴1・23
5　IIコリント4・13

6 ガラテヤ5・22、23
7 ヤコブ2・18、22
8 Ⅱコリント5・14、15
9 エフェソ2・10
10 エゼキエル36・27

問[33] 恵みの契約は、常にまったく同一《ワン・アンド・ザ・セイム》のしかた《マナー》で執行《アドミニスタード》されましたか。

答 恵みの契約は、常に同じしかたで執行されたのではなく、旧約《ズィ・オウルド・テスタメント》のもとでのその執行《アドミニストレイションズ》は、新約《ザ・ニュー》のもとでの執行とは異なって《ディファレント》いました。1

1 Ⅱコリント3・6〜9

問[34] 恵みの契約は、旧約のもとではどのように執行《ワズ・アドミニスタード》されていましたか。

答 恵みの契約は、旧約のもとでは、約束《プラミスイズ》1・預言《プラファスイズ》2・いけにえ《サクリファイスイズ》3・割礼《サーカムスィジョン》4・過越《ザ・パスオウヴァ》5・その他の予型《タイプス》や規定《オーディナンスィズ》、によって執行されていました——これらはみな、やがて来るべきキリストを前もってさし示し《フォー・スィグニファイ》、選びの民《ズィ・イレクト》を約束された《プラミスト》メシアに対する信仰において造り上げる《ビルド・アップ》のにその時代としては十分《サフィッシャント》でしたから、[6] 当時かれらは、そのメシアによって、完全な《フル》罪の赦し《リミッション・オヴ・スイン》と永遠の救い《イターナル・サルヴェイション》を得ていました。[7]

1　ローマ15・8
2　使徒3・20、24
3　ヘブライ10・1
4　ローマ4・11
5　Ⅰコリント5・7
6　ヘブライ8〜10章、11・13
7　ガラテヤ3・7〜9、14

問[35]　恵みの契約は、新約のもとではどのように執行されるのですか。

答　実体《サブスタンス》であるキリストが差し出された《ワズ・イグズィビティド》新約のもとでは、同じ恵みの契約が、昔も今も、御言葉の説教[1]と、洗礼[2]および主の晩餐[3]の聖礼典の執行によって執り行われねばなりません――これらによって恵みと救いは、今は、いっそうの完全性《フルネス》・証拠《エヴァダンス》・効果《エフィカスィ》をもって、すべての国民《ネイションズ》に提示《ヘルド・フォース》され[4]ます。

1　マルコ16・15

2 マタイ28・19、20
3 Ⅰコリント11・23～25
4 Ⅱコリント3・6～18、ヘブライ8・6、10、11、マタイ28・19

問[36] 恵みの契約の仲介者《ミーディエイター》は、だれですか。
答 恵みの契約の唯一《ズィ・オウンリィ》の仲介者は、主イエス・キリストで、[1] かれは、父と一つの実体《ワン・サブスタンス》で同等《イークワル》の、永遠の、神の御子でありながら、[2] 時満ち《インザ・フルネス・オヴ・タイム》て人間となられ、[3] かくして二つのまったく《インタイア》別個《ディスティンクト》の本性《ネイチャーズ》である、神と人間でありつつ、一人格《ワン・パースン》であられましたし、永遠にそうあり続けられます。[4]

1 Ⅰテモテ2・5
2 ヨハネ1・1、14、10・30、フィリピ2・6
3 ガラテヤ4・4
4 ルカ1・35、ローマ9・5、コロサイ2・9、ヘブライ7・24、25

問[37] キリストは、神の御子でありながら、どのようにして人間となられましたか。
答 神の御子キリストは、聖霊《ザ・ホウリィ・ゴウスト》の力により、おとめマリアの胎《ウーム》に、彼女の実体《サブスタンス》を取って、宿され《カンスィーヴド》、彼女から生まれながら、[1] しかしそれでも《イエット》罪はない《ウィズアウト・スィン》というしかたで、[2] 御自身に真《トゥルー》の体《バディ》と理性ある魂《リーズナブル・ソウル》を取ることにより、人間となられました。[3]

1 ルカ1・27、31、35、42、ガラテヤ4・4
2 ヘブライ4・15、7・26
3 ヨハネ1・14、マタイ26・38

問[38] 仲介者が神であることが、なぜ必須《レクウィズィット》でしたか。

答 仲介者が神であることは、仲介者が、〔第一に〕人間の本性《ネイチャー》が神の無限《インフィニット》の怒り《ラス》と死の力のもとに沈《スィンキング》んでしまわないように支え《サステイン》、防《キープ》ぐため、[1] また〔第二に〕自らの苦難《サファリングズ》と従順《オウビーディアンス》と執り成し《インターセッション》に価値《ワース》と効力《エフィカスィ》を与えるため、[2] さらに〔第三に〕かくして神の正義《ジャスティス》を満たし《サティスファイ》、[3] かれの愛顧《フェイヴァ》を獲得し、[4] 特別な民《ア・ペキュリア・ピープル》を買い取り《バーチャス》、[5] かれらにかれの霊を与え、[6] かれらのすべての敵を征服《カンカー》して、[7] かれらを永遠の救いに導《ブリング》くため、[8] に必須でした。

1 使徒2・24、25、ローマ1・4をローマ4・25と比較、ヘブライ9・14
2 使徒20・28、ヘブライ9・14、7・25～28
3 ローマ3・24～26
4 エフェソ1・6、マタイ3・17

5 テトス2・13、14
6 ガラテヤ4・6
7 ルカ1・68、69、71、74
8 ヘブライ5・8、9、9・11～16

問[39] 仲介者が人間であることが、なぜ必須でしたか。

答 仲介者が人間であることは、〔第一に〕仲介者が、わたしたちの本性《ネイチャー》を向上させ《アドヴァーンス》、[1] 律法への従順を果たし《パフォーム》、[2] わたしたちのために、わたしたちの本性において苦しみ《サファー》、執り成しをし《インターセッション》、[3] わたしたちの弱さ《インファーミティズ》に共感する《フェローフィーリング》ため、[4] また〔第二に〕わたしたちが神の子となる養子の特権《アダプション・オヴ・サンズ》を得、[5] 慰め《カムフォト》を受け、大胆に恵みの御座《ザ・スローン・オヴ・グレイス》に近づくことができるため、[6] に必須でした。

1 ヘブライ2・16
2 ガラテヤ4・4
3 ヘブライ2・14、7・24、25
4 ヘブライ4・15
5 ガラテヤ4・5
6 ヘブライ4・16

問[40] 仲介者が一人格《ワン・パースン》において神であり人間であることが、なぜ必須でしたか。

答 神と人間を和解させる《レコンサイル》べき仲介者は、〔神と人間という〕それぞれの本性《ネイチャー》に固有の業が、一人格全体の業としてわたしたちのために神によって受け入れられ《アクセプティド》、[1] わたしたちによって依り頼まれる《リライド・オン》ために、御自身、神であるとともに人間であり、しかも一人格においてそうであることが、必須でした。[2]

1 マタイ1・21、23、3・17、ヘブライ9・14
2 Iペトロ2・6

問[41] わたしたちの仲介者は、なぜイエスとよばれましたか。

答 わたしたちの仲介者は、かれの民《ピープル》をかれらの罪《スィンズ》からお救いになる《セイヴス》ので、イエス〔主は救い〕とよばれました。[1]

1 マタイ1・21

問[42] わたしたちの仲介者は、なぜキリストとよばれましたか。

答　わたしたちの仲介者は、かぎりなく《（アバヴ・メジャー）》聖霊《（ザ・ホウリィ・ゴウスト）》を注がれ《（アノインテイド）》[1]、かくして、かれの謙卑《（ヒューミリエイション）》と高挙《（エグゾールテイション）》いずれの状態《（イステイト）》においてもかれの教会の預言者《（プラファット）》[2]・祭司《（プリースト）》[3]・王《（キング）》[4]の職務《（オフィスイズ）》を遂行する《（エクスィキュート）》ために、分かたれ《（セット・アパート）》、あらゆる権威《（オーソリティ）》と能力《（アビリティ）》を完全に備えられた《（フリィ・ファーニィッシュト）》ので[5]、キリスト〔油注がれた者〕とよばれました。

1　ヨハネ3・34、詩45・8〔45・7〕
2　使徒3・21、22、ルカ4・18、21
3　ヘブライ5・5～7、4・14、15
4　詩2・6、マタイ21・5、イザヤ9・5、6〔9・6、7〕、フィリピ2・8～11
5　ヨハネ6・27、マタイ28・18～20

問[43]　キリストは、預言者《（プラファット）》の職務をどのように《（ハウ）》して遂行されますか。

答　キリストは、かれら〔かれの民〕の造り上げ《（エディフィケイション）》と救いにかかわるすべてのことについて[1]、神の御心全体《（ザ・ボウル・ウィル）》[2]を、あらゆる時代に、かれの霊と言葉により[3]、さまざまな執行方法《（ダイヴァース・ウェイズ・オヴ・アドミニストレイション）》[4]で、教会に対して啓示する《（リヴィーリング）》ことによって[5]、預言者の職務を遂行されます。

1　使徒20・32、エフェソ4・11～13、ヨハネ20・31

2 ヨハネ15・15
3 Ⅰペトロ1・10〜12
4 ヘブライ1・1、2
5 ヨハネ1・18

問[44] キリストは、祭司《プリースト》の職務をどのようにして遂行されますか。

答 キリストは、かれの民の罪に対する和解となるため《トゥ・ビー・ア・レコンスィリエイション》[1]、御自身を傷《スポット》のないいけにえ《ア・サクリファイス》としてただ一度《ワンス》神に献げたこと《オファリング》[2]と、かれらのために絶えざる《カンティニュアル》執り成し《インターセッション》をすることによって[3]、祭司の職務を遂行されます。

1 ヘブライ2・17
2 ヘブライ9・14、28
3 ヘブライ7・25

問[45] キリストは、王《キング》の職務をどのようにして遂行されますか。

答 キリストは、〔第一に〕世《ザ・ワールド》から一つの民《ア・ピープル》を御自身のもとに召し出し《コーリング・アウト》[1]、かれらに対して、かれが目に見えるかたちでかれらを統治《ガヴァンズ》するのにお用いになる役員《オフィサーズ》[2]と律法《ローズ》[3]と譴責《センシャーズ》[4]を与えることにより、また〔第二に〕かれの選びの民《ヒズ・イレクト》に救いに導く恵み《セイヴィング・グレイス》を与え、[5]かれらの従順には報《リウォーディング》い、[6]かれらの罪に対してはかれらを正《コレクティング》し、[7]かれらのあらゆる誘惑と苦難のもとでかれらを守《プリザーヴィング》り、支《サポーティング》え、[8]かれらのすべての敵を抑《リストレイニング》え、負かし《オウヴァカミング》、[9]すべてのことを御自身の栄光[10]とかれらの益《グッド》[11]に役立つように力強く秩序づける《オーダリング》ことにより、さらに〔第三に〕神を知らず、福音《ガスペル》に従わない他の者たち《ザ・レスト》に報復する《テイキング・ヴェンジャンス》ことによって、[12]王の職務を遂行されます。

1 使徒15・14〜16、イザヤ55・4、5、創世49・10、詩110・3
2 マタイ18・17、18、Ⅰコリント5・4、5
3 エフェソ4・11、12、Ⅰコリント12・28
4 イザヤ33・22
5 使徒5・31
6 黙示22・12、2・10
7 黙示3・19
8 イザヤ63・9
9 Ⅰコリント15・25、詩110編
10 ローマ14・10、11
11 ローマ8・28
12 Ⅱテサロニケ1・8、9、詩2・8、9

問[46] キリストの謙卑《ヒューミリエイション》の状態《イステイト》とは、どのような《ホワット》ものでしたか。

答 キリストの謙卑の状態とは、キリストが、わたしたちのために、かれの栄光を御自身から取り去って《エムプティング》、かれの受胎《カンセプション》と誕生《バース》・生涯《ライフ》・死において、さらに死後はかれの復活まで、御自分に僕のかたち《ザ・フォーム・オヴ・ア・サーヴァント》をとられた、そのような低いありさま《ロー・カンディション》でした。[1]

1 フィリピ2・6〜8、ルカ1・31、Ⅱコリント8・9、使徒2・24

問[47] キリストは、かれの受胎と誕生において、どのように《ハウ》して御自身を低くされましたか。

答 キリストは、まったくの永遠《オール・イタニティ》から父の懐《ブザム》にいる神の御子でありながら、時満ちて《イン・ザ・フルネス・オヴ・タイム》、低い身分《ロー・イステイト》の女から造られて《メイド》人の子となり、通常よりも劣悪《アベイスメント》なさまざまな事情《サーカムスタンスィズ》をもって、彼女から生まれるのをよしとされる《ワズ・プリーズド》ことによって、かれの受胎と誕生において御自身を低くされました《ハムブルド》。[1]

1 ヨハネ1・14、18、ガラテヤ4・4、ルカ2・7

問[48] キリストは、かれの生涯《ライフ》において、どのようにして御自身を低くされましたか。

答　キリストは、〔第一に〕御自身を律法に服させ《サブジェクト》[1]、律法を完全に成就する《フルフィルド》ことにより、[2] また〔第二に〕世からの侮辱《インディグニティズ》[3]・サタンの誘惑[4]・および、かれの肉の内の弱さ《インファーミティズ》——人間の本性《ネイチャー》に共通《カマン》のものであれ、あるいは、そのかれの低い状態《ロー・イステイト》に特に伴うものであれ——[5] と戦うことによって、その生涯において御自身を低くされました。

1 ガラテヤ4・4
2 マタイ5・17、ローマ5・19
3 詩22・7〔22・6〕、ヘブライ12・2、3
4 マタイ4・1～12、ルカ4・13
5 ヘブライ2・17、18、4・15、イザヤ52・13、14

問[49] キリストは、かれの死において、どのようにして御自身を低くされましたか。

答　キリストは、〔第一に〕ユダに裏切られ《ビトレイド》[1]、自分の弟子たちに捨てられ《フォーセイクン》[2]、世からあざけられ《スコーンド》、拒絶され《リジェクティド》[3]、ピラトに断罪され《カンデムド》、かれの迫害者たちに苦しめられ《トーメンティド》[4]、また、〔第二に〕死の恐怖《テラーズ》と闇の勢力《パワーズ・オヴ・ダークネス》と戦い、神の怒り《ラス》の重圧《ウェイト》を覚え《フェルト》担われ《ボーン》たのち、[5] 苦しく《ペインフル》、恥ずべき《シェイムフル》、呪われた《カースト》、十字架の死を耐え忍んで《インデュアリング》[6]、罪のための献げ物《アン・オファリング》として自らの命をお捨てになる《レイド・ダウン》ことによって、[7] その死において御自身を低くされました。

1　マタイ27・4
2　マタイ26・56
3　イザヤ53・2、3
4　マタイ27・26〜50、ヨハネ19・34
5　ルカ22・44、マタイ27・46
6　フィリピ2・8、ヘブライ12・2、ガラテヤ3・13
7　イザヤ53・10

問[50]　かれの死後におけるキリストの謙卑《ヒューミリエイション》は、どのような点《ホウェアイン》にありましたか。

答　かれの死後におけるキリストの謙卑は、かれが葬られ、[1] 三日目まで死者《ザ・デッド》の状態において、死の力のもとに留まっていた《カンティニュイング》ことにありました[2]——このことは、「かれは陰府にくだった《ディセンディド・イントゥ・ヘル》」という別の言葉で言い表され《イクスプレスト》てきました。

1　Iコリント15・3、4
2　詩16・10を、使徒2・24〜27、31と比較、ローマ6・9、マタイ12・40

問[51] キリストの高挙《エグゾールテイション》の状態《イステイト》とは、どのようなものでしたか。

答 キリストの高挙の状態は、かれの復活《レザンクション》[1]・昇天《アセンション》[2]・父の右《アト・ザ・ライト・ハンド》の座《スィッティング》に着いておられること[3]・そして世を裁く《ジャッジ》ためのかれの再臨《カミング・アゲイン》[4]・を含んで《カンプリヘンドゥス》います。

1 Iコリント15・4
2 マルコ16・19
3 エフェソ1・20
4 使徒1・11、17・31

問[52] キリストは、かれの復活において、どのようにして高く挙げられ《イグゾールテッド》ましたか。

答 キリストは、かれの復活において、次のように《イン・ザット》して高く挙げられました——すなわち、〔第一に〕かれは、死において腐敗《カラプション》を見ず——かれが死に支配されたままでいることはありえませんでした[1]——、また、かれが苦難《サファアド》を受けたまさにその体《ザ・ヴェリイ・セイム・バディ》が、その本質的《イセンシャル》な特性《プラパティズ》はもちつつ[2]、この世の命に属する死滅性《モータリティ》と他の共通の弱さ《インファーミティズ》とはもたずに、かれの魂に真に《リアリイ》結合されて《ユナイテッド》[3]、御自身の力により、三日目に死者の中からよみがえられ《ロウズ・アゲイン》ました[4]——それによって《ホウェアバイ》かれは〔第二に〕、御自分が神の御子《ザ・サン・オヴ・ゴッド》であること[5]、神の正義《ディヴァイン・ジャスティス》を満たした《トゥ・ハヴ・サティスファイド》こと[6]、死と死の力をもつ者に勝利した《ヴァンクウィッシュト》こと[7]、生者と死者《クウィック・アンド・デッド》の主であること[8]、を宣言され《ディクレアド》ました——これらすべてをかれは、公人《パブリック・パースン》[9]、すなわちかれの教会の頭《ヘッド》として[10]、かれらの義認《ジャスティフィケイション》[11]と、恵みによって生かすこと《クウィックニング》[12]、敵《エナミーズ》に対抗する支援《サポート・アゲンスト》のため、[13]また、終わりの日における死者の中からの復活をかれらに確約《アシュア》するために[14]なさいました。

1 使徒2・24、27
2 ルカ24・39
3 ローマ6・9、黙示1・18
4 ヨハネ10・18
5 ローマ1・4
6 ローマ8・34
7 ヘブライ2・14
8 ローマ14・9
9 Iコリント15・21、22
10 エフェソ1・20、22、23、コロサイ1・18
11 ローマ4・25
12 エフェソ2・1、5、6、コロサイ2・12
13 Iコリント15・25〜27
14 Iコリント15・20

問[53] キリストは、かれの昇天《アセンション》において、どのようにして高く挙げられましたか。

答　キリストは、かれの昇天において、次のように《イン・ザット》して高く挙げられました——すなわち、かれは、その復活後にかれの使徒たちにしばしば現れて《アピアド》、かれらに神の国にかかわることについて語り、[1]また、かれらにすべての国民《ネイションズ》に福音《ザ・ガスペル》を宣べ伝え《プリーチ》るようにとの命令《カミッション》を与えつつ、[2]かれらと交わった《カンヴァースト》のち、かれの復活後四十日たって、〔第一に〕そこで人々《メン》のために賜物《ギフツ》を受けるため、[3]また〔第二に〕わたしたちの思い《アフェクションズ》をそこへと引き上げるため、[4]さらに〔第三に〕御自身が今おられ、また世の終わりにかれが再臨《セカンド・カミング》されるときまで引き続きおられるところに、[5]わたしたちのために場所を用意するため、[6]に、わたしたちの本性《ネイチャー》において、また、わたしたちの頭《ヘッド》として、[7]敵《エナミーズ》に勝利して《トライアムフィング》、[8]目に見えるかたちで《ヴィザブリィ》、いと高き天《ザ・ハイエスト・ヘヴンズ》に昇られ《ウェント・アップ》ました。

1　使徒1・2、3
2　マタイ28・19、20
3　使徒1・9~11、エフェソ4・10、詩68・19〔68・18〕
4　コロサイ3・1、2
5　使徒3・21
6　ヨハネ14・3
7　ヘブライ6・20
8　エフェソ4・8

問[54] キリストは、神の右の座に着いておられることにおいて、どのようにして《ハウ》高く挙げられていますか。

答 キリストは、神の右の座に着いておられることにおいて、次のようにして《イン・ザット》高く挙げられています――すなわち、キリストは、神―人《ゴッドーマン》として、〔第一に〕父なる神の最高の愛顧《ザ・ハイエスト・フェイヴァ》へと引き上げられて《アドヴァーンスト》、[1]喜び[2]・栄光[3]・天と地の万物を支配する《オウヴァー》力《パウア》[4]に、満ちあふれたもの《フルネス》となり、また〔第二に〕かれの教会を集めて擁護《ディフェンド》し、かれらの敵を従《サブデュー》え、かれに仕える牧師たちと民《ヒズ・ミニスターズ・アンド・ピープル》に一般的な賜物《ギフツ》と霊的賜物《グレイスィズ》を与《ファーニシス》え[5]、かれらのために執り成し《インターセッション》をしてくださ《メイクス》います[6]。

1 フィリピ2・9
2 使徒2・28を詩16・11と比較
3 ヨハネ17・5
4 エフェソ1・22、Ⅰペトロ3・22
5 エフェソ4・10〜12、詩110編
6 ローマ8・34

問[55] キリストは、どのようにして執り成し《インターセッション》をしてくださいますか。

答 キリストは、〔第一に〕地上におけるかれの従順《オウビーディアンス》といけにえ《サクリファイス》の功績《メリット》により[1]、わたしたちの本性《ネイチャー》を取って、天にいます父の前に絶えず出ること、[2]〔第二に〕その功績をすべての信者《ビリーヴァーズ》に適用していただきたいとのかれの意志《ウィル》を明らかにすること《ディクレアリング》、[3]〔第三に〕かれらに対するすべての告発《アキュゼイション》に答えること、[4]〔第四に〕日ごとの失敗《フェイリングズ》にもかかわらず良心の平静《クワイアト・オヴ・カンシャンス》と、[5]恵みの御座《ザ・スロウン・オヴ・グレイス》への大胆な接近《アクセス》、[6]およびかれらの人格《パースンズ》[7]と奉仕《サーヴィスイズ》[8]の受容《アクセプタンス》とを、信者のために獲得《プラキュアリング》すること、により、執り成しをしてくださいます。

1 ヘブライ1・3
2 ヘブライ9・12、24
3 ヨハネ3・16、17・9、20、24
4 ローマ8・33、34
5 ローマ5・1、2、Ⅰヨハネ2・1、2
6 ヘブライ4・16
7 エフェソ1・6
8 Ⅰペトロ2・5

問[56] キリストは、世《ザ・ワールド》を裁く《ジャッジ》ためのかれの再臨《カミング・アゲイン》において、どのようにして高く挙げられますか。

答 キリストは、世を裁くためのかれの再臨において、次のように《イン・ザット》して高く挙げられます——

すなわち、悪人《ウィキド・メン》たちによって不当《アンジャストリィ》に裁かれ断罪《カンデムド》されたかれが、[1] 義《ライチャネス》をもって世を裁くために、[2] 終わりの日《ザ・ラスト・デイ》に、大いなる力をもって、[3] 御自分と父との栄光をあますところなく現し《フル・マニフェスティション》つつ、すべてのかれの聖なる天使たち《ホウリィ・エインジェルズ》と共に、[4] 号令《シャウト》と大天使《アークエインジェル》の声と神のラッパ《トランパット》に合わせて、[5] 再臨されます。

1　使徒3・14、15
2　使徒17・31
3　マタイ24・30
4　ルカ9・26、マタイ25・31
5　Ⅰテサロニケ4・16

問[57]　キリストは、かれの仲介によって、どのような益《ベネフィッツ》を獲得しておられ《ハス・プラキュアド》ますか。

答　キリストは、かれの仲介によって、贖い《リデムプション》[1]を、恵みの契約《ザ・カヴェナント・オヴ・グレイス》の他のすべての益とともに、[2] 獲得しておられます。

1　ヘブライ9・12
2　Ⅱコリント1・20

問[58] わたしたちは、キリストが獲得しておられるそれらの益に、どのようにしてあずかる者《パーテイカーズ》とされるのですか。

答 わたしたちは、キリストの獲得しておられる益のわたしたちへの適用《アプリケイション》によって、[1] それらにあずかる者とされます——それは《ホウィッチ》、特に聖霊なる神《ゴッド・ザ・ホウリィ・ゴウスト》の御業《ザ・ワーク》です。[2]

1 ヨハネ1・11、12
2 テトス3・5、6

問[59] だれが、キリストによる贖《リデムプション》いにあずかる者とされるのですか。

答 贖いは、その人たちのためにキリストがそれを買い取られた人々すべてに、確実《サートゥンリィ》に適用され《アプライド》、有効《イフェクチュアリィ》に分かち与えられ《カミュニケイティド》ます——[1] その人《フー》たちは、時いたって《イン・タイム》、聖霊により、福音にそって《アコーディング・トウ》キリストを信ずることができるようにされるのです。[2]

1 エフェソ1・13、14、ヨハネ6・37、39、10・15、16
2 エフェソ2・8、Ⅱコリント4・13

問[60] 福音を一度も聞いたことがなく、したがってイエス・キリストを知らず、またかれを信ずることもない人々は、本性の光《ザ・ライト・オヴ・ネイチャー》に従って《アコーディング・トウ》生きることによって、救われることができるでしょうか。

答 福音を一度も聞いたことがないために、[1]イエス・キリストを知らず、[2]かれを信ずることもない人々は、たとえかれらが、本性の光や[3]、かれらが公に告白《プラフェス》している宗教《リリジョン》の律法《ロー》[4]に従って、自分たちの生活を整える《フレイム》ことに、どれほど勤勉《ディリジャント》であっても、救われることはできず[5]、また、キリストは、かれの体《からだ》なる教会のみの救い主ですから[6]、ただキリストにおいてのほか、他のなにものにおいても救いはありません[7]。

1 ローマ10・14
2 Ⅱテサロニケ1・8、9、エフェソ2・12、ヨハネ1・10～12
3 Ⅰコリント1・20～24
4 ヨハネ4・22、ローマ9・31、32、フィリピ3・4～9
5 ヨハネ8・24、マルコ16・16
6 エフェソ5・23
7 使徒4・12

問[61] 福音を聞き、教会生活をする《リヴ・イン・ザ・チャーチ》人々は、すべて救われますか。

答　福音を聞き、目に見える教会《ザ・ヴィザブル・チャーチ》の生活をする人々がすべて救われるのではなく、目に見えない教会《ザ・チャーチ・インヴィザブル》の真《トゥルー》の会員《メムバーズ》である人々だけが救われます。[1]

1　ヨハネ12・38〜40、ローマ9・6、マタイ22・14、7・21、ローマ11・7

問[62]　目に見える教会《ザ・ヴィザブル・チャーチ》とは、何ですか。

答　目に見える教会とは、世界のあらゆる時代と場所において、真の宗教《ザ・トゥルー・リリジョン》を公に告白する《プラフェス》すべての人々[1]とその子どもたち[2]とからなる、一つの社会《ソサイアティ》のことです。

1　Iコリント1・2、12・13、ローマ15・9〜12、黙示7・9、詩2・8、22・28〜32〔22・27〜31〕、45・18〔45・17〕、マタイ28・19、20、イザヤ59・21
2　Iコリント7・14、使徒2・39、ローマ11・16、創世17・7

問[63]　目に見える教会の特権《プリヴァリッジズ》は、何ですか。

答　目に見える教会は、〔第一に〕神の特別な配慮《ケア》と統治《ガヴァメント》のもとにある、[1]また〔第二に〕あらゆる敵の反対にもかかわらず、いつの時代にも保護され《プラテクティド》、守られる《プリザーヴド》、[2]さらに〔第三に〕聖徒の交わり《ザ・カミュニオン・オヴ・セインツ》、救いの通常の手段《オーディナリィ・ミーンズ》[3]キリストによるその全会員への恵みの提供《オファーズ》――それは、かれを信ずる者はだれでも救われることを証《テスティファイイング》[4]しし、キリストに来る者はだれ一人排除《イクスクルーディング》しない、[5]福音の宣教《ザ・ミニストリィ・オヴ・ガスペル》においてなされます――を享受する、といった特権をもっています。

1 イザヤ4・5、6、Iテモテ4・10
2 詩115編、イザヤ31・4、5、ゼカリヤ12・2〜4、8、9
3 使徒2・39、42
4 詩147・19、20、ローマ9・4、エフェソ4・11、12、マルコ16・15、16
5 ヨハネ6・37

問[64] 目に見えない教会《ズィ・インヴィズブル・チャーチ》とは何ですか。

答 目に見えない教会とは、過去・現在・未来を通じて、頭なるキリスト《クライス・ザ・ヘッド》のもとに一つに集められた《ギャザード》、選びの民全員《ザ・ホウル・ナムバー・オヴ・ズィ・イレクト》のことです。[1]

1 エフェソ1・10、22、23、ヨハネ10・16、11・52

問[65] 目に見えない教会の会員は、どのような特別の益《ベネフィッツ》をキリストによって享受《インジョイ》しますか。

答　目に見えない教会の会員は、恵みと栄光における、キリストとの結合《ユニオン》と交わり《カミュニオン》を、かれによって享受します。[1]

1　ヨハネ17・21、エフェソ2・5、6、ヨハネ17・24

問[66]　選びの民《ズィ・イレクト》がキリストともつ結合《ユニオン》とは、どのようなものですか。

答　選びの民がキリストともつ結合とは、それによって選びの民が、霊的《スピリチュアリィ》かつ神秘的《ミスティカリィ》に、しかし《イエット》それでも現実的《リアリィ》で不可分《インセパラブリィ》に、かれらの頭《ヘッド》であり夫であるキリスト[1]に結び合わされる《ジョインド》、そのような神の恵み《ゴッズ・グレイス》の御業《ザ・ワーク》です[2]――それは《ホウィッチ》、かれらの有効召命《イフェクチュアル・コーリング》においてなされます。[3]

1　Ⅰコリント6・17、ヨハネ10・28、エフェソ5・23、30
2　エフェソ1・22、2・6～8
3　Ⅰペトロ5・10、Ⅰコリント1・9

問[67]　有効召命《イフェクチュアル・コーリング》とは何ですか。

答　有効召命とは、〔第一に〕それによって神が、かれの選びの民への無償《フリー》の特別な《イスペッシャル》愛から、かれらの内にはかれにそうさせるものが何もないのに、[1]自らがよしとなさるとき《イン・ヒズ・アクセプティド・タイム》、かれの言葉と霊により、かれらをイエス・キリストへと招《インヴァイト》き、引き寄せて《ドゥロー》、[2]かれらの思い《マインド》を救いにいたるように《セイヴィングリィ》照らし《インライトニング》、[3]また、かれらの意志《ウィルズ》を新たにし《リニューイング》、力強く《パウアフリィ》決定し《ディターミニング》、[4]〔第二に〕かくして、かれらは自分たち自身では罪の内に死んでいても、これによってかれの召命に進んで自由に《フリーリィ》こたえ《アンサー》、そこにおいて提供され《オファード》伝えられる《カンヴェイド》恵み《グレイス》を受け入れ《アクセプト》、深く受け止める《イムブレイス》ことができるようにしてくださる、[5]そのような、神の、全能《オールマイティ》の力と恵みによる御業《ザ・ワーク》です。[6]

1 テトス3・4、5、エフェソ2・4、5、7〜9、ローマ9・11
2 Ⅱコリント5・20を6・1、2と比較、ヨハネ6・44、Ⅱテサロニケ2・13、14
3 使徒26・18、Ⅰコリント2・10、12
4 エフェソ2・5、フィリピ2・13、申命30・6
5 エゼキエル11・19、36・26、27、ヨハネ6・45
6 ヨハネ5・25、エフェソ1・18〜20、Ⅱテモテ1・8、9

問[68] 選びの民《ズィ・イレクト》だけが、有効《イフェクチュアリィ》に召命される《コールド》のですか。

答 選びの民すべてが、そしてかれらだけが、有効に召命されます[1]——もっとも、それ以外の人々が、御言葉の宣教《ザ・ミニストリィ・オヴ・ザ・ワード》によって外的に《アウトワードリィ》召命され、[2]御霊の一般的な《カマン》働きの一部にあずかることは、ありえますし、現にしばしばそうなりますが、[3] しかしそのような人々《フール》は、かれらに提供《オファード》される恵みに対する故意の無視《ウィルフル・ニグレクト》と軽蔑《カンテムプト》のゆえに、当然《ジャストリィ》のことながら自らの不信仰《アンビリーフ》の内に取り残《レフト》されて、真《トゥルーリィ》にイエス・キリストのもとに行くことは決してありません。[4]

1 使徒13・48
2 マタイ22・14
3 マタイ7・22、22、13・20、21、ヘブライ6・4、5
4 ヨハネ12・38〜40、使徒28・25〜27、ヨハネ6・64、65、詩81・12、13〔81・11、12〕

問[69] 目に見えない教会《ズィ・インヴィザブル・チャーチ》の会員《メンバーズ》がキリストともつ、恵みにおける交わり《カミュニオン・イン・グレイス》とは、どのようなものですか。

答 目に見えない教会の会員がキリストともつ、恵みにおける交わりとは、かれらの義認《ジャスティフィケイション》[1]・養子とすること《アダプション》[2]・聖化《サンクティフィケイション》・その他、かれらのキリストとの結合《ユニオン》を表す、この世におけるすべてのこと、において、[3] かれらがかれの仲介《ミーディエイション》の効力《ヴァーチュー》にあずかる《パーティキング》ことです。

1 ローマ8・30
2 エフェソ1・5

3　Ⅰコリント1・30

問[70]　義認《ジャスティフィケイション》とは、何ですか。

答　義認とは、それによって神が、罪人《スィナーズ》の内になされた《ロート》、あるいはかれらによって行われた《ダン》いかなるもののゆえにでもなく、ただ、[1] 神によってかれらに転嫁され《イムピューティド》[2]、信仰によってのみ受け取られる《リスィーヴド》[3]、キリストの完全な《パーフェクト》従順《オウビーディアンス》と十分な《フル》償い《サティスファクション》のゆえにかれらのすべての罪を赦し《パードゥンス》、かれらの人格《パースンズ》を御前に義なる《ライチャス》ものとして受け入れ《アクセプトゥス》、認めてくださる《アカウントゥス》[4]、そのような、罪人に対する神の無償の恵み《フリー・グレイス》による意志決定《アン・アクト》です。[5]

1　テトス3・5、7、エフェソ1・7
2　ローマ5・17〜19、4・6〜8、
3　使徒10・43、ガラテヤ2・16、フィリピ3・9
4　Ⅱコリント5・19、21、ローマ3・22、24、25、27、28
5　ローマ3・23〜25、4・5

問[71]　義認は、どのようにして神の無償の恵み《フリー・グレイス》による意志決定なのですか。

答　キリストが、かれの従順と死により、義とされる者たちのために、神の正義《ジャスティス》に対して、ふさわしい《プラパー》、真実《リアル》の、十分《フル》な償い《サティスファクション》をされたのですが、[1] しかしそれでも神は、かれらに要求することもありえたその償いを保証人《ア・シュアティ》から受けることにし、しかも御自身の独り子《オウンリィ・サン》をこの保証人としてお与えになり《プラヴァイド》、[2] かくしてかれ〔独り子〕の義をかれらに転嫁《イムピューティング》し、[3] かれらからはその義認のために、これも神の《ヒズ》賜物《ギフト》である[4]信仰以外には何もお求め《リクワイアリング》にならないので、[5] かれらの義認は、かれらにとっては、無償の恵み《フリー・グレイス》によるのです。[6]

1 ローマ5・8〜10、19
2 Iテモテ2・5、6、ヘブライ10・10、マタイ20・28、ダニエル9・24、26、イザヤ53・4〜6、10〜12、ヘブライ7・22、ローマ8・32、Iペトロ1・18、19
3 IIコリント5・21
4 エフェソ2・8
5 ローマ3・24、25
6 エフェソ1・7

問[72] 義とする信仰《ジャスティファイング・フェイス》とは何ですか。

答 義とする信仰とは、それによって罪人《ア・スィナー》が、自らの罪と悲惨《ミザリィ》について、また、自らをその失われた状態《ロスト・カンディション》から回復《リカヴァー》することは自分自身にも他のあらゆる被造物にも不可能であることについて、確信《カンヴィンスト》して、[1]〔第一に〕福音の約束が真理であることにただ単に同意《アセントゥス》するだけでなく、[2]〔第二に〕罪の赦し《パードゥン》のため、[3] また、かれの人格が神の御前に義なるもの《ライチャス》として受け入れられ、認められて救われるために、[4] 福音において提示されている《ヘルド・フォース》キリストとかれの義を受け取り《リスィーヴス》、それらに依り頼む《レステス・アポン》ようになる、そのような、神の霊[5]と言葉[6]により罪人の心の内で働く《ロート》、救いに導く霊的賜物《ア・セイヴィング・グレイス》です。[7]

1 使徒2・37、16・30、ヨハネ16・8、9、ローマ5・6、エフェソ2・1、使徒4・12
2 エフェソ1・13
3 ヨハネ1・12、使徒16・31、10・43
4 フィリピ3・9、使徒15・11
5 Ⅱコリント4・13、エフェソ1・17～19
6 ローマ10・14、17
7 ヘブライ10・39

問[73] 信仰は、どのようにして罪人《ア・スィナー》を神の御前で義とする《ジャスティファイ》のですか。

答 信仰は、それに常に伴う他のさまざまな霊的賜物《グレイスィズ》や、その〔信仰の〕実《フルーツ》である善い行い《グッド・ワークス》のゆえにでも、[1] また、信仰という霊的賜物《グレイス》や信仰による何らかの行為《アクト》が、かれの義認のためにかれに転嫁される《イムピューティド》からでもなく、[2] ただ、それが、罪人がキリストとかれの義《ライチャスネス》を受け取り、適用する《アプライス》手段であるゆえに、罪人を神の御前で義とするのです。[3]

1　ガラテヤ3・11、ローマ3・28
2　ローマ4・5を10・10と比較
3　ヨハネ1・12、フィリピ3・9、ガラテヤ2・16

問[74]　養子とすること《（アダプション）》とは、何ですか。

答　養子とすることとは、それによって《（ホウエアバイ）》、義とされた者たちすべてが、〔第一に〕神の子たちの数に入れられ、[1]〔第二に〕かれの御名をその上に記され、[2]〔第三に〕かれの御子の霊を与えられ、[3]〔第四に〕かれの父としての《（ファーザリィ）》配慮《（ケア）》と取り扱い《（ディスペンセイションズ）》のもとに置かれ、[4]〔第五に〕神の子たちのすべての自由《（リバティーズ）》と特権《（プリヴァリッジズ）》を認められ《（アドミッティド）》、〔第六に〕すべての約束《（ザ・プラミスイズ）》の相続人《（エアズ）》、しかも栄光のキリスト《（クライスト・イン・グローリィ）》と共同の相続人《（フェロー・エアズ）》とされる、[5]そのような、神の独り子イエス・キリストにおける《（イン）》、また、かれゆえの《（フォー）》、[6]神の無償の恵み《（フリー・グレイス）》による意志決定《（アクト）》です。[7]

1　ヨハネ1・12
2　Ⅱコリント6・18、黙示3・12

3 ガラテヤ4・6
4 詩103・13、箴14・26、マタイ6・32
5 ヘブライ6・12、ローマ8・17
6 エフェソ1・5、ガラテヤ4・4、5
7 Ｉヨハネ3・1

問[75] 聖化《サンクティフィケイション》とは、何ですか。

答 聖化とは、それによって《ホウェアバイ》、神が世界の基《ファウンデイション》が置かれる前から聖となる《ビー・ホウリィ》ように選んでおられた《ハス・チョウズン》者たちが、時いたって《イン・タイム》、キリストの死と復活をかれらに適用する《アプライング》[1]神の霊の力強い働き《アバレイション》により、[2]神のかたち《イミジ・オヴ・ゴッド》に従って全人《ホウル・マン》を新たにされ《リニュード》[3]、かくして、命にいたる悔い改め《リペンタンス・アントゥ・ライフ》と、他の救いに導く霊的賜物《セイヴィング・グレイスィズ》すべて、との種《スィーズ》をかれらの心の中に入れられ、[4]また、かれらがますます罪に死に、新しい命《ニューネス・オヴ・ライフ》に生きるよう、[5]それらの霊的賜物《グレイスィズ》が、かきたてられ《スタード・アップ》、増し加えられ《インクリースト》、強められていく《ストレンクスンド》[6]、そのような、神の恵みの御業《ア・ワーク・オヴ・ゴッド・グレイス》です。

1 ローマ6・4〜6
2 エフェソ1・4、Ｉコリント6・11、Ⅱテサロニケ2・13

3 エフェソ4・23、24
4 使徒11・18、Ⅰヨハネ3・9
5 ローマ6・4、6、14、ガラテヤ5・24
6 ユダ20、ヘブライ6・11、12、エフェソ3・16～19、コロサイ1・10、11

問[76] 命にいたる悔い改め《リペンタンス・アントゥ・ライフ》とは、何ですか。

答 命にいたる悔い改めとは、それによって《ホウェアバイ》、罪人《ア・スィナー》が、自分のもろもろの罪の危険性《デインジャー》[1]ばかりでなく、その汚らわしさ《フィルスネス》といまわしさ《オウディアスネス》[2]とを見《サイト》、感じ《センス》、また悔いている者《ペニタント》へのキリストにおける神の憐れみ《マースィー》を認識して《アプリヘンション》[3]、自分の罪を深く悲しみ《グリーヴズ》[4]、憎んで《ヘイツ》[5]、それら、すべての罪から離れて神に立ち帰り《ターン》[6]、新しい従順《オウビーディアンス》のすべての道において絶えず《カンスタントリィ》かれと共に歩むことを決意し《パーパスィング》、そう努める《インデヴァリング》[7]ようになる、そのような、神の霊[8]と言葉[9]によって罪人の心の内に働く《ロート》、救いに導く霊的賜物《ア・セイヴィング・グレイス》[10]です。

1 エゼキエル18・28、30、32、ルカ15・17、18、ホセア2・8、9〔2・6、7〕
2 エゼキエル36・31、イザヤ30・22
3 ヨエル2・12、13
4 エレミヤ31・18、19
5 Ⅱコリント7・11

6 使徒26・18、エゼキエル14・6、列王上8・47、48
7 詩119・6、59、128、ルカ1・6、列王下23・25
8 ゼカリヤ12・10
9 使徒11・18、20、21
10 Ⅱテモテ2・25

問[77] 義認《ジャスティフィケイション》と聖化《サンクティフィケイション》は、どのような点で《ホウェアイン》異なって《ディファー》いますか。

答 聖化は、義認と密接不可分に《インセパラブリィ》結び合わされて《ジョインド》いますが、[1] しかし両者は、次のような点で異なっています——すなわち、〔第一に〕義認においては、神がキリストの義を転嫁する《イムピューテス》のに対し、[2] 聖化においては、神の霊が恵みを注ぎ入れ《インフューゼス》、恵みの働きを可能にし、[3] また〔第二に〕、前者においては罪が赦され《パードゥン》、[4] 後者においては罪が従えられ、[5]〔第三に〕、前者は、すべての信者《ビリーヴァーズ》を一様に《イークワリィ》神の報復の怒り《リヴェンジング・ラス》から解放し《フリー》、しかもこの世で完全に《パーフェクトリィ》そうするため、かれらは決して断罪《カンデムネイション》に陥ることはありません[6]が、しかし後者は、すべての信者において一様ではなく、[7] また、この世では、いかなる信者においても完全でなく、[8] ただ完全性《パーフェクション》に向かって成長《グロウイング》していくだけです。[9]

1 Ⅰコリント6・11、1・30

2 ローマ4・6、8
3 エゼキエル36・27
4 ローマ3・24、25
5 ローマ6・6、14
6 ローマ8・33、34
7 Iヨハネ2・12～14、ヘブライ5・12～14
8 Iヨハネ1・8、10
9 IIコリント7・1、フィリピ3・12～14

問[78] 信者《ビリーヴァーズ》たちにおける聖化の不完全《イムパーフェクション》さは、どこから起《アライゼス》こってくるのですか。

答 信者における聖化の不完全さは、かれらのあらゆる部分に残っている罪の残滓《レムナンツ》と、霊《ザ・スピット》に逆らう肉《ザ・フレッシュ》の、不断《パーペチュアル》の欲情《ラスティング》とから起こってきます——それらによってかれらは、しばしば誘惑《テムプテイションズ》に負け《フォイルド》て多くの罪に陥り[1]、かれらの霊的奉仕《スピリチュアル・サーヴィスイズ》すべてにおいて妨げ《ヒンダード》られ[2]、かれらの最善の行い《ワークス》さえも、神の御前には不完全で、汚れた《ディファイルド》ものとなるのです[3]。

1 ローマ7・18、23、マルコ14・66～72、ガラテヤ2・11、12
2 ヘブライ12・1

3　イザヤ64・5〔64・6〕、出エジプト28・38

問[79]　真の信者《トゥルー・ビリーヴァーズ》たちが、かれらの不完全性《イムパーフェクションズ》や、かれらが襲われる多くの誘惑と罪のゆえに、恵みの状態《ザ・ステイト・オヴ・グレイス》から落ちてしまう《フォール・アウト》ことはありませんか。

答　真の信者たちは、〔第一に〕神の不変《アンチェインジャブル》の愛と[1]、〔第二に〕堅忍《パースィヴィアランス》[2]・かれらのキリストとの不可分な結合《インセパラブル・ユニオン》[3]・かれらのためのキリストの絶えざる《カンティニュアル》執り成し《インターセッション》[4]・かれらの内に留まる《アバイディング》神の霊と種《ザ・スピリット・アンド・スィード・オヴ・ゴッド》をかれらに与えるという神の聖定と契約《ヒズ・ディクリィ・アンド・カヴェナント》[5]、のゆえに、恵みの状態から全面的に《トウタリィ》落ちてしまうことも、最終的に《ファイナリィ》落ちてしまうこともありえず[6]、かえって信仰をとおして、救いにいたるまで、神の力によって守られて《ケプト》います[7]。

1　エレミヤ31・3
2　Ⅱテモテ2・19、ヘブライ13・20、21、サムエル下23・5
3　Ⅰコリント1・8、9
4　ヘブライ7・25、ルカ22・32
5　Ⅰヨハネ3・9、2・27
6　エレミヤ32・40、ヨハネ10・28
7　Ⅰペトロ1・5

問[80] 真の信者たちは、自分たちが恵みの状態《ズィ・イステイト・オヴ・グレイス》にあること、そして救いにいたるまでその状態で堅忍《パースィヴィア》することを、誤りなく《インファラブリィ》確信できますか《キャン・ビー・アシュアド》。

答 真にキリストを信じ、キリストの御前に全き良心《グッド・カンシャンス》をもって歩もうと努めている者たちは、[1]特別な啓示《イクストローディナリィ・レヴァレイション》がなくても、〔第一に〕神の約束《プラミスィズ》の真実《トゥルース》に基づく信仰と、〔第二に〕それに対して命の約束《ザ・プラミスィズ・オヴ・ライフ》がなされているそうした《ゾウズ》霊的賜物《グレイスィズ》を、かれらが自分たち自身の内に識別《ディサーン》できるように[2]し、また、かれらが神の子であることをかれらの霊《スピリッツ》と共に証言をなさる《ベアリング・ウィットネス》[3]御霊とにより、自分たちが恵みの状態にあり、救いにいたるまでその状態で堅忍することを、誤りなく確信できます《メイ・ビー・アシュアド》。[4]

1 Iヨハネ2・3
2 Iコリント2・12、Iヨハネ3・14、18、19、21、24、4・13、16、ヘブライ6・11、12
3 ローマ8・16
4 Iヨハネ5・13

問[81] すべての真の信者たちは、自分たちが今恵みの状態にあることと、自分たちがやがて救われることを、いつでも《オール・タイムズ》確信していますか。

答 恵みと救いについての確信《アシュアランス》は、信仰の本質《エッセンス》に属するものではないので、[1]真の信者たちも、それを得るのに長い間待ったり、[2] それを享受《インジョイメント》した後にも、種々《マニフォウルド》の心身の不調《ディステンパーズ》・罪・誘惑・〔神による〕一時的見放し《ディザーションズ》、により、それが弱められ《ウィークンド》たり、とぎれさせられ《インターミッテッド》たりすることがあります[3]——しかしそれでもかれらは、かれらが完全な《アター》絶望《ディスペア》に沈んで《スインキング》しまわないようにする神の霊の臨在《プレザンス》と支え《サポート》がないままに放置される《レフト》ことは決してありません。[4]

1　エフェソ1・13
2　イザヤ50・10、詩88編
3　詩77・2~13〔77・1~12〕、雅5・2、3、6、詩51・10、14〔51・8、12〕、31・23〔31・22〕、22・2〔22・1〕
4　Ⅰヨハネ3・9、ヨブ13・15、詩73・15、23、イザヤ54・7~10

問[82]　目に見えない教会《ズィ・インヴィザブル・チャーチ》の会員たち《メムバーズ》がキリストともつ、栄光における交わり《カミュニオン・イン・グローリィ》とは、どのようなものですか。

答　目に見えない教会の会員たちがキリストともつ、栄光における交わり《カミュニオン・イン・グローリィ》とは、この世において《イン・ズィス・ライフ》、[1] また死後《アフター・デス》直ちに、[2] 存在し、最後に、復活《レザレクション》と審判の日《ザ・デイ・オヴ・ジャジメント》に完成される《パーフェクティド》ものです。[3]

1　Ⅱコリント3・18

2　ルカ23・43
3　Ｉテサロニケ4・17

問[83]　目に見えない教会の会員たちがこの世において享受する、キリストとの栄光における交わりとは、どのようなものですか。

答　目に見えない教会の会員たちは、この世において、次のようにして、キリストと共にもつ栄光の初穂《ファースト・フルーツ》を授けられます《ハヴ・カミュニケイティド》――〔第一に〕すなわち、かれらは、頭《かしら》であるキリストの部分《メムバーズ》であり、それゆえ、かれにあって、かれが完全に《フリー》所有している栄光にあずかるものとされて《インタレスティド》おり、[1]〔第二に〕その保証《アーネスト》として、神の愛に対する自覚《センス》[2]・良心の平和《ピース・オヴ・カンシャンス》・聖霊による喜び・栄光の希望を享受します[3]――これとは反対に、神の報復の怒り《リヴェンジング・ラス》に対する自覚《センス》・良心のおびえ《ホラー》・審判《ジャジメント》の恐ろしい予感《フィアフル・イクスペクテイション》が、悪人たちにとっては、死後に味わう《インデュア》苦しみ《トーメンツ》の始まり《ビギニング》です。[4]

1　エフェソ2・5、6
2　ローマ5・5をⅡコリント1・22と比較
3　ローマ5・1、2、14・17
4　創世4・13、マタイ27・4、ヘブライ10・27、ローマ2・9、マルコ9・44

問[84] すべての人《メン》が死ぬのですか。

答 死が罪の報酬《ウェイジズ》として警告《スレットゥン》されていながら、[1] すべての人が罪を犯《ハヴ・スィンド》しているため、[2] 一度死ぬことがすべての人に定められて《アポインティド》[3]います。

1 ローマ6・23
2 ローマ5・12
3 ヘブライ9・27

問[85] 死が罪の報酬であれば、義人たち《ザ・ライチャス》は、かれらのすべての罪がキリストにあって赦され《フォーギヴン》ているのに、なぜ死から救い出され《ディリヴァード》ないのですか。

答 義人たちは、終わりの日に死そのものから救い出されますが、しかし、〔この世での〕死においてさえ、死のとげ《スティング》と呪い《カース》からは救い出されています[1]——それゆえ、かれらは死にはしますが、しかしそれでも、かれらを罪《スィン》と悲惨《ミザリイ》から完全《パーフェクトリィ》に解放《フリー》すること、[2] そして、死のときに入る、栄光におけるキリストとのいっそうの交わり《カミュニオン》をかれらに可能にさせることは、[3] 神の愛から出るのです。[4]

1 Iコリント15・26、56、ヘブライ2・15

2　黙示14・13、エフェソ5・27
3　ルカ23・43、フィリピ1・23
4　イザヤ57・1、2、列王下22・20

問[86]　目に見えない教会《スィ・インヴィザブル・チャーチ》の会員が死後直ちに享受する《インジョイ》、キリストとの栄光における交わりとは、どのようなものですか。

答　目に見えない教会の会員たちが死後直ちに享受する、キリストとの栄光における交わりとは、かれらの魂《ソウルズ》が、そのとき聖性《ホウリネス》において完全《パーフェクト》にされて、[1] いと高き天《ザ・ハイエスト・ヘヴンズ》に受け入れられ、[2] そこで光と栄光の内に神の御顔を見つつ、[3] かれらの体——それは、死においてもキリストに結合された《ユナイティド》まま、[4] 終わりの日に再びかれらの魂に結合されるまで、[5] 寝床《ベッズ》にあるようにかれらの墓《グレイヴズ》の中で休んで《レスト》います[6]——の完全な贖い《フル・リデムプション》を待つこと[7]にあります——これに対して《ホウェアアズ》、悪人たち《ザ・ウィキッド》の魂は、死のとき地獄《ヘル》に投げ込まれ、そこで苦しみ《トーメンツ》と完全な暗闇《アター・ダークネス》の中に留まり《リメイン》、かれらの体は、大いなる日《ザ・グレイト・デイ》の復活と審判《ジャジメント》まで、牢獄《プリズンズ》にあるように、その墓《グレイヴズ》の中に閉じ込められ《ケプト・イン》ています。[8]

1　ヘブライ12・23
2　Ⅱコリント5・1、6、8、フィリピ1・23を使徒3・21、エフェソ4・10と比較

3 Ｉヨハネ3・2、Ｉコリント13・12
4 Ｉテサロニケ4・14
5 ヨブ19・26、27
6 イザヤ57・2
7 ローマ8・23、詩16・9
8 ルカ16・23、24、使徒1・25、ユダ6、7

問[87] わたしたちは、復活《ザ・レザレクション》について何を信じなければなりませんか。

答 わたしたちは、〔第一に〕終わりの日に、正しい者たちと正しくない者たち《ザ・ジャスト・アンド・アンジャスト》両方の、死者たち《ザ・デッド》の全般的《ジェネラル》復活があり、[1]〔第二に〕そのとき、生きている者たちは一瞬にして《イン・ア・モウメント》変えられ《チェインジド》、また〔第三に〕墓の中に置かれていた死者たちの、生前とまったく同一の《ザ・セルフ・セイム》体は、そのとき再びかれらの魂に永久に結合されて《ユナイティド》、キリストの力によってよみがえらされ《レイズド・アップ》、[2]〔第四に〕正しい者たちの体は、キリストの霊により、また、かれらの頭《かしら》なるキリストの復活の効力《ヴァーチュー》により、力強いもの、霊的なもの、腐敗しない《インカラプティブル》ものによみがえらされ《レイズド》、キリストの栄光ある《グローリアス》体に似たもの《ライク・トゥ》とされ、[3]〔第五に〕悪人たち《ザ・ウィキッド》の体は、怒った《アフェンディング》審判者《ジャッジ》であるキリストにより、恥辱《ディスオナー》の内によみがえらされる《レイズド・アップ》ことを、[4] 信じなければなりません。

1 使徒24・15
2 Ⅰコリント15・51～53、Ⅰテサロニケ4・15～17、ヨハネ5・28、29
3 Ⅰコリント15・21～23、42～44、フィリピ3・21
4 ヨハネ5・27～29、マタイ25・33

問[88] 復活ののち直ちに、何が続《フォロー》きますか。

答 復活ののち直ちに、天使と人間に対する全般的《ジェネラル》で最後《ファイナル》の審判《ジャッジメント》が続きます[1]——しかし、すべての人が目を覚まして《ウォッチ》祈り、常に主の来臨《ザ・カミング》に備えて《レディ》いるように、その日、その時は、だれも知りません。[2]

1 Ⅱペトロ2・4、ユダ6、7、14、15、マタイ25・46
2 マタイ24・36、42、44、ルカ21・35、36

問[89] 審判の日《ザ・デイ・オヴ・ジャッジメント》に、悪人たち《ザ・ウィキッド》に対しては何が行われますか。

答 裁きの日に、悪人たちは、〔第一に〕キリストの左側に置かれ、[1] 明瞭な《クリア》証拠《エヴァダンス》と、かれら自身の良心の十分な《フル》納得《カンヴィクション》に基づき、[2] 恐ろしい《フィアフル》が、しかし正当な《ジャスト》、有罪《カンデムネイション》の判決《センテンス》を宣告され《プラナウンスト》、[3]〔第二に〕そこで直ちに、神の愛顧に満ちた《フェイヴァラブル》御前《プレザンス》と、キリスト・キリストの聖徒たち《セインツ》・およびキリストのすべての聖い天使たちとの、栄光ある交流《フェロシップ》から追放されて《カースト・アウト》、地獄に投げ込まれ、悪魔《ザ・デヴィル》とかれの天使たち《エインジェルズ》と共に、永遠に、体と魂両方の、言語に絶する《アンスピーカブル》苦しみ《トーメンツ》をもって罰せられます《パニッシュト》。[4]

1 マタイ25・33
2 ローマ2・15、16
3 マタイ25・41〜43
4 ルカ16・26、Ⅱテサロニケ1・8、9

問[90] 審判の日に、義人たち《ザ・ライチャス》に対しては何が行われますか。

答 審判の日に、義人たちは、〔第一に〕雲に包まれてキリストのもとに引き上げられて、[1] キリストの右側に置かれ、そこで〔キリストのものとして〕公《オウプンリイ》に認められ《アクナリジド》、無罪とされ《アクウィティド》、[2]〔第二に〕棄却された《レプロベイト》天使たちと人々に対する審判《ジャッジング》にキリストと共に加わり、[3] そして天に受け入れられ《リスィーヴド》、[4]〔第三に〕そこで、あらゆる罪と悲惨とから完全《フリイ》に、また永遠《フォ・エヴァ》に解放され《フリード》、[5] 思いも及ばぬ《アンカンスィーヴァブル》喜び《ジョイズ》に満たされ、[6] また、無数の《イニューマラブル》聖徒たち《セインツ》と聖い天使たちの間で、[7] しかし特に、父なる神とわたしたちの主イエス・キリストと聖霊を、まったくの永遠に《トゥ・オール・イタニティ》、直接に見《ヴィジョン》、喜びとする《フルイッション》中で、[8] 体と魂の両方において完全に聖く《ホウリィ》され、幸せ《ハッピー》にされます ―― そしてこれこそ、目に見えない教会の会員たちが、復活と審判の日に享受する、栄光におけるキリストとの、完全《パーフェクト》で十分《フル》な交わり《カミュニオン》です。

1　Ⅰテサロニケ4・17
2　マタイ25・33、10・32
3　Ⅰコリント6・2、3
4　マタイ25・34、46
5　エフェソ5・27、黙示14・13
6　詩16・11
7　ヘブライ12・22、23
8　Ⅰヨハネ3・2、Ⅰコリント13・12、Ⅰテサロニケ4・17、18

聖書《ザ・スクリプチャーズ》が主《プリンスィパリィ》に、神について何を信ずべきかをわたしたちに教えているところを見たので、次に、聖書が人間《マン》に義務《デューティ》として何を求めて《リクワイア》いるかを考察《カンスィダー》する。

問[91]　神が人間に求めておられる義務は、何ですか。
答　神が人間に求めておられる義務は、啓示された《リヴィールド》神の御心《ウィル》への従順《オウビーディアンス》です。1

1 ローマ12・1、2、ミカ6・8、サムエル上15・22

問[92] 神は人間に、その従順の規範《ルール》として、初《アト・ファースト》めに何を啓示《リヴィール》されましたか。

答 無罪《イナスンスィ》の状態《イステイト》のアダムと、アダムにあって全人類《オール・マンカインド》に啓示された従順の規範は、善悪の知識の木《ザ・トゥリー・オヴ・ザ・ナリッジ・オヴ・グッド・アンド・イーヴィル》の果実《ザ・フルート》を食べてはならないという特別な命令《カマンド》のほかには、道徳律法《ザ・モラル・ロー》でした。[1]

1 創世1・26、27、ローマ2・14、15、10・5、創世2・17

問[93] 道徳律法《ザ・モラル・ロー》とは、何ですか。

答 道徳律法とは、〔第一に〕魂と体からなる全人《ホウル・マン》の外面《フレイム》と内面《ディスポズィション》において、[1] また、神と人間とに対して負っている、聖性《ホウリィネス》と義《ライチャスネス》のあらゆる義務《デューティーズ》を果たすことにおいて、[2] あらゆる人《エヴリィ・ワン》に、神の御心《ウィル》への、個人的《パースナル》で、完全《パーフェクト》で、不断《パーペチュアル》の服従《カンフォーミティ》と従順を命じ、義務づけ、〔第二に〕それ〔道徳律法〕を果たせば《フルフィリング》命を与えると約束し、破れば死を報いると威嚇《スレトニング》する、[3] そのような、人類《マンカインド》に対する神の御心の明示《ディクラレイション》です。

1　申命5・1、2、3、32、33、ルカ10・26、27、ガラテヤ3・10、Iテサロニケ5・23
2　ルカ1・75、使徒24・16
3　ローマ10・5、ガラテヤ3・10、12

問[94]　堕落《ザ・フォール》以後も、人間に対して道徳律法の効用《ユース》は何かありますか。

答　堕落以後、人間はだれも道徳律法によって義《ライチャスネス》と命《ライフ》に到達することはできませんが、[1] しかしそれでも道徳律法には、すべての人間に共通する大きな効用があるだけではなく、再生していない人々《ズィ・アンリジェナリット》と再生している人々《ザ・リジェナリット》、それぞれに特有《ペキュリア》の大きな効用があります。[2]

1　ローマ8・3、ガラテヤ2・16
2　Iテモテ1・8

問[95]　道徳律法は、すべての人間《オール・メン》に対して、どのような効用がありますか。

答　道徳律法は、〔第一に〕すべての人間に、神の聖い性質と御心について、[1] および、それに従って歩むようかれらを拘束《バインディング》する義務について教える《インフォーム》[2]のに、また〔第二に〕、かれらに、自分たちがそれを守りえないことと、自分たちの本性《ネイチャー》・心《ハーツ》・生活《ライヴズ》が罪に汚れている《スィンフル・ポルーション》ことを悟らせる《カンヴィンス》のに、[3]〔第三に〕自分たちの罪と悲惨を自覚して謙虚《ハムブル》になるようにさせ、[4]それによってかれらが、キリストを必要としていることと、[5]かれの従順の完全性《パーフェクション》とをいっそうよく見てとることができるようにさせるのに、[6]すべての人間に対して効用があります。

1 レビ11・44、45、20・7、8、ローマ7・12
2 ミカ6・8、ヤコブ2・10、11
3 詩19・12、13〔19・11、12〕、ローマ3・20、7・7
4 ローマ3・9、23
5 ガラテヤ3・21、22
6 ローマ10・4

問[96] 道徳律法は、再生していない人々《アンリジェナリット・メン》に対して、どのような固有《パティキュラー》の効用がありますか。

答 道徳律法は、再生していない人々に対して、〔第一に〕来るべき怒りから逃れるようにかれらの良心《カンシャンスィズ》を目覚めさせ《アウェイク》、[1]かれらをキリストへと駆り立てる《ドライヴ》のに、[2]あるいは〔第二に〕、かれらが罪の状態《イステイト》と習慣《ウエイ》を継続する《カンティニュアンス》場合には、かれらを言い逃れができない《イネクセキューザブル》ものとし、[3]その〔道徳律法の〕呪い《カース》のもとに放置する《リーヴ》のに、[4]効用があります。

1 Iテモテ1・9、10
2 ガラテヤ3・24
3 ローマ1・20を2・15と比較
4 ガラテヤ3・10

問[97] 道徳律法は、再生している人々《ザ・リジェナリット》に対して、どのような特別《スペシャル》の効用がありますか。

答 再生し、キリストを信じている者たちは、行いの契約《ア・カヴェナント・オヴ・ワークス》としての道徳律法《ザ・モラル・ロー》から救い出されて《ディリヴァード》おり[1]、そのためそれによっては義とされる《ジャスティファイド》ことも[2]、罪に定められる《カンデムド》こともありませんが[3]、しかし、すべての人間とかれらに共通するその一般的効用《ジェネラル・ユース》のほかに、〔第一に〕かれらの代わりに《ステッド》、またかれらの幸い《グッド》のために、キリストがそれを成就し《フルフィリング》、その呪いを耐え忍んで《インデュアリング》くださったことに対して、かれらがどれほど多くをかれに負っている《バウンド》かをかれらに示し[4]、〔第二に〕それによってかれらをいっそうの感謝《サンクフルネス》へと駆り立て《プラヴォウク》[5]、かれらの従順の規範としての道徳律法に自分たち自身を服させる《カンフォーム》よういっそう心がけてその感謝の念を表すようにさせるのに[6]、道徳律法は特別の効用があります。

1 ローマ6・14、7・4、6、ガラテヤ4・4、5

2 ローマ3・20
3 ガラテヤ5・23、ローマ8・1
4 ローマ7・24、25、ガラテヤ3・13、14、ローマ8・3、4
5 ルカ1・68、69、74、75、コロサイ1・12～14
6 ローマ7・22、12・2、テトス2・11～14

問[98] 道徳律法は、どこに要約《サマリリイ》して含《カムプリヘンディド》まれていますか。

答 道徳律法は、十戒《ザ・テン・カマンドメンツ》の中に要約して含まれていますが、それらは、シナイ山の上で神の声によって述《ディリヴァード》べられ、二枚の石の板《テイブルズ》に神によって記《リットゥン》され、[1] 出エジプト記二〇章に記録《リコーデイド》されています——その初めの四つの戒めは、神に対するわたしたちの義務《デューティ》を、残りの六つは、人間に対するわたしたちの義務を含《カンティニング》んでいます。[2]

1 申命10・4、出エジプト34・1～4
2 マタイ22・37～40

問[99] 十戒の正しい《ライト》理解《アンダースタンディング》のためには、どのような規則《ルールズ》が遵守《オヴザーヴド》されなければなりませんか。

答　十戒の正しい理解のためには、以下の規則が遵守されなければなりません。

［1］　律法は完全であり、その義しさ《ライチャスネス》に全　人《ホウル・マン》あげての完全な服従《フル・カンファーミティ》と、全面的な従順《インタイア・オウビーディアンス》を示すよう、いつの時代も《フォー・エヴァー》あらゆる人《エヴリィ・ワン》を拘束する《バインドス》——したがって律法は、あらゆる義務の完璧な履行《アトモウスト・パーフェクション》を求め、また、あらゆる罪の最小のもの《ザ・リースト・ディグリー》をも禁じる。[1]

1　詩19・8〔19・7〕、ヤコブ2・10、マタイ5・21～48

［2］　律法は霊的なものである——したがって、言葉《ワーズ》・行い《ワークス》・ふるまい《ジェスチャーズ》だけでなく、理解力《アンダースタンディング》・意志《ウィル》・感情《アフェクションズ》・その他、魂《ザ・ソウル》のすべての能力《パウアズ》にかかわる《リーチス》。[1]

1　ローマ7・14、申命6・5をマタイ22・37～39と比較、マタイ5・21、22、27、28、36～48

［3］　まったく同一のことが、異なった《ダイヴァース》観点《リスペクツ》から、いくつかの戒めにおいて求められたり《リクワイアド》、禁じられたり《フォービドゥン》している。[1]

1　コロサイ3・5、アモス8・5、箴1・19、Ⅰテモテ6・10

［4］　義務が命じられている《カマンディド》場合には、反対の《カントラリィ》罪が禁じられており《フォービドゥン》[1]、罪が禁じられている場合には、反対の義務が命じられている[2]——同様に、約束《プラミス》が付け加えられている《アネックスト》場合には、反対の威　嚇《スレットニング》が

含《インクルーデイド》まれており、[3] 威嚇が付け加えられている場合には、反対の約束が含まれている。[4]

1 イザヤ58・13、申命6・13をマタイ4・9、10と比較、マタイ15・4〜6
2 マタイ5・21〜25、エフェソ4・28
3 出エジプト20・12を箴30・17と比較
4 エレミヤ18・7、8、出エジプト20・7を詩15・1、4、5、24・4、5と比較

［5］ 神が禁じておられることは、いかなるときにも、なされてはならず、[1] また、神が命じておられることは、常にわたしたちの義務であるが、[2] しかしそれでも、あらゆる《エヴリィ》特定の《パティキュラー》義務が、いつでもなされなければならないというわけではない。[3]

1 ヨブ13・7、8、ローマ3・8、ヨブ36・21、ヘブライ11・25
2 申命4・8、9
3 マタイ12・7

［6］ 一つの罪あるいは義務のもとに、同じ種類のすべてのことが、それらの、あらゆる原因《コーズイズ》・手段《ミーンズ》・機会《アケイジョンズ》・様相《アピアランスィズ》、およびそれへの誘因《プラヴォケイションズ》共々、禁じられ、あるいは命じられている。[1]

1 マタイ5・21、22、27、28、15・4〜6、ヘブライ10・24、25、Ⅰテサロニケ5・22、ユダ23、ガ

ラテヤ5・26、コロサイ3・21

[7] わたしたち自身に対して禁じられ、あるいは命じられていることは、他《た》の人々によっても、かれらが置かれた立場《プレイスィズ》の義務に応じて、避けられ《アヴォイディド》、あるいは果たされる《パフォームド》ように、わたしたちは自分が置かれた立場に応じて努力《インデヴァー》しなければならない。1

1 出エジプト20・10、レビ19・17、創世18・19、ヨシュア24・15、申命6・6、7

[8] 他《た》の人々に命じられていることについては、わたしたちは、自分が置かれた立場と召し《コーリングス》に応じて、かれらの助けとならなければならず、1 他の人々に禁じられていることについては、かれらに加わら《パーテイキング・ウィズ》ないように注意し《テイク・ヒード・オヴ》なければならない。2

1 IIコリント1・24

2 Iテモテ5・22、エフェソ5・11

問[100] わたしたちは、十戒において、どのような特別《スペシャル》な事柄《スィングズ》を考察《カンスィダー》しなければなりませんか。

答 わたしたちは、十戒において、序文《プレフィス》、戒め自体の内容《サブスタンス》、そして、戒めを強化《インフォース》するためにいくつかの戒めに付け加え《アネックスト》られているそれぞれの理由《リーズンズ》、を考察しなければなりません。

問［101］　十戒の序文は、何ですか。

答　十戒の序文は、「我は汝の神エホバ〔主〕、汝をエジプトの地、その奴隷たる家より導き出《いだ》せし者なり」[1]という言葉に含まれています《（カンテインド）》――ここで《（ホウェアイン）》神は、〔第一に〕永遠・不　変《（イミュータブル）》・全能の神エホバ〔主〕であり、[2]自立自存でその存在を有し《（ハヴィング・ヒス・ビーイング・イン・アンド・オヴ・ヒムセルフ）》、[3]御自身のすべての言葉と[4]御業を[5]生み出す者《（ギヴィング・ビーイング）》として、自らの主　権《（サヴァランティ）》を明らかにし、また〔第二に〕御自身が、昔のイスラエルとそうであったように、かれの民《（ピープル）》すべてと契約関係にある《（イン・カヴェナント）》神であり、[6]かくしてイスラエルをエジプトにおける奴隷状態《（バンディッジ）》から導き出した《（ブロート・アウト）》ように、わたしたちをその霊的隷属状態《（スロールダム）》から救い出されること、[7]そして〔第三に〕それゆえに、わたしたちがかれを、わたしたちの唯一の神《（ゴッド・アロウン）》とし、かれのすべての戒　め《（カマンドメンツ）》を守ら《（キープ）》なければならないこと、[8]を明らかにしておられ《（マニフェステス）》ます。

1　出エジプト20・2
2　イザヤ44・6
3　出エジプト3・14
4　出エジプト6・3
5　使徒17・24、28
6　創世17・7をローマ3・29と比較

7　ルカ1・74、75
8　Ⅰペトロ1・15～18、レビ18・30、19・37

問[102]　神に対するわたしたちの義務を含む、四つの戒めの要点《サム》は、何ですか。
答　神に対するわたしたちの義務を含む、四つの戒めの要点は、心を尽くし、精神を尽くし、力を尽くし、思いを尽くして、わたしたちの神である主を愛することです[1]。
1　ルカ10・27

問[103]　第一戒は、どれですか。
答　第一戒は、「汝、わが顔の前に、我のほか何物をも神とすべからず[1]」です。
1　出エジプト20・3

問[104]　第一戒で求められている《リクワイアド》義務《デューティーズ》は、何ですか。
答　第一戒で求められている義務は、神が唯一《オウンリィ》の真《トゥルー》の神、またわたしたちの神であることを知り、認《アクナリジング》めること、[1] そしてそれにふさわしく《アコーディングリィ》神を礼拝し、神に栄光を帰す《グローリファイ》ことで、[2] それらは、次のようにしてなされます——すなわち〔第一に〕神を思い、[3] 黙想《メディテイティング》し、[4] 心に留《リメムバリング》め、[5] 高く評価《ハイリィ・イステイーミング》し、[6] 敬《オナリング》い、[7] たたえ《アドアリング》、[8] 選《チューズィング》び、[9] 愛《ラヴィング》し、[10] 慕《ディザイアリング》い、[11] 畏《フィアリング》れること、[12] 〔第二に〕神を信ずること、[13] 〔第三に〕神を信頼し、[14] 神にあって望み、[15] 喜び、[16] 楽しむこと、[17] 〔第四に〕神のために熱心《ゼラス》になること、[18] 〔第五に〕神を呼び求め《コーリング・アポン》ること、〔第六に〕神に対して、すべての讃美と感謝を向け《ギヴィング》、[19] 全人《ザ・ホウルマン》をもって、あらゆる従順《オウビーディアンス》と服従《サブミッション》をささげる《イールディング》こと、[20] 〔第七に〕すべてのことにおいて神を喜ばせるように心を配り、[21] いかなることにおいても神を怒らせる《アフェンド》ときは、悲しむこと、[22] そして〔第八に〕謙虚《ハムブリィ》に神と共に歩むこと、[23] によってです。

1 歴代上28・9、申命26・17、イザヤ43・10、エレミヤ14・22
2 詩95・6、7、マタイ4・10、詩29・2
3 マラキ3・16
4 詩63・7、〔63・6〕
5 コヘレト12・1
6 詩71・19
7 マラキ1・6
8 イザヤ45・23
9 ヨシュア24・15、22
10 申命6・5

11 詩73・25
12 イザヤ8・13
13 出エジプト14・31
14 イザヤ26・4
15 詩130・7
16 詩37・4
17 詩32・11
18 ローマ12・11を民数25・11と比較
19 フィリピ4・6
20 エレミヤ7・23、ヤコブ4・7
21 Ⅰヨハネ3・22
22 エレミヤ31・18、詩119・15〔58年版で136節に変更〕
23 ミカ6・8

問［105］ 第一戒で禁じられている《フォビッドゥン》罪《スインズ》は、何ですか。

答 第一戒で禁じられている罪は、〔第一に〕神を否定したり、あるいは神《ア・ゴッド》をもたない無神論《エイスィイズム》[1]、〔第二に〕ひとりより多くの神々や、真の神と一緒に、あるいはその代わりに、他の神を、もったり、礼拝する、偶像崇拝《アイドラトリィ》[2]、〔第三に〕真の神を神、またわたしたちの神として、もたず、承認《アヴァウチング》しないこと、[3]〔第四に〕この戒めにおいて求められている、神に対するいかなる義務であれ、それを怠ったり《オウミッション》無視したり《ニグレクト》すること、[4]〔第五に〕真の神についての無知・[5]忘却・[6]誤解《ミスアプリヘンション》[7]・誤った《フォールス》意見・[8]ふさわしくない悪い思い、[9]神が秘めておられる物事《ヒス・スィークレッツ》に対する、不遜《ボウルド》でもの好き《キュアリアス》なせんさく《サーチング》、[10]〔第六に〕いっさいの、冒瀆《プラフェインネス》[11]・神への憎悪・[12]自己愛・[13]自己追求・[14]そのほか、他のさまざまなものにわたしたちの知性《マインド》・意志・感情《アフェクションズ》を過度に節度なく向けて、それらを全面的、あるいは部分的に、神からそらせてしまういっさいのこと、[15]〔第七に〕空虚な《ヴェイン》軽信《クレデュリティ》[16]・不信仰《アンビリーフ》[17]・異端《ヘラスィ》[18]・誤信《ミスビリーフ》[19]・不信《ディストラスト》[20]・絶望[21]・性懲りのなさ《インコリジブルネス》[22]・審判《ジャッジメンツ》に対する無感覚《インセンスサブルネス》[23]・心の頑なさ《ハードネス》[24]・高慢[25]・驕り《プリザムプション》[26]・肉的なうぬぼれ《カーナル・セキュリティ》[27]・神を試すこと《テムプティング》[28]・不法な手段の使用[29]と合法的手段に頼り切ること《トラスティング・イン》[30]・肉的な喜び《ディライツ》と楽しみ《ジョイズ》、[31]〔第八に〕間違った《カラプト》、向こう見ず《ブラインド》で、無分別な《インディスクリート》熱心《ズィール》、[32]〔第九に〕神に関する事柄についてのなまぬるさ《ルークウォームネス》[33]と無気力《デッドネス》、[34]〔第十に〕神から離反《イストレインジング・アウアセルヴズ》し、背教《アパスタタイズィング》すること、[35]〔第十一に〕聖人たちや天使たち、あるいは何か他の被造物に向かって祈ったり、宗教的礼拝をささげること、[36]〔第十二に〕悪魔とのあらゆる同盟《カムパクツ》や相談《カンサルティング》、[37]および悪魔の誘い《サジェスチャンズ》に耳を傾けること《ハークニング》、[38]〔第十三に〕人間をわたしたちの信仰と良心の主《ローズ》とすること、[39]〔第十四に〕神とその命令《コマンズ》を侮辱し《スライティング》、軽蔑すること《ディスパイズィング》、[40]〔第十五に〕神の霊に反抗し《リズィスティング》、悲しませ《グリーヴィング》、[41]神の配剤《ディスペンセイションズ》に不満で我慢がならず、神がわたしたちに加えられる害《インフリクツ》悪《イーヴィルズ》に対し愚かにもかれを非難すること、[42]そして〔第十六に〕わたしたちがそうであったり、もっていたり、あるいはなすことができる、いかなる善《グッド》であれ、それを運《フォーチャン》[43]や偶像《アイドルズ》[44]や自分たち自身、[45]もしくは何か他の被造物《クリーチャー》[46]のおかげだとする《アスクライビング・トゥ》こと、です。

1　詩14・1、エフェソ2・12
2　エレミヤ2・27、28をⅠテサロニケ1・9と比較
3　詩81・12〔81・11〕
4　イザヤ43・22〜24
5　エレミヤ4・22、ホセア4・1、6
6　エレミヤ2・32
7　使徒17・23、29
8　イザヤ40・18
9　詩50・21
10　申命29・28〔29・29〕
11　テトス1・16、ヘブライ12・16
12　ローマ1・30
13　Ⅱテモテ3・2
14　フィリピ2・21
15　Ⅰヨハネ2・15、16、サムエル上2・29、コロサイ3・2、5
16　Ⅰヨハネ4・1
17　申命9・6、24、ヘブライ3・12
18　ガラテヤ5・20、テトス3・10

19 使徒26・9
20 詩78・22
21 創世4・13
22 エレミヤ5・3
23 イザヤ42・25
24 ローマ2・5
25 エレミヤ13・15
26 詩19・14〔19・13〕
27 ゼファニヤ1・12
28 マタイ4・7
29 ローマ3・8
30 エレミヤ17・5
31 Ⅱテモテ3・4
32 ガラテヤ4・17、ヨハネ16・2、ローマ10・2、ルカ9・54、55
33 黙示3・16
34 黙示3・1
35 エゼキエル14・5、イザヤ1・4、5
36 ローマ10・13、14、ホセア4・12、使徒10・25、26、黙示19・10、マタイ4・10、コロサイ2・18、ローマ1・25
37 レビ20・6、サムエル上28・7、11を歴代上10・13、14と比較

38 使徒5・3
39 Ⅱコリント1・24、マタイ23・9
40 申命32・15、サムエル下12・9、箴13・13
41 使徒7・51、エフェソ4・30
42 詩73・2、3、14、15、22、ヨブ1・22
43 サムエル上6・7～9
44 ダニエル5・23
45 申命8・17、ダニエル4・27〔4・30〕
46 ハバクク1・16

問[106] 第一戒の「わが顔の前に」という言葉によって、わたしたちは特に《イスペシャリィ》何を教えられていますか。

答 第一戒の「わが顔の前に」ないし「わが前に」という言葉はわたしたちに、〔第一に〕すべてのことを見ておられる神は、何かほかの神をもつという罪に特に目を留め、これを非常に不快に思われること、〔第二に〕したがってそのことが、その罪を思い止まらせ《ディスウェイド》、その罪を、神を怒らせる最も恥知らずなもの《ア・モウスト・イムピュダント・プラヴァケイション》として加重《アグラヴェイト》[1]しそしてまた、わたしたちが神奉仕《ヒズ・サーヴィス》で行うことは何事であれすべて、神の御前におけるものとして行うように説得する、論拠《アーギュメント》となりうること、[2]を教えています。

1　エゼキエル8・5〜18、詩44・21、22〔44・20、21〕
2　歴代上28・9

問[107]　第二戒は、どれですか。

答　第二戒は、「汝、己《おの》れのために、何《なに》の偶像をも彫《きざ》むべからず、また上《かみ》は天にあるもの、下《しも》は地にあるもの、ならびに地の下の水のなかにあるものの、何の形をも作るべからず、これを拝むべからず、これに仕《つこ》うべからず、われエホバ〔主〕汝の神は嫉《ねた》む神なれば、我をにくむ者にむかいては、父の罪を子に報いて三四代《さんよだい》に及ぼし、我を愛しわが戒めを守る者には恵みを施して千代《せんだい》にいたるなり」[1]です。

1　出エジプト20・4〜6

問[108]　第二戒で求められている《（リクワイアド）》義務《（デューティーズ）》は、何ですか。

答　第二戒で求められている義務は、〔第一に〕神がその御言葉において制定しておられる《（ハス・インスティテューティド）》宗教的礼拝と規定《（オーディナンスイズ）》をすべて受け入れ、遵守し、純粋かつ完全に保つこと、[1]特に、キリストの御名による祈りと感謝、[2]御言葉の朗読・説教・傾聴《（ヒアリング）》、[3]聖礼典の執行《（アドミニストレイション）》と受領《（リスィーヴィング）》、[4]教会政治《（チャーチ・ガヴァメント）》と規律《（ディスィプリン）》、[5]宣教職《（ミニストリー）》とその維持《（メインタナンス）》、[6]宗教的断食《（ファースティング）》、[7]神の御名による誓い《（スウェアリング）》[8]と神への誓願《（ヴァウイング）》、[9]などです——また同様に〔第二に〕、あらゆる偽《フォールス》りの礼拝を否認し、非難し、それに反対すること、[10] そして各自の立場《プレイス》と召《コーリング》しに応じて、それ〔偽りの礼拝〕と偶像崇拝《アイドラトリィ》のための彫像類《マニュメンツ》、すべてを取り除くことです。[11]

1 申命32・46、47、マタイ28・20、使徒2・42、Ⅰテモテ6・13、14
2 フィリピ4・6、エフェソ5・20
3 申命17・18、19、使徒15・21、Ⅱテモテ4・2、ヤコブ1・21、22、使徒10・33
4 マタイ28・19、Ⅰコリント11・23〜30
5 マタイ18・15〜17、16・19、Ⅰコリント5章、12・28
6 エフェソ4・11、12、Ⅰテモテ5・17、18、Ⅰコリント9・7〜15
7 ヨエル2・12、13、Ⅰコリント7・5
8 申命6・13
9 イザヤ19・21、詩76・12〔76・11〕
10 使徒17・16、17、詩16・4
11 申命7・5、イザヤ30・22

問[109] 第二戒で禁じられている罪は、何ですか。

答 第二戒で禁じられている罪は、〔第一に〕神御自身によって制定されたのではないいかなる宗教的礼拝であれ、すべて工夫《ディヴァイズィング》[1]・助言《カウンサリング》[2]・命令[3]・使用[4]・何らかのかたちでの是認《アプルーヴィング》、をすること、[5]〔第二に〕偽り《フォールス》の宗教に対して寛容である《トラレイティング》こと、[6]〔第三に〕神を、また三位一体の三位格すべて、あるいはその一つを、内的に《インワードリィ》わたしたちの頭の中《マインド》で、もしくは外的に《アウトワードリィ》、何らかの被造物の像《イミジ》あるいは似姿《ライクネス》に似せて、表象《レプリゼンテイション》すること、[7]〔第四に〕すべてそれを礼拝したり、[8]それにおいて、あるいはそれによって神を礼拝すること、[9]〔第五に〕架空《フェインド》の神々《ディーイティズ》を何らかのかたちで表象し、[10]すべてそうした神々を礼拝したり、あるいは、それらの神々に属する奉仕をしたりすること、[11]〔第六に〕わたしたち自身で作り上げ、採用したにせよ、[12]他《た》の人々から伝統《トラディション》によって受け継いだにせよ、[13]また、たとえ古さ《アンティクウィティ》・[14]習慣《カスタム》・[15]信心業《ディヴォウション》・[16]良い意図《グッド・インテント》・あるいは他のいかなる口実が名目にされるにせよ、[17]とにかく、神礼拝を腐敗さ《カラプティング》せ、[18]神礼拝に付加したり、それから削除する、[19]いっさいの迷信的な《スーパースティッシャス》工夫《ディヴァイスイズ》、[20]〔第七に〕聖職売買《スイモニィ》、[21]教会荒らし《サクラリッジ》、[22]〔第八に〕神が定めておられる《ハス・アポインティド》礼拝と規定に対する無視・[23]軽蔑・[24]妨害・[25]反対、[26]すべて、です。

1　民数15・39
2　申命13・7〜9〔13・6〜8〕
3　ホセア5・11、ミカ6・16
4　列王上12・33
5　申命12・30、31、13・1〔12・32〕
6　申命13・7〜13〔13・6〜12〕、ゼカリヤ13・2、3、黙示2・2、14、15、20、17・12、16、17

7 申命4・15〜19、使徒17・29、ローマ1・21〜23、25
8 ダニエル3・18、ガラテヤ4・8
9 出エジプト32・5
10 出エジプト32・8
11 列王上18・26、28、イザヤ65・11
12 詩106・39
13 マタイ15・9
14 Ⅰペトロ1・18
15 エレミヤ44・17
16 イザヤ65・3〜5、ガラテヤ1・13、14
17 サムエル上13・11、12、15・21
18 マラキ1・7、8、14
19 申命4・2
20 使徒17・22、コロサイ2・21〜23
21 使徒8・18
22 ローマ2・22、マラキ3・8
23 出エジプト4・24〜26
24 マタイ22・5、マラキ1・7、13
25 マタイ23・13
26 使徒13・44、45、Ⅰテサロニケ2・15、16

問[110]　第二戒をいっそう強化する《インフォース》ために付け加えられている《アネックスト》理由《リーズンズ》は、何ですか。

答　第二戒をいっそう強化するために付け加えられている理由は、「われエホバ〔主〕汝の神は嫉《ねた》む神なれば、我をにくむ者にむかいては、父の罪《イニクウィティ》を子に報いて三四代《さんよだい》に及ぼし、我を愛しわが戒めを守る者には恵みを施して千代《せんだい》にいたるなり」という言葉に含まれていて、[1] わたしたちに対する神の主権《サヴァランティ》と所有権《プラパティ》[2]のほかに、〔第一に〕御自身の礼拝に対する神の燃え立つ《ファーヴァント》熱情《ズィール》[3]と、あらゆる偽りの礼拝に対し、霊的売春《ホアダム》として、報復しようとする神の憤《インディグネイション》り[4]、〔第二に〕この戒めを破る者を神を憎む者とみなし、かれらを幾《ダイヴァース》世代にもわたり罰すると威嚇《スレットニング》すること、[5] また〔第三に〕この戒めを遵守する者を神を愛し、神の戒めを守る者と評価《イスティーミング》し、かれらに対し何代《メニィ》までも憐《マースィー》れみを約束すること、です。[6]

1　出エジプト20・5、6
2　詩45・12〔45・11〕、黙示15・3、4
3　出エジプト34・13、14
4　Ｉコリント10・20〜22、エレミヤ7・18〜20、エゼキエル16・26、27、申命32・16〜20
5　ホセア2・4〜6〔2・2〜4〕
6　申命5・29

問[111] 第三戒は、どれですか。

答 第三戒は、「汝の神エホバ〔主〕の名をみだりに口にあぐべからず、エホバ〔主〕はおのれの名をみだりに口にあぐる者を罪《つみ》せではおかざるべし[1]」です。

1 出エジプト20・7

問[112] 第三戒では、何が求められていますか。

答 第三戒は、神の御名・その称号《（タイトルズ）》・属性《（アトリビューツ）》[1]・規定《（オーディナンスィズ）》[2]・御言葉《（ザ・ワード）》[3]・聖礼典《（サクラメンツ）》[4]・祈り《（プレア）》[5]・誓約《（オウスス）》[6]・誓願《（ヴァウズ）》[7]・くじ《（ロッツ）》[8]・神の御業《（ヒズ）》[9]・その他、神が御自身を知らせるのにお用いになるどのようなものも、それらが、思い《（ソート）》[10]・黙想《（メディテイション）》[11]・言葉《（ワード）》[12]・文書《（ライティング）》[13]において、聖い公的信仰告白《（プラフェッション）》[14]と、責任ある《（アンサラブル）》行動《（カンヴァセイション）》[15]により、神の栄光[16]と、わたしたち[17]自身および他《た》の人々の善《（グッド）》[18]のために、聖く信仰深く《（レヴァラントリィ）》用いられることを求めています。

1 マタイ6・9、申命28・58、詩29・2、68・5〔68・4〕、黙示15・3、4
2 マラキ1・14、コヘレト4・17〔5・1〕
3 詩138・2
4 Iコリント11・24、25、28、29
5 Iテモテ2・8

6 エレミヤ4・2
7 コヘレト5・1、3～5〔5・2、4～6〕
8 使徒1・24、26
9 ヨブ36・24
10 マラキ3・16
11 詩8編
12 コロサイ3・17、詩105・2、5
13 詩102・19〔102・18〕
14 Ⅰペトロ3・15、ミカ4・5
15 フィリピ1・27
16 Ⅰコリント10・31
17 エレミヤ32・39
18 Ⅰペトロ2・12

問[113] 第三戒で禁じられている罪は、何ですか。

答　第三戒で禁じられている罪は、神の御名を求められているとおりに用いないこと、[1] また、無知《(イグナラント)》・[2] 無分別《(ヴェイン)》・[3] 不敬虔《(イレヴァラント)》・冒瀆《(プラフェイン)》・[4] 迷信《(スーパースティッシャス)》・[5] あるいは悪意《(ウィッキド)》をもって、神の称号・属性・[6] 規定・[7] あるいは御業に、[8] 言及したり、それらを用いたりして、神の御名を乱用することで、それらは、次のようにしてなされます――すなわち、〔第一に〕神聖冒瀆《ブラスファミィ》[9]と偽 誓《パージュリィ》[10]、〔第二に〕あらゆる罪深い呪い《カースィングス》[11]・誓約[12]・誓願[13]・くじ《ロッツ》[14]、合法的な場合、わたしたちの誓約と誓願を破棄すること《ヴァイオレイティング》[15]、および不法な事柄についての場合、誓約と誓願を果たすこと《フルフィリング》[16]、〔第三に〕神の聖定[17]と摂理[18]に対する、つぶやき《マーマリング》と苦 情《クワラリング》[19]・もの好きなせんさく《キュリアス・プライング》[20]、そして、それらの誤 用《ミスアプライング》、〔第四に〕御言葉もしくはその一部を曲 解《ミスアンダースタンディング》[21]・誤 用《ミスアプライング》[22]・あるいは何らかのしかたで悪用して《パーヴァーティング》[23]、冒瀆的冗談《プラフェイン・ジェスツ》[24]・もの好きな、あるいは無 益《アンプラフィタブル》な問い・空虚な《ヴェイン》むだ話《ジャングリングズ》・もしくは偽りの《フォールス》教 理《ダクトリンズ》を主張すること《メインティニング》、に用いること[25]、〔第五に〕神の御名・被造物・あるいは神の御名のもとに含まれるいかなるものであれ、それを呪 文《チャームズ》[26]や罪深い欲望《ラスツ》と実 践《プラクティスイズ》[27]に悪用すること《アビューズィング》、〔第六に〕神の真理と恵み、および方法《ウェイズ》に対する中 傷《マライニング》[28]・あざけり《スコーニング》[29]・ののしり《リヴァイリング》[30]・あるいは何らかのしかたで反対すること[31]、〔第七に〕偽善で、あるいはだます目的で《スィニスター・エンズ》、〔キリスト教〕信仰を装うこと《メイキング・プラフェッション・オヴ・リリジョン》[32]、〔第八に〕信仰を恥じたり[33]、あるいは、不快をもよおす《アンカンフタブル》[34]、愚かで《アンワイズ》[35]、実りのない《アンフルートゥフル》[36]躓きを与える《アフェンスイング》生き方《ウォーキング》[37]や、信仰から逆戻りすること《バックスライディング》によって[38]、信仰の恥となったりすること、です。

1 マラキ2・2
2 使徒17・23
3 箴30・9
4 マラキ1・6、7、12、3・14

5　サムエル上4・3〜5、エレミヤ7・4、9、10、14、31、コロサイ2・20〜22
6　列王下18・30、35、出エジプト5・2、詩139・20
7　詩50・16、17
8　イザヤ5・12
9　列王下19・22、レビ24・11
10　ゼカリヤ5・4、8・17
11　サムエル上17・43、サムエル下16・5
12　エレミヤ5・7、23・10
13　申命23・19〔23・18〕、使徒23・12、14
14　エステル3・7、9・24、詩22・19〔22・18〕
15　詩24・4、エゼキエル17・16、18、19
16　マルコ6・26、サムエル上25・22、32〜34
17　ローマ3・5、7、6・1
18　コヘレト8・11、9・3、詩39編
19　ローマ9・14、19、20
20　申命29・28〔29・29〕
21　マタイ5・21〜48
22　エゼキエル13・22
23　Ⅱペトロ3・16、マタイ22・24〜31
24　イザヤ22・13、エレミヤ23・34、36、38

25 Ⅰテモテ1・4、6、7、6・4、5、20、Ⅱテモテ2・14、テトス3・9
26 申命18・10〜14、使徒19・13
27 Ⅱテモテ4・3、4、ローマ13・13、14、列王上21・9、10、ユダ4
28 使徒13・10、Ⅰヨハネ3・12
29 詩1・1、Ⅱペトロ3・3
30 Ⅰペトロ4・4
31 使徒13・45、46、50、4・18、19・9、Ⅰテサロニケ2・16、ヘブライ10・29
32 Ⅱテモテ3・5、マタイ23・14、6・1、2、5、16
33 マルコ8・38
34 詩73・14、15
35 Ⅰコリント6・5、6、エフェソ5・15〜17
36 イザヤ5・4、Ⅱペトロ1・8、9
37 ローマ2・23、24
38 ガラテヤ3・1、3、ヘブライ6・6

問[114] 第三戒には、どのような理由《リーズンズ》が付け加えられていますか。

答 「汝の神エホバ〔主〕の名をみだりに口にあぐる者を罪《つみ》せではおかざるべし」という言葉によって、第三戒に付け加えられている理由は、〔第一に〕神は主《ザ・ロード》であり、わたしたちの神であるから、それゆえに、神の御名はわたしたちによって冒瀆《ブラフェインド》されたり、どのようなしかたでも濫用《アビューズト》されてはならないということ、[2]〔第二に〕特に、神はこの戒めの違反者《トランスグレッサーズ》たちを決して無罪放免《アクウィッティング》にし、容赦《スペアリング》はなさらないので、たとえ少なからざる違反者が人間《メン》による譴責《センシャーズ》と罰《パニッシュメンツ》は免《イスケイプ》れたとしても、[3]神はかれの義《ライチャス》しい審判《ジャッジメント》を免れることはかれらにお許《サファー》しにならない、ということです。[4]

1 出エジプト20・7
2 レビ19・12
3 サムエル上2・12、17、22、24を、サムエル上3・13と比較
4 エゼキエル36・21〜23、申命28・58、59、ゼカリヤ5・2〜4

問[115] 第四戒は、どれですか。

答 第四戒は、「安息日《あんそくにち》をおぼえてこれを潔《きよ》くすべし、六日《むいか》のあいだ働きて汝のすべての業《わざ》をなすべし、七日《なぬか》は汝の神エホバ〔主〕の安息なれば、何《なに》の業をもなすべからず、汝も汝の息子娘《むすこむすめ》も、汝の僕《しもべ》しもめも汝の家畜も、汝の門のうちにおる他国《よそぐに》の人もしかり、そはエホバ〔主〕六日《むいか》のうちに天と地と海とそれらのうちのすべての物をつくりて、七日目《なぬかめ》に休みたればなり、これをもてエホバ〔主〕安息日《あんそくにち》を祝いて聖日としたもう」[1]です。

1 出エジプト20・8〜11

問［116］ 第四戒では、何が求められていますか。

答 第四戒はすべての人に、神がその御言葉において定めておられる《（ハス・アポインテド）》一定の時間《（セット・タイム）》、具体的には《（イクスプレスリィ）》、七日《なのか》のうち丸一日《（ワン・ホウル・デイ）》を、聖別する《（サンクティファイ）》こと、すなわち神に対して聖く守る《（キーピング・ホウリィ）》ことを求めています――その日は、世の初めからキリストの復活までは第七日《だいななにち》でしたが、それ以降は世の終わりまでずっと週の第一日で、これがキリスト教安息日《（ザ・クリスチャン・サバス）》[1]であり、新約聖書では主の日《（ローズ・デイ）》とよばれています。[2]

1 申命5・12〜14、創世2・2、3、Ⅰコリント16・1、2、使徒20・7、マタイ5・17、18、イザヤ56・2、4、6、7

2 黙示1・10

問［117］ 安息日《（ザ・サバス）》、すなわち主の日は、どのようにして聖別され《（サンクティファイド）》なければなりませんか。

答 安息日、すなわち主の日は、〔第一に〕いつの場合にも罪となるような活動《（ワークス）》ばかりでなく、他の日には合法的であるこの世の仕事《（ワールドリィ・イムプロイメンツ）》や娯楽《（レクリエイションズ）》からも離れて[1]丸一日《（オール・ザ・デイ）》を聖く休み《（ホウリィ・レスティング）》[2]、〔第二に〕全時間を（必要な活動と憐れみの活動《（ワークス・オヴ・ネセスィティ・アンド・マーシィ）》に用いられる時間を除き）[3]公的《（パブリック）》、私的《（プライヴィット）》な神礼拝《（ゴッズ・ワーシップ）》[4]の営み《（エクササイズィズ）》をして過ごすことをわたしたちの喜《ディライト》びとすることによって、聖別されなければなりません――その目的のためにわたしたちは、心の準備をし、また、安息日のさまざまな義務《デューティーズ》にいっそう自由に、ふさわしくあたることができるように、見通し《フォアサイト》と勤勉さ《ディリジャンス》、節度《マダレイション》をもって、わたしたちのこの世の用事《ワールドリィ・ビズィネス》を整え《ディスポウズ》、早め《スィーズナブリィ》に片付け《ディスパッチ》なければなりません。[5]

1 出エジプト16・25～28、ネヘミヤ13・15～19、21、22、エレミヤ17・21、22
2 出エジプト20・8、10
3 マタイ12・1～13
4 イザヤ58・13、ルカ4・16、使徒20・7、Iコリント16・1、2、詩92・1〔92編の表題〕、イザヤ66・23、レビ23・3
5 出エジプト20・8、ルカ23・54、56、出エジプト16・22、25、26、29、ネヘミヤ13・19

問[118]　なぜ、安息日を守る《キーピング》責任《チャージ》が、とりわけ家長たち《ガヴァナーズ・オヴ・ファミリーズ》や他の目上の人たち《スピアリアズ》に命じられているのですか。

答　安息日を守る責任は、家長たちや他の目上の人たちが、〔第一に〕ただ自分自身が安息日を守る《キープ》だけでなく、かれらの責任のもとにあるすべての人々によって安息日が遵守される《アヴザーヴド》ように取り計らわ《スィー・ザット》なければならないため、また、〔第二に〕家長たちと他の目上の人たちが、かれら自身の仕事《イムプロイメンツ》によってかれらの責任のもとにある人たちをしばしば妨げる《ヒンダー》傾向があるため、とりわけかれらに命じられています。[1]

1 出エジプト20・10、ヨシュア24・15、ネヘミヤ13・15、17、エレミヤ17・20～22、出エジプト23・12

問[119] 第四戒で禁じられている罪は、何ですか。

答 第四戒で禁じられている罪は、〔第一に〕すべて求められている《リクワィアド》義務《デューティーズ》を怠ること《オウミッションズ》[1]、〔第二に〕すべて、それらの義務を不注意《ケアレス》・なげやり《ネグリジャント》・無益に果たし《アンプラフィタブル・パフォーマンス》、また、それらの義務に飽きること《ウィアリィ・オヴ》[2]、〔第三に〕すべて、怠惰《アイドルネス》や、それ自体罪深いことをすることにより[3]、また、わたしたちのこの世の仕事や娯楽についての、あらゆる不必要な活動《ワークス》と言葉《ワーズ》と思い《ソーツ》によって[4]、すべてこの日を汚すこと《プラフェイニング》、です。

1 エゼキエル22・26
2 使徒20・7、9、エゼキエル33・30～32、アモス8・5、マラキ1・13
3 エゼキエル23・38
4 エレミヤ17・24、27、イザヤ58・13

問[120]　第四戒をいっそう強化《インフォース》するために付け加えられて《アネックスト》いる理由は、何ですか。

答　第四戒をいっそう強化するために付け加えられている理由は、〔第一に〕「六日のあいだ働きて汝のすべての業をなすべし」[1]という言葉のとおり、神が、わたしたちにはわたしたち自身の用事《アフェアズ》のために七日のうち六日を与《アラウイング》え、御自身のためには一日しか取って《リザーヴィング》おかれない、この戒めの公正さ《エクウィティ》、〔第二に〕「七日は汝の神エホバ〔主〕の安息なれば」[2]と、神がその日に対する特別な所有権《プラプライアティ》を主張して《チャレンジング》おられること、〔第三に〕「六日《むいか》のうちに天と地と海とそれらのうちのすべての物をつくりて、七日目《なぬかめ》に休み」なさった神の模範《イグザンプル》、そして、〔第四に〕「これをもてエホバ〔主〕安息日《あんそくにち》を祝いて聖日としたもう」[3]とあるとおり、神奉仕の日《ヒズ・サーヴィス》となるようその日を聖別した《サンクティファイング》だけでなく、わたしたちがそれを聖別するとき、その日がわたしたちに対する祝福の手段《ア・ミーンズ・オヴ・ブレッシング》となるように定めて、神がその日の上に置かれた祝福《ブレッシング》、から取られています。

1　出エジプト20・9
2　出エジプト20・10
3　出エジプト20・11

問[121]　なぜ「覚えよ《リメムバー》」という言葉が、第四戒の冒頭に置かれているのですか。

答 「覚えよ」という言葉が第四戒の冒頭に置かれているのは、一つ《パートリィ》には、[1]安息日《あんそくび》を覚えることが大きな益《ベネフィット》だからで、わたしたちは、それによって、安息日を守る準備[2]とそれを実際に守ることにおいて助けられて、残りの戒《カマンドメンツ》めすべてをよりよく守り、[3]キリスト教の短い要約《ア・ショート・アブリッジメント・オヴ・リリジョン》を含《カンテイン》む創造と贖《リデムプション》いという二つの大いなる益を、感謝をもって覚え続けるようにされるからです[4]――もう一つ《パートリィ》には、わたしたちが安息日をすぐに忘れてしまうからです[5]――それというのも、〔第一に〕安息日を支持する本性の光《ライト・オヴ・ネイチャー》はあまり存在せず、[6]しかしそれにもかかわらず《アンド・イエット》、安息日は、他のときには合法的《ローフル》である事柄について、わたしたちの生まれながらの自由《ナチュラル・リバティ》を制限する《リストレインス》ためであり、[7]また〔第二に〕安息日が七日に一度しかやって来ず、多くのこの世の用事《ワールドリィ・ビズィネス》が間に入って、非常にしばしばわたしたちの心を、その準備をするためであれ、それを聖別するためであれ、いずれにしても安息日について考えることからそらせてしまうためであり、[8]さらに〔第三に〕サタンが、かれのさまざまな手段《インストラメンツ》を用いて安息日の栄光を、そしてその記憶さえもぬぐい去り、あらゆる不信仰《イリリジョン》と不敬虔《イムパイアティ》をもち込もうと大いに努めているためです。[9]

1 出エジプト20・8
2 出エジプト16・23、ルカ23・54、56をマルコ15・42と比較、ネヘミヤ13・19
3 詩92・1〔92編の表題〕を92・14、15〔92・13、14〕と比較、エゼキエル20・12、19、20
4 創世2・2、3、詩118・22、24を使徒4・10、11と比較、黙示1・10

5 エゼキエル22・26
6 ネヘミヤ9・14
7 出エジプト34・21
8 申命5・14、15、アモス8・5
9 哀1・7、エレミヤ17・21〜23、ネヘミヤ13・15〜23

問[122] 人間《マン》に対するわたしたちの義務《デューティ》を含む、六つの戒めの要約《サム》は、何ですか。

答 人間に対するわたしたちの義務を含む、六つの戒めの要約は、わたしたちの隣人《ネイバー》を自分自身のように愛すること[1]と、わたしたちが他の人たち《アザーズ》にしてもらいたいと思うことは何でも、その人たちにすることです。[2]

1 マタイ22・39
2 マタイ7・12

問[123] 第五戒は、どれですか。

答 第五戒は、「汝の父母《ちちはは》をうやまえ、これは汝の神エホバ〔主〕の汝に賜う所の地に、汝の命の長からんためなり」[1]です。

1　出エジプト20・12

問[124]　第五戒では、「父母《ちちはは》」という語によって、だれのことが言われているのですか。

答　第五戒では、「父母」という語によって、ただ単に本来《ナチュラル》の両親だけでなく、[1]すべて、年齢《エイジ》[2]と賜物《ギフツ》[3]において目上《スピアリアズ》の人、特に、家族[4]・教会[5]・国家《カマンウエルス》[6]のいずれにおいてであれ、神の定《オーディナンス》めにより、わたしたちの上に、権威ある立場《プレイス》に置かれている人々、のことが言われています。

1　箴23・22、25、エフェソ6・1、2
2　Iテモテ5・1、2
3　創世4・20〜22、45・8
4　列王下5・13
5　列王下2・12、13・14、ガラテヤ4・19
6　イザヤ49・23

問[125]　なぜ、目上《スピアリアズ》の人が「父母」とよばれるのですか。

答　目上の人が「父母」とよばれるのは、〔第一に〕かれらに、目下《インフィアリアズ》の人に対するすべての義務《デューティーズ》において、本来の両親のように、それぞれ《セヴラル》の関係に応じて愛と優しさ《テンダネス》を表《イクスプレス》すように教えるため[1]と、〔第二に〕目下の人に、目上の人への義務を果たすとき、自分の両親に対してするように、いっそう自発的《ウィリングネス》に、喜んで《チアフルネス》するように促す《ワークス》ため、[2]という両方の目的です。

1　エフェソ6・4、Ⅱコリント12・14、Ⅰテサロニケ2・7、8、11、民数11・11、12

2　Ⅰコリント4・14～16、列王下5・13

問〔126〕　第五戒の全般的《ジェネラル》な目標《スコウプ》は、何ですか。

答　第五戒の全般的な目標は、わたしたちが、目下《インフィアリアズ》の人、目上《スピアリアズ》の人、対等《イークワルズ》な人として、それぞれの関係において相互に負っている義務を果たすことです。[1]

1　エフェソ5・21、Ⅰペトロ2・17、ローマ12・10

問〔127〕　目下《インフィアリアズ》の人が、目上《スピアリアズ》の人に対して払うべき尊敬《オナー》は、どのようなものですか。

答　目下の人が、目上の人に対して払うべき尊敬は、〔第一に〕心[1]と言葉[2]とふるまい《ビヘイヴィア》[3]で示すあらゆるふさわしい《デュー》敬意《レヴァランス》、〔第二に〕目上の人ための祈りとかれらゆえの感謝、[4]〔第三に〕かれらの美徳《ヴァーチューズ》と、霊的賜物《グレイスィズ》にならうこと《イミテイション》、[5]〔第四に〕かれらの合法的《ローフル》な命令《カマンズ》と助言《カウンサルズ》への自発的《ウィリング》な従順《オウビーディアンス》、[6]〔第五に〕かれらの懲らしめ《カレクションズ》へのふさわしい《デュー》服従《サブミッション》、[7]〔第六に〕かれらのそれぞれの地位《ランクス》、およびかれらの立場《プレイスィズ》の性質に応じた、[8]その人格《パーソンズ》と権威《オーソリティ》に対する忠誠《フェイスフルネス》[9]と擁護《ディフェンス》[10]と維持《メインタナンス》、〔第七に〕かれらの弱さ《インファーミティズ》に忍耐《ベアリング》し、愛をもってそれらをおおうこと《カヴァリング》、[11]そして〔第八に〕このようにして、自分たちが、目上の人とかれらの統治《ガヴァメント》にとって名誉《オナー》となることです。[12]

1 マラキ1・6、レビ19・3
2 箴31・28、Ⅰペトロ3・6
3 レビ19・32、列王上2・19
4 Ⅰテモテ2・1、2
5 ヘブライ13・7、フィリピ3・17
6 エフェソ6・1、2、5〜7、Ⅰペトロ2・13、14、ローマ13・1〜5、ヘブライ13・17、箴4・3、4、23・22、出エジプト18・19、24
7 ヘブライ12・9、Ⅰペトロ2・18〜20
8 マタイ22・21、ローマ13・6、7、Ⅰテモテ5・17、18、ガラテヤ6・6、創世45・11、47・12
9 テトス2・9、10
10 サムエル上26・15、16、サムエル下18・3、エステル6・2
11 Ⅰペトロ2・18、箴23・22、創世9・23

12 詩127・3～5、箴31・23

問［128］ 目上《スピアリアズ》の人に対する目下《インフィアリアズ》の人の罪は、どのようなものですか。

答 目上の人に対する目下の人の罪は、〔第一に〕すべて求められている《リクワイアド》目上の人への義務を無視すること、[1]〔第二に〕目上の人から合法的な助言[2]や命令、懲らしめ《カレクションズ》[3]が与えられたとき、[4]かれらの人格《パースンズ》と立場《プレイスィズ》[5]をねたみ、[6]軽蔑《カンテンプト》[7]し、反抗《リベリオン》すること、[8]〔第三に〕呪《カースィング》いやあざけり《マッキング》、[9]そのほか、すべて目上の人とかれらの統治にとって恥《シェイム》と不面目《ディスグレイス》となるような、御しがたく《リフラクトリィ》問題のある《スキャンダラス》態度《キャリッジ》です。[10]

1 マタイ15・4～6
2 サムエル上2・25
3 申命21・18～21
4 出エジプト21・15
5 サムエル上10・27
6 民数11・28、29
7 サムエル上8・7、イザヤ3・5
8 サムエル下15・1～22
9 箴30・11、17
10 箴19・26

問[129] 目下《インフィリアズ》の人に対してどのようにすることが、目上《スピアリアズ》の人に求められていますか。

答 目上の人に求められているのは、かれらが神から受け取っている権能《パウア》と、置かれている関係《リレイション》に応じて、〔第一に〕目下の人を愛し、[1] かれらのために祈り、[2] 祝福すること、[3]〔第二に〕かれらを指導《インストラクト》、[4] 助言《カウンサル》し、諭《アドマニッシュ》すこと、[5]〔第三に〕よくやった人は評価《カウンティナンスィング》し、[6] 称賛《カメンディング》して、[7] 報《リウォーディング》いること、[8]〔第四に〕よくやらなかった人は評価《ディスカウンティナンスィング》せず、[9] 非難《リブルーヴィング》し、懲《チャスタイズィング》らしめること、[10]〔第五に〕目下の人を保護《プラテクティング》し、[11] 魂[12]と体[13]に必要なすべてのものをかれらに与《プラヴァイディング》えること、また〔第六に〕、まじめ《グレイヴ》で、賢く、聖い、模範的《イグザムプラリィ》な態度《キャリッジ》によって、神には栄光、[14] 自分たち自身には名誉《オナー》[15]を獲得《プラキュア》し、かくして、神が自分たちの上に置かれた権威を守《プリザーヴ》ること、です。[16]

1 コロサイ3・19、テトス2・4
2 サムエル上12・23、ヨブ1・5
3 列王上8・55、56、ヘブライ7・7、創世49・28
4 申命6・6、7
5 エフェソ6・4
6 Ⅰペトロ3・7
7 Ⅰペトロ2・14、ローマ13・3
8 エステル6・3

9 ローマ13・3、4
10 箴29・15、Ⅰペトロ2・14
11 ヨブ29・12〜17、イザヤ1・10、17
12 エフェソ6・4
13 Ⅰテモテ5・8
14 Ⅰテモテ4・12、テトス2・3〜5
15 列王上3・28
16 テトス2・15

問[130]　目上の人《スピアリアズ》の罪は、どのようなものですか。

答　目上の人の罪は、かれらに求められている義務を無視すること以外に、[1]〔第一に〕自分たち自身[2]・自分たち自身の栄光[3]・安逸《イーズ》・利益《プラフィット》・あるいは楽しみ《プレジャー》[4]を過度《インオーディネット》に追求すること、[5]〔第二に〕不法なことや、目下の人の力にあまることをなすようかれらに命ずること、[6]〔第三に〕悪いことについてかれらに助言したり、[7]励ましたり、[8]賛成したりすること、[9]〔第四に〕良いこと《グッド》についてかれらに思い止まらせ《ディスウェイディング》たり、水をさし《ディスカリジング》たり、あるいは、反対《ディスカウンティナンスィング》したりすること、[10]〔第五に〕かれらを不当に懲らしめ《カレクティング》ること、[11]〔第六に〕かれらを悪《ロング》・誘惑・危険に不注意にさらし《イクスポウズイング》たり、放置《リーヴィング》したりすること、[12]〔第七に〕かれらを挑発《プラヴォウキング・トゥ・ラス》して怒らせること、[13]あるいは〔第八に〕不当《アンジャスト》・無分別《インディスクリート》・苛酷《リゴラス》・あるいは無気力《リミス》なふるまい《ビヘイヴィア》により、ともかく自分たち自身の名誉を汚したり《ディスオナリング》、自分たちの権威を傷つけたりすること《レッスニング》、です。[14]

1 エゼキエル34・2～4
2 フィリピ2・21
3 ヨハネ5・44、7・18
4 イザヤ56・10、11、申命17・17
5 ダニエル3・4～6、使徒4・17、18
6 出エジプト5・10～18、マタイ23・2、4
7 マタイ14・8をマルコ6・24と比較
8 サムエル下13・28
9 サムエル上3・13
10 ヨハネ7・46～49、コロサイ3・21、出エジプト5・17
11 Ⅰペトロ2・18～20、ヘブライ12・10、申命25・3
12 創世38・11、26、使徒18・17
13 エフェソ6・4
14 創世9・21、列王上12・13～16、1・6、サムエル上2・29～31

問[131] 対等の人《イークワルズ》の義務《デューティーズ》は、どのようなものですか。

答 対等の人の義務は、相手をより優れた者として尊んで[1]互いの尊厳《ディグニティ》と価値《ワース》を重んずること《リガード》、[2]また、互いに相手の賜物《ギフツ》と向上《アドヴァーンスメント》を自分のことのように喜《リジョイス》ぶことです。[3]

1 ローマ12・10
2 Ⅰペトロ2・17
3 ローマ12・15、16、フィリピ2・3、4

問[132] 対等の人の罪《スィンズ》は、どのようなものですか。

答 対等の人の罪は、求められている義務を無視すること以外に、[1] 互いに相手の価値を低く見ること《アンダーヴァリュイング》[2]、相手の賜物《ギフツ》をねたむこと《エンヴィイング》[3]、相手の向上《アドヴァーンスメント》や繁栄《プラスペラティ》を悲しむこと《グリーヴィング》[4]、そして不当に相手の上に立とうとすること《ユザーピング・プリエミナンス・ワン・オウヴァ・アナザー》[5]、です。

1 ローマ13・8
2 Ⅱテモテ3・3
3 使徒7・9、ガラテヤ5・26
4 民数12・2、エステル6・12、13
5 Ⅲヨハネ9、ルカ22・24

問[133]　第五戒をいっそう強化《インフォース》するために付け加えられている理由《リーズン》は、何ですか。

答　第五戒に付け加えられている理由は、「これは汝の神エホバ〔主〕の汝に賜う所の地に、汝の命の長からんためなり」[1]という言葉で、この戒めを守るすべての人に対する、神の栄光とかれら自身の幸《グッド》いに役立つかぎりでの、長寿《ロング・ライフ》と繁栄の明確《イクスプレス》な約束です。[2]

1　出エジプト20・12
2　申命5・16、列王上8・25、エフェソ6・2、3

問[134]　第六戒は、どれですか。

答　第六戒は、「汝、殺すなかれ」[1]です。

1　出エジプト20・13

問[135]　第六戒で求められている義務は、何ですか。

答　第六戒で求められている義務は、わたしたち自身[1]と他《た》の人々[2]の生命を守《プリザーヴ》るための、あらゆる注意深い工夫《スタディーズ》と合法的《ローフル》な努力《インデヴァーズ》で、それは次のようにしてなされます――すなわち、〔第一に〕、だれの生命であれ、それを不当に奪う結果となる、あらゆる思い《（ソーツ）》と計画《（パーパスイズ）》に抵抗すること《（リズィスティング）》、[3] そうしたあらゆる激情《（パッションズ）》を抑えること《（サブデューイング）》、[4] そうしたあらゆる機会[5]・誘惑[6]・習慣《（プラクティスイズ）》を避けること、によって、[7] また〔第二に〕暴力に対する生命の正当な防衛、[8] 神の御手を耐え忍ぶこと、[9] 心の平静さ《（クワイアトネス・オヴ・マインド）》、[10] 気持ちの快活さ《（チアフルネス・オヴ・スピリット）》、[11] 食べ物《（ミート）》[12]・飲み物《（ドリンク）》[13]・薬《（フィズィック）》[14]・睡眠[15]・労働《（レイバー）》[16]・娯楽[17]の適度《（ソウバー）》な使用、によって、〔第三に〕思いやり《（チャリタブル・ソーツ）》[18]・愛[19]・同情《（カムパッション）》[20]・柔和《（ミークネス）》・温和《（ジェントルネス）》・親切[21]・平和的《（ピーサブル）》で、[22] 温厚《（マイルド）》で、礼儀正しい《（カーティアス）》話し方《（スピーチズ）》とふるまい《（ビヘイヴィア）》・[23] 忍耐《（フォーベアランス）》・進んで人と和解すること《（レディネス・トゥ・ビー・レコンサイルド）》・侮辱《（インジュリイズ）》を耐え忍んで赦し《（フォーギヴィング）》、善《（グッド）》をもって悪《（イーヴィル）》に報いること《（リクワイティング）》・[24] 悩み苦しむ人々《（ザ・ディストレスト）》を慰め助け《（カムフォティング）（サカリング）》、罪のない人々《（ズィ・イナスント）》を保護し擁護すること《（プラテクティング）（ディフェンディング）》、[25] によって、です。

1 エフェソ5・28、29
2 列王上18・4
3 エレミヤ26・15、16、使徒23・12、16、17、21、27
4 エフェソ4・26、27
5 サムエル下2・22、申命22・8
6 マタイ4・6、7、箴1・10、11、15、16
7 サムエル上24・12、26・9〜11、創世37・21、22
8 詩82・4、箴24・11、12、サムエル上14・45
9 ヤコブ5・7〜11、ヘブライ12・9
10 Iテサロニケ4・11、Iペトロ3・4、詩37・8〜11

11 箴17・22
12 箴25・16、27
13 Ⅰテモテ5・23
14 イザヤ38・21
15 詩127・2
16 コヘレト5・11〔5・12〕、Ⅱテサロニケ3・10、12、箴16・26
17 コヘレト3・4、11
18 サムエル上19・4、5、22・13、14
19 ローマ13・10
20 ルカ10・33～35
21 コロサイ3・12、13
22 ヤコブ3・17
23 Ⅰペトロ3・8～11、箴15・1、士師8・1～3
24 マタイ5・24、エフェソ4・2、32、ローマ12・17、20、21
25 Ⅰテサロニケ5・14、ヨブ31・19、20、マタイ25・35、36、箴31・8、9

問[136]　第六戒で禁じられている罪は、何ですか。

答　第六戒で禁じられている罪は、〔第一に〕公共的正義《パブリック・ジャスティス》[1]、合法的戦争《ローフル・ウォー》[2]、あるいは、必要な防衛《ネセサリィ・ディフェンス》の[3]場合を除き、すべてわたしたち自身[4]または他人[5]の生命を奪うこと《テイキング・アウェイ》、〔第二に〕合法的で必要な生命保持《プリザヴェイション・オヴ・ライフ》の手段を無視したり、その行使を中止したりすること《ウィズドローイング》[6]、〔第三に〕罪深い怒り《アンガー》[7]、憎悪《ヘイトリッド》[8]、ねたみ《エンヴィ》[9]、復讐心《ディザイア・オヴ・リヴェンジ》[10]、あらゆる過度の激情《パッションズ》[11]、心をかき乱すほどの心配《ディストラクティング・ケアズ》[12]、食べ物・飲み物《ミート》[13]・労働[14]・娯楽[15]の節度のない《イムマダリット》使用、〔第四に〕挑発的な言葉《プラヴォウキング》[16]、抑圧《アプレッション》[17]、口論《クワラリング》[18]、殴打《ストライキング》、傷をつけること《ウーンディング》[19]、その他、いかなる人の生命であれ、それを損なうこと《ディストラクション》につながるすべてのこと[20]、です。

1 民数35・31、33
2 エレミヤ48・10、申命20章
3 出エジプト22・2、3
4 使徒16・28
5 創世9・6
6 マタイ25・42、43、ヤコブ2・15、16、コヘレト6・1、2
7 マタイ5・22
8 Iヨハネ3・15、レビ19・17
9 箴14・30
10 ローマ12・19
11 エフェソ4・31
12 マタイ6・31、34
13 ルカ21・34、ローマ13・13
14 コヘレト12・12、2・22、23

15 イザヤ5・12
16 箴15・1、12・18
17 エゼキエル18・18、出エジプト1・14
18 ガラテヤ5・15、箴23・29
19 民数35・16〜18、21
20 出エジプト21・18〜36

問[137] 第七戒は、どれですか。
答 第七戒は、「汝、姦淫《かんいん》するなかれ」[1]です。

1 出エジプト20・14

問[138] 第七戒で求められている義務は、何ですか。
答 第七戒で求められている義務は、〔第一に〕体・知性《マインド》・感情《アフェクションズ》[1]・言葉《ワーズ》[2]・ふるまい《ビヘイヴィア》[3]における純潔《チャスティティ》、そして〔第二に〕わたしたち自身と他《た》の人々の内における純潔の保持《プリザヴェイション》[4]、〔第三に〕視覚および全感覚《オール・ザ・センスィズ》に対する警戒《ウォッチフルネス》[5]、〔第四に〕節制《テムパランス》[6]・清い交際《キーピング・オヴ・チェイスト・カムパニィ》[7]・服装《アパレル》における慎み《マデスティ》[8]・禁欲の賜物《ギフト》を持たない人々の結婚[9]、〔第五に〕夫婦愛《カンジュガル・ラヴ》[10]と同居《コハビテイション》[11]・〔第六に〕わたしたちの職業における勤勉な労働[12]・不品行《アンクリーンネス》のあらゆる機会《アケイジョンズ》を避け、それへの誘惑に抵抗する《リズィスティング》こと、[13]です。

1 Iテサロニケ4・4、ヨブ31・1、Iコリント7・34
2 コロサイ4・6
3 Iペトロ3・2
4 Iコリント7・2、35、36
5 ヨブ31・1
6 使徒24・24、25
7 箴2・16～20
8 Iテモテ2・9
9 Iコリント7・2、9
10 箴5・19、20
11 Iペトロ3・7
12 箴31・11、27、28
13 箴5・8、創世39・8～10

問[139] 第七戒で禁じられている罪は、何ですか。

答 第七戒で禁じられている罪は、求められている義務を無視すること以外に、[1]〔第一に〕姦淫《アダルタリィ》・私通《フォーニケイション》[2]・レイプ・近親相姦《インセスト》[3]・同性愛《ソドミー》・およびすべての不自然な《アンナチュラル》欲望《ラスツ》[4]、〔第二に〕すべての、汚れた《アンクリーン》想像《イマジネイション》・思い《ソーツ》・計画《パーパスイズ》・感情《アフェクションズ》、[5]〔第三に〕すべての、堕落した《カラプト》、あるいは卑猥な《フィルスイ》会話《カミューニケイションズ》・もしくはそれに耳を傾けること、[6]〔第四に〕みだらな目つき《ウォントゥン・ルックス》、[7]〔第五に〕恥知らずな《イムピュダント》、あるいは軽薄な《ライト》ふるまい《ビヘイヴィア》、〔第六に〕慎みのない《イムマデスト》服装《アパレル》、[8]〔第七に〕合法的な結婚の禁止と[9]不法な《アンローフル》結婚の許可《ディスペンスイング》、[10]〔第八に〕売春宿《ステューズ》の許可《アラウイング》・黙認《トラレイティング》・経営《キーピング》と、売春宿に通うこと《リゾーティング》、[11]〔第九に〕人に身動きをとれなくさせる《インタングリング》、独身生活の誓願《ヴァウズ・オヴ・スィングル・ライフ》、[12]〔第十に〕結婚のはなはだしい《アンデュー》延期《ディレイ》、[13]〔第十一に〕同時に一人より多くの妻あるいは夫をもつこと、[14]〔第十二に〕不当な《アンジャスト》離婚[15]や配偶者遺棄《ディザーション》、[16]〔第十三に〕怠惰《アイドルネス》・大食《グラットニィ》・酒浸り《ドランクンネス》・[17]不純な交際《アンチェイスト・カンパニィ》、[18]いかがわしい《ラスイヴィアス》歌・本・絵・踊り・演劇《ステイジ・プレイ》、[19]〔第十四に〕その他、わたしたち自身や他人に不品行《アンクリーンネス》を挑発したり、実際にさせたりするすべてのものです。[20]

1 箴5・7
2 ヘブライ13・4、ガラテヤ5・19
3 サムエル下13・14、Ⅰコリント5・1
4 ローマ1・24、26、27、レビ20・15、16
5 マタイ5・28、15・19、コロサイ3・5
6 エフェソ5・3、4、箴7・5、21、22
7 イザヤ3・16、Ⅱペトロ2・14
8 箴7・10、13
9 Ⅰテモテ4・3

10 レビ18・1〜21、マルコ6・18、マラキ2・11、12

11 列王上15・12、列王下23・7、申命23・18、19〔23・17、18〕、レビ19・29、エレミヤ5・7、箴7・24〜27

12 マタイ19・10、11

13 Iコリント7・7〜9、創世38・26

14 マラキ2・14、15、マタイ19・5

15 マラキ2・16、マタイ5・32

16 Iコリント7・12、13

17 エゼキエル16・49、箴23・30、33

18 創世39・10、箴5・8

19 エフェソ5・4、エゼキエル23・14〜16、イザヤ23・15〜17、3・16、マルコ6・22、ローマ13・13、Iペトロ4・3

20 列王下9・30をエレミヤ4・30、エゼキエル23・40と比較

問[140] 第八戒は、どれですか。

答 第八戒は、「汝、盗むなかれ[1]」です。

1 出エジプト20・15

問[141] 第八戒で求められている義務は、何ですか。

答 第八戒で求められている義務は、〔第一に〕人と人との間の契約《カントラクツ》や取引《カマース》における真実《トゥルース》・誠実《フェイスフルネス》・公正《ジャスティス》、[1]〔第二に〕あらゆる人に対してその人に帰すべき分《ヒズ・デュー》を与えること、[2]〔第三に〕正当《ライト》な所有者から不法に自分の手元に留め置いている《ディティンド》品物《グッズ》の返還《レスティテューション》、[3]〔第四に〕わたしたちの能力《アビリティーズ》と他《た》の人たちの必要《ネセスィティーズ》に応じて、惜しみなく《フリーリィ》与え、貸すこと、[4]〔第五に〕この世の財産《ワールドリィ・グッズ》についてのわたしたちの判断・意志・感情の抑制《マダレイション》、[5]〔第六に〕わたしたちの体力《ネイチャー》を維持するのに必要かつ適切であり、わたしたちの健康状態《カンディション》にふさわしい《スータブル》ものを、手に入れ、[6]保存し、使用し、処理する《ディスポウズ》ための、見通しをもった《プラヴィダント》心配り《ケア》と工夫《スタディ》、[7]〔第七に〕合法的な職業《コーリング》[8]とその中での勤勉《ディリジャンス》、[9]〔第八に〕倹約《フルガリティ》、[10]不必要な訴訟《ロースーツ》と[11]連帯保証《シュアティシップ》、あるいは他の同様の債務《インゲイジメンツ》を避けること、[12]そして〔第九に〕わたしたち自身のものだけでなく、他《た》の人たちの富《ウェルス》と財《アウトワード・イステイツ》を、あらゆる正当で合法的な手段により、獲得し《プラキュア》、守り《プリザーヴ》、増加させ《ファーザー》する努力《インデヴァ》、[13]です。

1 詩15・2、4、ゼカリヤ7・9、10、8・16、17
2 ローマ13・7
3 レビ5・21～24〔6・2～5〕をルカ19・8と比較
4 ルカ6・30、38、Ⅰヨハネ3・17、エフェソ4・28、ガラテヤ6・10

5　Ｉテモテ6・6～9、ガラテヤ6・14
6　Ｉテモテ5・8
7　箴27・23～27、コヘレト2・24、3・12、13、Ｉテモテ6・17、18、イザヤ38・1、マタイ11・8
8　Ｉコリント7・20、創世2・15、3・19
9　エフェソ4・28、箴10・4
10　ヨハネ6・12、箴21・20
11　Ｉコリント6・1～9
12　箴6・1～6、11・15
13　レビ25・35、申命22・1～4、出エジプト23・4、5、創世47・14、20、フィリピ2・4、マタイ22・39

問[142]　第八戒で禁じられている罪は、何ですか。

答　第八戒で禁じられている罪は、求められている義務を無視すること以外に、[1]〔第一に〕窃盗《（セフト）》[2]・強盗《（ラベリィ）》[3]・誘拐《（マン・スティーリング）》[4]・盗品故買《（リスィーヴィング・エニスィング・ザット・イズ・ストウルン）》[5]、〔第二に〕詐欺行為《（フロージャラント・ディーリング）》[6]・偽り《（フォールス）》の量り《（ウェイツ）》と物差し《（メジャーズ）》[7]・境界標識《（ランドマークス）》の移動、[8]〔第三に〕人と人との間の契約[9]や信用問題《（マターズ・オヴ・トラスト）》[10]における不正と不誠実、〔第四に〕抑圧《（アプレッション）》[11]・ゆすり《（イクストーション）》[12]・高利貸し《（ユージャリィ）》[13]・賄賂《（ブライベリィ）》[14]・訴訟好き《（ヴェクセイシャス・ロー・スーツ）》[15]・不当な《（アンジャスト）》土地囲い込み《（インクロージャーズ）》と住民追い立て《（ディポピュレイションズ）》、[16]〔第五に〕価格釣り上げ《（インハンス・ザ・プライス）》のための商品買い占め《（イングロッスィング・カマディティーズ）》[17]・不法な職業《（コーリングズ）》[18]・その他、隣人のものを取ったり、留め置く、または自分自身を富ませる、あらゆる不当な《（アンジャスト）》、あるいは罪深い方法、[19]また〔第六に〕貪欲《（カヴェタスネス）》、[20]この世の財産に対する過度の評価《プライズィング》と執着《アフェクティング》[21]、〔第七に〕それらを手に入れ、所持し、使用する際の、不信《ディストラストフル》に満ちた、心をかき乱す《ディストラクティング》ほどの心配り《ケアズ》と工夫《スタディーズ》[22]、他人の繁栄《プラスペラティ》に対するねたみ[23]、また同様に〔第八に〕、怠惰[24]・散財《プラディガリティ》・浪費的な賭け事《ウェイストフル・ゲイミング》・その他、わたしたち自身の財《アウトワード・イステイト》を損なう《プレジュディス》あらゆるしかた[25]、そして、〔第九に〕神がわたしたちに与えてくださった財を適切に用い《デュー・ユース》楽しむ《カムフォト》のを、自らを欺いて《ディフロード》しないこと[26]、です。

1 ヤコブ2・15、16、Iヨハネ3・17
2 エフェソ4・28
3 詩62・11〔62・10〕
4 Iテモテ1・10
5 箴29・24、詩50・18
6 Iテサロニケ4・6
7 箴11・1、20・10
8 申命19・14、箴23・10
9 アモス8・5、詩37・21
10 ルカ16・10~12
11 エゼキエル22・29、レビ25・17
12 マタイ23・25、エゼキエル22・12
13 詩15・5

14 ヨブ15・34
15 Ⅰコリント6・6～8、箴3・29、30
16 イザヤ5・8、ミカ2・2
17 箴11・26
18 使徒19・19、24、25
19 ヨブ20・19、ヤコブ5・4、箴21・6
20 ルカ12・15
21 Ⅰテモテ6・5、コロサイ3・2、箴23・5、詩62・11〔62・10〕
22 マタイ6・25、31、34、コヘレト5・11〔5・12〕
23 詩73・3、37・1、7
24 Ⅱテサロニケ3・11、箴18・9
25 箴21・17、23・20、21、28・19
26 コヘレト4・8、6・2、Ⅰテモテ5・8

問[143] 第九戒は、どれですか。

答 第九戒は、「汝、その隣人《となり》に対して偽りの証《あかし》を立つるなかれ」[1]です。

1 出エジプト20・16

問［144］　第九戒で求められている義務は、何ですか。

答　第九戒で求められている義務は、人と人との間の真実と、[1]わたしたち自身のだけでなくわたしたちの隣人の名声《グッド・ネイム》[2]を、守り《プリザーヴ》、高める《プラモウト》ことです、それは次のようにしてなされます ―― すなわち、〔第一に〕裁判《ジャッジメント》と正義《ジャスティス》の問題、[3]および、その他あらゆる事柄において、[4]真実の味方をするために出廷《アピアリング》して立ち《スタンディング・フォー》、[5]心底から《フラム・ザ・ハート》、[6]誠実に、[7]自由に、[8]明瞭に、[9]十分に、[10]真実《ザ・トゥルース》を、そして真実のみを語ること、〔第二に〕隣人たち《ネイバーズ》に対する思いやりのある評価《チャリタブル・イスティーム》、[11]〔第三に〕かれらの名声を愛し、望み、喜ぶこと《リジョイスイング》、[12]〔第四に〕かれらの弱さ《インファーミティーズ》を悲しみ、[13]包む《カヴァリング》こと、[14]〔第五に〕かれらの一般的な賜物《ギフツ》と霊的賜物《グレイスィズ》を率直に《フリーリィ》認める《アクナリジング》こと、[15]〔第六に〕隣人の無罪《イナスンスィ》を擁護《ディフェンディング》すること、[16]〔第七に〕隣人についての良い評判《リポート》はすみやかに受け入れ、[17]悪い評判は拙速に認めない《アンウィリングネス》こと、[18]〔第八に〕告げ口屋《テイル・ベアラーズ》[19]・こびへつらう人《フラッタラーズ》[20]・中傷者《スランダラーズ》[21]をたしなめる《ディスカリッジング》こと、〔第九に〕わたしたち自身の名声を愛し大切にして、必要があればそれを擁護《ディフェンディング》すること、[22]合法的な約束を守ること、[23]すべて真実なこと・気高い《オネスト》こと・愛すべきこと・名誉《グッド・リポート》なことを、めざし《スタディング》、実践《プラクティスィング》すること、[24]です。

1　ゼカリヤ8・16
2　Ⅲヨハネ12

3 レビ19・15、箴14・5、25
4 Ⅱコリント1・17、18、エフェソ4・25
5 箴31・8、9
6 詩15・2
7 歴代下19・9
8 サムエル上19・4、5
9 ヨシュア7・19
10 サムエル下14・18〜20
11 ヘブライ6・9、Ⅰコリント13・7
12 ローマ1・8、Ⅱヨハネ4、Ⅲヨハネ3、4
13 Ⅱコリント2・4、12・21
14 箴17・9、Ⅰペトロ4・8
15 Ⅰコリント1・4、5、7、Ⅱテモテ1・4、5
16 サムエル上22・14
17 Ⅰコリント13・6、7
18 詩15・3
19 箴25・23
20 箴26・24、25
21 詩101・5
22 箴22・1、ヨハネ8・49

23 詩15・4
24 フィリピ4・8

問[145] 第九戒で禁じられている罪は、何ですか。

答 第九戒で禁じられている罪は、〔第一に〕すべて、真実と、わたしたち自身および隣人の名声、を損う《（プレジュディスィング）》[1]こと、特に公的な裁判《（ジュディカチュア）》において、[2]偽りの証拠事実《（エヴァダンス）》を述べること、[3]偽りの証言をそそのかす《（サボーニング）》こと、[4]故意《（ウィッティングリィ）》に邪悪な申し立て《（イーヴィル・コーズ）》のために出廷《（アビアリング）》して弁ずる《（プリーディング）》こと、真実を抑えつけ《（アウトフェイスィング）》、握りつぶす《（オウヴァ・ベアリング）》こと、[5]不当《（アンジャスト）》な判決《（センテンス）》を下すこと、[6]悪を善と呼び、善を悪と呼ぶこと、悪人に報いるのに義人の行い《（ワーク）》に従ってなし、義人に報いるのに悪人の行い《（ワーク）》に従ってなすこと、[7]〔第二に〕文書偽造《（フォージアリィ）》、[8]真実の隠蔽《（カンスィーリング）》、正しいこと《（ジャスト・コーズ）》についての不当な《（アンデュー）》沈黙《（サイレンス）》、[9]不正《（イニクウィティ）》に対しわたしたち自身が非難するか[10]他《た》の人に訴えるかすべき[11]ときにも、抗議しないでいる《（ホウルディング・アウア・ピース）》こと、〔第三に〕真実を語るのに、ふさわしくないときに、[12]あるいは悪意から[13]悪い目的《（エンド）》のために、あるいは真実を悪い意味にねじ曲げて《（パーヴァーティング）》、[14]もしくは、真実や正義を損なう、あやふや《（ダウトフル）》で多義的な《（イクウィヴォカル）》表現をもってすること、[15]〔第四に〕真実でない《（アントゥルース）》ことを語ること、[16]うそをつく《（ライイング）》こと、[17]中傷する《（スランダリング）》こと、[18]陰口をきく《（バック・バイティング）》こと、[19]誹謗する《（ディトラクティング）》こと、[20]うわさ話を振りまく《（テイルベアリング）》こと、[21]ひそひそ話をする《（ホウィスパリング）》こと、[22]あざける《（スコッフィング）》こと、[23]ののしる《（リヴァイリング）》こと、[24]軽率《（ラッシュ）》[25]で過酷《（ハーシュ）》[26]で不公平な《（パーシャル）》譴責《（センシャリング）》、[27]意向《（インテンションズ）》・言葉・行動《（アクションズ）》を誤解する《（ミスカンストルーイング）》こと、[28]こびへつらう《（フラッタリング）》こと、[29]虚栄心に満ちた《（ヴェイン・グロリアス）》自慢話《（ボウスティング）》、[30]〔第五に〕わたしたち自身や他人を過大評価したり過少評価して考え、あるいは語ること、[31] 神が与えてくださる一般的な賜物《ギフツ》と霊的賜物《グレイスィズ》を否定すること、[32] 比較的小さな欠点《フォールツ》を過大視《アグラヴェイティング》すること、[33] 自主的な《フリー》告白《カンフェッション》が求められる場合に罪を隠したり、言い訳したり《イクスキューズィング》、あるいは軽く見ること《イクステニュエイティング》、[34] 弱さ《インファーミティーズ》を不必要に暴露すること《ディスカヴァリング》、[35] 偽りのうわさを立てること、[36] 邪悪な報告を受け入れて評価すること、[37] また正当な弁明《ディフェンス》に耳を貸さないこと、[38] 邪推《イーヴィル・サスピション》、[39] いかなる人のであれ、その人に当然である信望《クレディット》をねたみ、あるいは悲しむこと《グリーヴィング》、[40] それを損なおう《イムペア》と努めたり、あるいは願うこと、[41] 他人の不首尾《ディスグレイス》や不名誉《インファミィ》を喜ぶこと、[42] あざけりに満ちた軽蔑《スコーンフル・カンテムプト》、[43] 浅はか《ファンド》な称賛《アドマレイション》、[44] 〔第六に〕合法的な約束の破棄《ブリーチ》、[45] また評判の良いこと《グッド・リポート》を無視すること、[46] また、悪名《イルネイム》を高くするようなことをわたしたち自身実践したり、避けたりしないこと、あるいは他人がそうするのを、できるのに止めさせないこと《ノット・ヒンダリング》、[47] です。

1 サムエル上17・28、サムエル下16・3、1・9、10、15、16
2 レビ19・15、ハバクク1・4
3 箴19・5、6・16、19
4 使徒6・13
5 エレミヤ9・2、4〔9・3、5〕、使徒24・2、5、詩12・4、5〔12・3、4〕、52・3～6〔52・1～4〕
6 箴17・15、列王上21・9～13
7 イザヤ5・23

8 詩119・69、ルカ19・8、16・5～7
9 レビ5・1、申命13・9〔13・8〕、使徒5・3、8、9、Ⅱテモテ4・16
10 列王上1・6、レビ19・17
11 イザヤ59・4
12 箴29・11
13 サムエル上22・9、10を詩52・3～6〔52・1～4〕と比較
14 詩56・6〔56・5〕、ヨハネ2・19をマタイ26・60、61と比較
15 創世3・5、26・7、9
16 イザヤ59・13
17 レビ19・11、コロサイ3・9
18 詩50・20
19 詩15・3
20 ヤコブ4・11、エレミヤ38・4
21 レビ19・16
22 ローマ1・29、30
23 創世21・9をガラテヤ4・29と比較
24 Ⅰコリント6・10
25 マタイ7・1
26 使徒28・4
27 創世38・24、ローマ2・1

28 ネヘミヤ6・6〜8、ローマ3・8、詩69・11〔69・10〕、サムエル上1・13〜15、サムエル下10・3
29 詩12・3、4〔12・2、3〕
30 Ⅱテモテ3・2
31 ルカ18・9、11、ローマ12・16、Ⅰコリント4・6、使徒12・22、出エジプト4・10〜14
32 ヨブ27・5、6、4・6
33 マタイ7・3〜5
34 箴28・13、30・20、創世3・12、13、エレミヤ2・35、列王下5・25、創世4・9
35 創世9・22、箴25・9、10
36 出エジプト23・1
37 箴29・12
38 使徒7・56、57、ヨブ31・13、14
39 Ⅰコリント13・5、Ⅰテモテ6・4
40 民数11・29、マタイ21・15
41 エズラ4・12、13
42 エレミヤ48・27
43 詩35・15、16、21、マタイ27・28、29
44 ユダ16、使徒12・22
45 ローマ1・31、Ⅱテモテ3・3
46 サムエル上2・24

47 サムエル下13・12、13、箴5・8、9、6・33

問[146] 第十戒は、どれですか。

答 第十戒は、「汝、その隣人《となり》の家をむさぼるなかれ、また汝の隣人の妻、およびその僕《しもべ》、しもめ、牛、驢馬《ろば》、ならびにすべて汝の隣人の持物をむさぼるなかれ」[1]です。

1 出エジプト20・17

問[147] 第十戒で求められている義務は、何ですか。

答 第十戒で求められている義務は、わたしたち自身の境遇《(カンディション)》に十分に満足し[1]、また隣人に対して心底から思いやりをもち《(ア・チャリタブル・フレイム・オヴ・ザ・ホウル・ソウル)》、かくして、隣人についてのわたしたちの内的な欲求《(インワード・モウションズ)》と感情《(アフェクションズ)》とが、かれに属する良いものすべてに心を配り、それを増加《(ファーザー)》させるようになることです。[2]

1 ヘブライ13・5、Iテモテ6・6

2 ヨブ31・29、ローマ12・15、詩122・7〜9、Iテモテ1・5、エステル10・3、Iコリント13・4〜7

問[148]　第十戒で禁じられている罪は、何ですか。

答　第十戒で禁じられている罪は、自分自身の財《イステイト》への不満[1]・隣人《りんじん》の良いものをねたみ[2]、悲しむこと[3]、隣人のいかなるものに対してであれ、それへの、あらゆる過度な《インオーディネト》欲求《モウションズ》と愛着《アフェクションズ》です[4]。

1　列王上21・4、エステル5・13、Ⅰコリント10・10
2　ガラテヤ5・26、ヤコブ3・14、16
3　詩112・9、10、ネヘミヤ2・10
4　ローマ7・7、8、13・9、コロサイ3・5、申命5・21

問[149]　だれか、神の戒《カマンドメンツ》めを完全《パーフェクトリィ》に守《キープ》ることができますか。

答　だれ一人、自分自身でであれ、[1]この世で受けるいかなる霊的賜物《グレイス》によってであれ、神の戒めを完全に守《キープ》ることはできず[2]、かえって、思い《ソート》[3]と言葉《ワード》と行い《ディード》において[4]、日ごとにそれらを破《ブレイク》っています。

1　ヤコブ3・2、ヨハネ15・5、ローマ8・3
2　コヘレト7・20、Ⅰヨハネ1・8、10、ガラテヤ5・17、ローマ7・18、19
3　創世6・5、8・21
4　ローマ3・9～21、ヤコブ3・2～13

問[150] 神の律法に対する違反《トランスグレッションズ》はすべて、それ自体で、また神の御前《イン・ザ・サイト・オヴ》で、同程度《イークワリィ》にいまわしい《ヘイナス》のですか。

答 神の律法に対する違反がすべて同程度《イークワリィ》にいまわしいというわけではなく、ある罪《スィンズ》は、それ自体で《イン・ゼムセルヴズ》、また、いくつか《セヴラル》の加重《アグラヴェイションズ》により、他の罪より神の御前に《イン・ザ・サイト・オヴ》いっそういまわしくなります。[1]

1 ヨハネ19・11、エゼキエル8・6、13、15、Ⅰヨハネ5・16、詩78・17、32、56

問[151] ある《サム》罪《スィンズ》を他の罪よりいっそういまわしいものとする加重《アグラヴェイションズ》とは、何ですか。

答 罪は、次のものから加重を受けます ——

[1] 過ちを犯す人物《アフェンディング・パースンズ》から[1] —— すなわち、かれらが、〔第一に〕より年長で、[2] より豊かな経験や賜物をもつ人、[3]〔第二に〕信仰告白《プラフェッション》・[4]才能《ギフツ》・[5]地位《プレイス》・[6]職務《オフィス》[7]のゆえに著名《エミナント》な人、〔第三に〕他《た》の人たちの指導者《ガイズ》で、[8] その模範《イグザムプル》に他の人たちがならうと思われる人、[9] の場合。

[2] 過ちが犯される対象《パーティーズ》から[10] —— すなわち、〔第一に〕直接、神[11]・神の属性《アトリビューツ》[12]・神礼拝[13]に対して、〔第二に〕キリストとかれの恵み、[14]〔第三に〕聖霊[15]とかれの証言《ウィットネス》[16]・働き《ワーキングズ》[17]に対して、〔第四に〕目上の人《スピアリアズ》・著名な人《メン・オヴ・エミナンスィ》[18]・わたしたちが特に関係があり《リレイティッド》、約束を交わしている《インゲイジド》ような人に対して、[19]〔第五

に〕聖徒《セインツ》たちのだれか、[20]特に、弱い兄弟たち[21]・かれらや他のだれかの魂[22]・また、すべての人、あるいは多くの人の共通善《ザ・カマン・グッド》に対して、[23]の場合。

［3］過ち《アフェンス》の性質《ネイチャー》と特徴《クウォリティ》から[24]——すなわち、〔第一に〕過ちが律法《ザ・ロー》の明確な条文《レター》に反し、[25]多くの戒めを破り、そのうちに多くの罪を含み、[26]心の中で考えられただけでなく、言葉と行動《アクションズ》となって出てきて、[27]他《た》の人たちを躓かせ、[28]修復《レパレイション》の余地を残さない場合、[29]〔第二に〕〔神が用いる〕手段[30]・〔神の〕憐れみ[31]・〔神の〕審判《ジャジメンツ》[32]・本性の光《ライト・オヴ・ネイチャー》[33]・良心の確信《カンヴィクション》[34]・公的《パブリック》あるいは私的《プライヴィット》な訓戒《アドマニション》[35]・教会の譴責《センシャーズ》[36]・社会的懲罰《スィヴィル・パニッシュメンツ》[37]・そしてわたしたち自身の、祈り・決意《パーパスィズ》・約束[38]・誓願《ヴァウズ》[39]・契約《カヴェナンツ》[40]・神あるいは人々に対する約定《インゲイジメンツ》[41]に反する場合、〔第三に〕罪を犯すことが、計画的《ディリヴァリトリィ》に、[42]故意《ウィルフリィ》に、[43]強引《プリザムプチュアスリィ》に、[44]恥知らずに《イムピュダントリィ》、[45]自慢げ《ボウスティングリィ》に、[46]悪意をもって《マリシャスリィ》、[47]頻繁に、[48]執拗に《アブスティネトリィ》、[49]喜んで、[50]継続的に、[51]あるいは、悔い改めた後にまた後退《リラプスィング》して、[52]なされる場合。

［4］時[53]と場所[54]の状況《サーカムスンスィズ》から——すなわち、〔第一に〕主の日、[55]その他の神礼拝のとき、[56]あるいは神礼拝の直前[57]や直後、[58]また、このような誤りの予防策や善後策がとられた後、[59]の場合、〔第二に〕公然《イン・パブリック》と、すなわち、それによって挑発されたり、傷つけられ《ディファイルド》ると思われる人々がいるところ《イン・ザ・プレザンス・オヴ》[60]で、犯される場合。

1　エレミヤ2・8
2　ヨブ32・7、9、コヘレト4・13

3 列王上11・4、9
4 サムエル下12・14、Ⅰコリント5・1
5 ヤコブ4・17、ルカ12・47、48
6 エレミヤ5・4、5
7 サムエル下12・7〜9、エゼキエル8・11、12
8 ローマ2・17〜25
9 ガラテヤ2・11〜14
10 マタイ21・38、39
11 サムエル上2・25、使徒5・4、詩51・6〔51・4〕
12 ローマ2・4
13 マラキ1・8、14
14 ヘブライ2・2、3、12・25
15 ヘブライ10・29、マタイ12・31、32
16 エフェソ4・30
17 ヘブライ6・4、5
18 ユダ8、民数12・8、9、イザヤ3・5
19 箴30・17、Ⅱコリント12・15、詩55・13〜16〔12〜15〕
20 ゼファニヤ2・8、10、11、マタイ18・6、Ⅰコリント6・8、黙示17・6
21 Ⅰコリント8・11、12、ローマ14・13、15、21
22 エゼキエル13・19、Ⅰコリント8・12、黙示18・13、マタイ23・15

23 Ⅰテサロニケ2・15、16、ヨシュア22・20
24 箴6・30〜35
25 エズラ9・10〜12、列王上11・9、10
26 コロサイ3・5、Ⅰテモテ6・10、箴5・8〜12、6・32、33、ヨシュア7・21
27 ヤコブ1・14、15、マタイ5・22、ミカ2・1
28 マタイ18・7、ローマ2・23、24
29 申命22・22を28、29節と比較、箴6・32〜35
30 マタイ11・21〜24、ヨハネ15・22
31 イザヤ1・3、申命32・6
32 アモス4・8〜12、エレミヤ5・3
33 ローマ1・26、27
34 ローマ1・32、ダニエル5・22、テトス3・10、11
35 箴29・1
36 テトス3・10、マタイ18・17
37 箴27・22、23・25
38 詩78・34〜37、エレミヤ2・20、42・5、6、20、21
39 コヘレト5・3〜5〔5・4〜6〕、箴20・25
40 レビ26・25
41 箴2・17、エゼキエル17・18、19
42 詩36・5〔36・4〕

43 エレミヤ6・16
44 民数15・30、出エジプト21・14
45 エレミヤ3・3、箴7・13
46 詩52・3〔52・1〕
47 Ⅲヨハネ10
48 民数14・22
49 ゼカリヤ7・11、12
50 箴2・14
51 イザヤ57・17
52 エレミヤ34・8〜11、Ⅱペトロ2・20〜22
53 列王下5・26
54 エレミヤ7・10、イザヤ26・10
55 エゼキエル23・37〜39
56 イザヤ58・3〜5、民数25・6、7
57 Ⅰコリント11・20、21
58 エレミヤ7・8〜10、箴7・14、15、ヨハネ13・27、30
59 エズラ9・13、14
60 サムエル下16・22、サムエル上2・22〜24

問[152]　すべての罪《エヴリィ・スィン》は、神の御手《アト・ザ・ハンズ・オヴ・ゴッド》から何を受けるに値《ディザーヴ》しますか。

答　すべての罪は、最小のものでも、神の主権《サヴレンティ》[1]・善《グッドネス》[2]・聖性《ホウリネス》[3]と、かれの義しい律法《ライチャス・ロー》[4]に反するので、この世においても[5]、来るべき世においても[6]、かれの怒り《ラス》と呪い《カース》[7]に値し、キリストの血による以外に、償《エクスピエイティド》われることはできません。[8]

1　ヤコブ2・10、11
2　出エジプト20・1、2
3　ハバクク1・13、レビ10・3、11・44、45
4　Ⅰヨハネ3・4、ローマ7・12
5　哀3・39、申命28・15〜68
6　マタイ25・41
7　エフェソ5・6、ガラテヤ3・10
8　ヘブライ9・22、Ⅰペトロ1・18、19

問[153]　律法に対する違反《トランスグレッション》のゆえにわたしたちが受けて当然である神の怒りと呪いを免れる《イスケイプ》ために、神はわたしたちに何を求めておられますか。

答　律法に対する違反のゆえにわたしたちが受けて当然である神の怒りと呪いを免れるために、神はわたしたちに、神に対する悔い改め《リペンタンス》と、わたしたちの主イエス・キリストに対する信仰、[1]そして、かれの仲介《(ミーディエイション)》の益《(ベネフィッツ)》をキリストがわたしたちに分かち与えられる《(カミューニケイト)》外的手段《(アウトワード・ミーンズ)》の勤勉な使用《(ディリジャント・ユース)》[2]を求めておられます。

1　使徒20・21、マタイ3・7、8、ルカ13・3、5、使徒16・30、31、ヨハネ3・16、18
2　箴2・1～6、8・33～36

問[154]　かれの仲介の益をキリストがわたしたちに分かち与えられる、外的手段は、何ですか。

答　かれの仲介の益をキリストがかれの教会に分かち与えられる外的《(アウトワード)》な、通常《(オーディナリィ)》の手段は、かれのすべての規定《(オーディナンスイズ)》、特に御言葉《(ザ・ワード)》と聖礼典《(サクラメンツ)》と祈り《(プレア)》であり、これらすべてが、選びの民《(ズィ・イレクト)》にとって、その救いのために有効《(イフェクチュアル)》とされます。[1]

1　マタイ28・19、20、使徒2・42、46、47

問[155]　御言葉は、どのようにして救いに有効とされるのですか。

答　神の霊が、御言葉の朗読、しかし特に御言葉の説教《(プリーチング)》を、次のようなことのために有効な手段とされます――すなわち、〔第一に〕罪人を啓発し《(インライトニング)》[1]、罪を悟らせ《(カンヴィンスィング)》、謙虚にさせること《(ハムブリング)》[2]、〔第二に〕かれらを自分の殻から引き出して《ドライヴィング・アウト》キリストのもとに引き寄せる《ドローイング》こと、[3]〔第三に〕かれらをキリストのかたち《イミジ》に造りかえ、[4]かれの御心《ウィル》に従わせる《サブデューイング》こと、[5]〔第四に〕かれらをさまざまな誘惑《テムプティションズ》と腐敗《カラプションズ》に対して強くすること、[6]〔第五に〕かれらを恵みの内に造り上げ、[7]そして、救いに至る信仰《フェイス・アントゥ・サルヴェイション》をとおして、かれらの心を聖性《ホウリネス》と慰め《カムフォト》においてゆるぎなく《イスタブリッシング》すること、[8]です。

1 ネヘミヤ8・8、使徒26・18、詩19・9〔19・8〕
2 Ⅰコリント14・24、25、歴代下34・18、19、26〜28
3 使徒2・37、41、8・27〜39
4 Ⅱコリント3・18
5 Ⅱコリント10・4〜6、ローマ6・17
6 マタイ4・4、7、10、エフェソ6・16、17、詩19・12〔19・11〕、Ⅰコリント10・11
7 使徒20・32、Ⅱテモテ3・15〜17
8 ローマ16・25、Ⅰテサロニケ3・2、10、11、13、ローマ15・4、10・13〜17、1・16

問[156] 神の言葉《ザ・ワード・オヴ・ゴッド》は、すべての人によって読まれなければなりませんか。

答 御言葉を公的に会衆《カングリゲイション》に対して朗読《リード》することがすべての人に許されて《パミッティド》よいわけではありませんが、[1]しかしそれでも《イエット》、あらゆるたぐいの人々《オール・ソーツ・オヴ・ピープル》が、自分ひとりで、[2]あるいは家族と共に、[3]御言葉を読《リード》むべきです――その目的のために《トゥ・ホウィッチ・エンド》聖書《ザ・ホウリィ・スクリプ・チャーズ》は、原語から《ズィ・オリジナル》一般民衆の《ヴァルガー》言語《ラングウィジズ》に翻訳《トランスレイティド》されなければなりません。[4]

1 申命31・9、11〜13、ネヘミヤ8・2、3、9・3〜5
2 申命17・19、黙示1・3、ヨハネ5・39、イザヤ34・16
3 申命6・6〜9、創世18・17、19、詩78・5〜7
4 Iコリント14・6、9、11、12、15、16、24、27、28

問[157] 神の言葉は、どのように《ハウ》読まれなければなりませんか。

答 聖書は、〔第一に〕それに対する高く敬虔な《レヴァラント》評価《イスティーム》をもって、[1]〔第二に〕それが神の言葉そのもの《ザ・ヴェリィ・ワード・オヴ・ゴッド》であり、[2]神のみがわたしたちに聖書を理解させることがおできになるという固い信念《パスウェイジョン》をもって、[3]〔第三に〕聖書の中に啓示されている神の御心《ウィル》を知り、信じ、それに従いたいという願い《ディザイア》をもって、[4]〔第四に〕勤勉《ディリジャントリィ》に、[5]また聖書の内容《マター》と目標《スコウプ》に注意《アテンション》しつつ、[6]〔第五に〕黙想《メディテイション》[7]・適用《アプリケイション》[8]・自己否定《セルフ・ディナイアル》[9]・祈り《プレアー》[10]をもって、読まれなければなりません。

1 詩19・11〔19・10〕、ネヘミヤ8・3〜10、出エジプト24・7、歴代下34・27、イザヤ66・2
2 IIペトロ1・19〜21

3 ルカ24・45、IIコリント3・13～16
4 申命17・19、20
5 使徒17・11
6 使徒8・30、34、ルカ10・26～28
7 詩1・2、119・97
8 歴代下34・21
9 箴3・5、申命33・3
10 箴2・1～7、詩119・18、ネヘミヤ8・6、8

問[158] 神の言葉は、だれによって説教《プリーチト》されなければなりませんか。

答 神の言葉は、賜物が十分に与えられ《サフィシャントリィ・ギフティド》[1]、また、その職務《オフィス》に就くことを正式《デューリー》に承認され《アプルーヴド》、召された《コールド》人々[2]によってのみ、説教されなければなりません。

1 Iテモテ3・2、6、エフェソ4・8～11、ホセア4・6、マラキ2・7、IIコリント3・6
2 エレミヤ14・15、ローマ10・15、ヘブライ5・4、Iコリント12・28、29、Iテモテ3・10、4・14、5・22

問[159] 神の言葉は、その職務に召された人々によって、どのように説教されなければなりませんか。

答 御言葉の宣教《ミニストリィ》に労《レイバー》するように召された人々は、健全な教理《サウンド・ダクトリン》を、[1]〔第一に〕折が良くても悪くても《イン・スィーズン・アンド・アウト・オヴ・スィーズン》、[2]勤勉に、[3]〔第二に〕人間の知恵の、心そそる《インタイスィング》言葉によらず、御霊と力との証明《デマンストレイション》によって、[4]わかりやすく《プレインリィ》、[5]〔第三に〕神の計らいの全体《ザ・ホウル・カンサル》を知らせて、[6]忠実に《フェイスフリィ》、[7]〔第四に〕聞く人たちの必要《ネセスィティーズ》と能力《キャパスィティーズ》に合わせて、[8]賢明に《ワイズリィ》、[9]〔第五に〕神[10]と神の民の魂への[11]燃え立つ愛《ファーヴァント》をもって、熱心に《ゼラスリィ》、[12]〔第六に〕ただ神の栄光[13]とかれの民の回心《カンヴァージョン》・[14]造り上げ《エディフィケイション》・[15]救い[16]をめざして、誠実に《スィンスィアリィ》、[17]説教しなければなりません。

1 テトス2・1、8
2 Ⅱテモテ4・2
3 使徒18・25
4 Ⅰコリント2・4
5 Ⅰコリント14・19
6 使徒20・27
7 エレミヤ23・28、Ⅰコリント4・1、2
8 Ⅰコリント3・2、ヘブライ5・12～14、ルカ12・42
9 コロサイ1・28、Ⅱテモテ2・15
10 Ⅱコリント5・13、14、フィリピ1・15～17

11 コロサイ4・12、Ⅱコリント12・15
12 使徒18・25
13 Ⅰテサロニケ2・4〜6、ヨハネ7・18
14 Ⅰコリント9・19〜22
15 Ⅱコリント12・19、エフェソ4・12
16 Ⅰテモテ4・16、使徒26・16〜18
17 Ⅱコリント2・17、4・2

問[160] 御言葉の説教を聞く人々には、何が求められて《リクワイアド》いますか。

答 御言葉の説教を聞く人々に求められているのは、〔第一に〕勤勉さ《ディリジャンス》[1]と準備《プレパレイション》[2]と祈りをもって[3]説教に耳を傾ける《アテンド・アポン》こと、〔第二に〕聞いたことを聖書によって吟味する《イグザミン》こと、[4]〔第三に〕真理は、神の言葉として[5]、信仰[6]・愛[7]・謙遜《ミークネス》[8]・素直な思い《レディネス・オヴ・マインド》[9]をもって受け入れること、〔第四に〕神の言葉について黙想《メディテイト》し、[10]語り合う《カンファー》こと[11]、〔第五に〕神の言葉を心に蓄える《ハイド》こと[12]、そして〔第六に〕生活の中でその実を結ばせること、です。[13]

1 箴8・34
2 Ⅰペトロ2・1、2、ルカ8・18

3 詩119・18、エフェソ6・18、19
4 使徒17・11
5 Ⅰテサロニケ2・13
6 ヘブライ4・2
7 Ⅱテサロニケ2・10
8 ヤコブ1・21
9 使徒17・11
10 ルカ9・44、ヘブライ2・1
11 ルカ24・14、申命6・6、7
12 箴2・1、詩119・11
13 ルカ8・15、ヤコブ1・25

問[161] 聖礼典《ザ・サクラメンツ》は、どのようにして救いの有効《イフェクチュアル》な手段《ミーンズ》となるのですか。

答 聖礼典が救いの有効な手段となるのは、聖礼典自体の中にあるどのような力《パウア》によるのでも、また、聖礼典を執行する《アドミニスター》人の敬虔《パイアティ》さや意向《インテンション》に由来する《ディライヴド・フラム》どのような効力《ヴァーチュー》によるのでもなく、ただ、聖霊《ザ・ホウリィ・ゴウネスト》の働《ワーキング》きと、聖礼典を制定された《インスティテューティド》キリストの祝福《ブレッスィング》によります。[1]

1 Ⅰペトロ3・21、使徒8・13を23節と比較、Ⅰコリント3・6、7、12・13

問[162] 聖礼典《ア・サクラメント》とは、何ですか。

答 聖礼典とは、以下の目的のために、キリストによってかれの教会の中に制定《インスティテューティド》された聖なる規定《オーディナンス》です[1]——すなわち、〔第一に〕恵みの契約《ザ・カヴェナント・オヴ・グレイス》の中にある人々に対して、[2]キリストの仲介《ミーディエイション》による益《ベネフィッツ》[3]を意味し、証印《スィール》し、差し出す《イグズィビット》ため、[4]〔第二に〕かれらの信仰、および他のすべての霊的賜物《グレイスィズ》を強め《ストレンクスン》、増し加える《インクリース》ため、[5]〔第三に〕かれらに従順を義務づけるため、[6]〔第四に〕かれら相互の愛と交わりを証し《テスティファイ》し、はぐくむ《チェリッシュ》ため、[7]〔第五に〕かれらを外部の人々から区別する《ディスティングウィッシュ》ため、[8]です。

1 創世17・7、10、出エジプト12章、マタイ28・19、26・27、28
2 ローマ15・8、出エジプト12・48
3 使徒2・38、Iコリント10・16
4 ローマ4・11、Iコリント11・24、25
5 ローマ4・11、ガラテヤ3・27
6 ローマ6・3、4、Iコリント10・21
7 エフェソ4・2〜5、Iコリント12・13
8 エフェソ2・11、12、創世34・14

問[163] 聖礼典《ア・サクラメント》の要素《パーツ》は、何ですか。

答 聖礼典の要素は二つで、一つは、キリスト御自身の指示《アポイントメント》に従って用いられる、外的な《アウトワード》、知覚《センサブル》できるしるし《サイン》であり、もう一つは、それによって意味される《スイグニファイド》、内的な《インワード》、霊的恵み《グレイス》です。[1]

1 マタイ3・11、Iペトロ3・21、ローマ2・28、29

問[164] 新約《ザ・ニュー・テスタメント》のもとでキリストは、かれの教会の中に、いくつの聖礼典を制定しておられますか《ハス・インスティテューティド》。

答 新約のもとでキリストは、かれの教会の中に、ただ二つの聖礼典、すなわち、洗礼《バプティズム》と主の晩餐《ザ・ローズ・サパー》を制定しておられます。[1]

1 マタイ28・19、Iコリント11・20、23、マタイ26・26〜28

問[165] 洗礼とは、何ですか。

答 洗礼とは、〔第一に〕そこにおいて《ホウェアイン》、キリストが、父と子と聖霊の名による水の洗い《ウォッシング》が、[1]御自身への接ぎ木《イングラフティング》[2]・かれの血による罪の赦し《リミッション・オヴ・スインズ》[3]とかれの霊による再生《リジェナレイション》[4]・養子とすること《アダプション》[5]・永遠の命への復活《レザレクション・アントゥ・エヴァラスティング・ライフ》[6]、の、しるし《サイン》と証印《スィール》となるように定めておられ、また〔第二に〕、それによって《ホウェアバイ》、洗礼を授けられた人々《パーティーズ》が、目に見える教会《ザ・ヴィザブル・チャーチ》の中に厳粛に《サラムリイ》受け入れられ《アドミッティド》、[7] そして、全面的に《ホウルリイ》ただ主のもの《ザ・ローズ》となるという、公然とした《オウプン》、誓約《プラフェスト》に基づく約束関係《インゲイジメント》にかれらが入ることになる、[8] そのような、新約の聖礼典です。

1 マタイ28・19
2 ガラテヤ3・27
3 マルコ1・4、黙示1・5
4 テトス3・5、エフェソ5・26
5 ガラテヤ3・26、27
6 Ⅰコリント15・29、ローマ6・5
7 Ⅰコリント12・13
8 ローマ6・4

問[166] 洗礼は、だれに対して執行される《アドミニスタード》べきですか。

答 洗礼は、目に見える教会の外にあって、約束の契約《ザ・カヴェナント・オヴ・プラミス》にかかわりのない、いかなる人々に対しても、かれらがキリストに対する信仰とかれへの従順を公に告白する《プラフェス》までは、執行されてはなりません[1]が、しかし両親であれ、片方の親だけであれ、キリストに対する信仰とかれへの従順を公に告白している親たちの子ども《ディセンディング》である幼児たち《インファンツ》は、まさにそれゆえに契約《ザ・カヴェナント》の中にあり、洗礼を授けられるべきです。[2]

1 使徒8・36、37、2・38
2 創世17・7、9をガラテヤ3・9、14、コロサイ2・11、12、使徒2・38、39、ローマ4・11、12と比較、Iコリント7・14、マタイ28・19、ルカ18・15、16、ローマ11・16

問[167] わたしたちの洗礼は、わたしたちによってどのように生かして用いられ《イムプルーヴド》なければなりませんか。

答 わたしたちの洗礼を生かして用いる《イムプルーヴィング》という、必要でありながらひどく無視されている《ニグレクティド》義務《デューティ》は、わたしたちすべての者によって、生涯にわたり、特に誘惑のときや、他の人《た》たちに洗礼が執行される場に臨むとき、次のようにして果たされなければなりません[1]——すなわち〔第一に〕洗礼の本質《ネイチャー》・キリストがそれを制定された目的《エンズ》・それによって与えられ《カンファード》、証印される《スィールド》特権《プリヴァリッジズ》と益《ベネフィッツ》・洗礼の際になしたわたしたちの厳粛《サラム》な誓約《ヴァウ》、を真剣に、感謝をもって考慮《カンスィダレイション》することにより、[2]〔第二に〕洗礼の恵みとわたしたちが結んだ約束関係《インゲイジメンツ》を自ら罪深くも汚し、それらにふさわしくなく、むしろそれらに背いて歩んでいることに対して、謙虚にさせられる《ハムブルド》ことにより、[3]〔第三に〕この聖礼典においてわたしたちに証印されている罪の赦し《パードゥン・オヴ・スィン》と他のすべての祝福に対する確信へと成長することにより、[4]〔第四に〕罪の力をそぎ《モーティファイイング》、恵みを働かせる《クウィックニング》ため、自分たちが洗礼によって一つとされたキリストの死と復活から力《ストレンクス》を引き出すことにより、[5]〔第五に〕洗礼の際に自らをキリストにささげている者として、[6]信仰によって生き、[7]わたしたちの行動《カンヴァセイション》を聖性と義のうちに保ち、[8]また、一つの体に連なるように同じ御霊により洗礼を受けているので、兄弟愛《ブラザリィ・ラヴ》のうちに歩むよう[9]努めることによって、です。

1　コロサイ2・11、12、ローマ6・4、6、11
2　ローマ6・3～5
3　Ⅰコリント1・11～13、ローマ6・2、3
4　ローマ4・11、12、Ⅰペトロ3・21
5　ローマ6・3～5
6　使徒2・38
7　ガラテヤ3・26、27
8　ローマ6・22
9　Ⅰコリント12・13、25～27

問[168]　主の晩餐《ザ・ローズ・サパー》とは、何ですか。

答　主の晩餐とは、そこにおいて《ホウェアイン》、イエス・キリストの御指示《アポイントメント》に従ってパンとぶどう酒を与え《ギヴィング》、また受け取る《リスィーヴィング》ことによってキリストの死が示され、ふさわしく《ワーズィリィ》あずかる《カミューニケイト》者たちが、〔第一に〕かれらの霊的栄養《ナリッシュメント》と恵みにおける成長《グロウス》のために、キリストの体と血によって養われ《フィード・アポン》、[1]〔第二に〕キリストとの結合《ユニオン》と交わりを確かにされ《カンファームド》、[2]〔第三に〕神に対するかれらの感謝と[3]約束関係《インゲイジメント》、[4]および、同じ神秘体《ミスティカル・バディ》の部分《メムバーズ》としての、かれら相互の愛と交流《フェロシップ》、[5]を証し《テスティファイ》し、新たにする《リニュー》、そのような新約の聖礼典です。[6]

1 マタイ26・26～28、Iコリント11・23～26
2 Iコリント10・16
3 Iコリント11・24～26
4 Iコリント10・14～16、21
5 Iコリント10・17
6 ルカ22・20

問[169] キリストは、主の晩餐の聖礼典において、パンとぶどう酒がどのように与えられ《ギヴン》、受け取られる《リスィーヴド》ように指示しておられ《ハス・アポインティド》ますか。

答 キリストは、かれの御言葉に仕える牧師たち《ミニスターズ・オヴ・ヒズ・ワード》が、主の晩餐の聖礼典執行《アドミニストレイション》にあたり、〔第一に〕そのパンとぶどう酒を、制定《インスティテューション》の言葉と感謝と祈りによって日常の用途《カマン・ユース》から区別し《セット・アパート》、〔第二に〕パンを取って割き《ブレイク》、〔第三に〕パンとぶどう酒の両方を陪餐者《カミューニカンツ》に与えるように、指示しておられます。また同じ指示《アポイントメント》により、陪餐者は、自分たちのためにキリストの体が裂かれて与えられ、キリストの血が流されたことを感謝の内に覚えつつ、パンを取って食べ、ぶどう酒を飲まなければなりません。[1]

1 Iコリント11・23、24、マタイ26・26〜28、マルコ14・22〜24、ルカ22・19、20

問[170] 主の晩餐にふさわしく《ワーズィリィ》あずかる《カミューニケイト》者たちは、そこで、どのようにしてキリストの体と血によって養われる《フィード・アポン》のですか。

答 〔第一に〕キリストの体と血は、主の晩餐においてパンとぶどう酒の中《イン》に、それらとともに《ヴィズ》、あるいは、それらの下《アンダー》に、身体的《コーポラリィ》・肉的《カーナリィ》には存在しませんが[1]、しかしその品々《エリメンツ》自体が受領者《ザ・リスィーヴァー》の外的感覚《アウトワード・センスィズ》に対して存在しているのに劣らないほど真《トゥルーリィ》に、また現実《リアリィ》に、かれらの信仰にとって、霊的に存在し[2]、〔第二に〕それゆえ、主の晩餐の聖礼典にふさわしくあずかる《カミューニケイト》者たちは、信仰によって、十字架につけられたキリストと、かれの死のすべての益《ベネフィッツ》を受け取り、自分たち自身に適用するとき[3]、その聖礼典において、身体的、肉的なしかたでではなく、霊的なしかたで、しかし真に、また現実に、キリストの体と血によって養われます[4]。

1 使徒3・21
2 マタイ26・26、28
3 Iコリント10・16
4 Iコリント11・24〜29

問[171] 主の晩餐の聖礼典を受ける《リスィーヴ》人々は、それに臨む《カム・トゥ》前に、どのように自らを備え《プリペア》なければなりませんか。

答 主の晩餐の聖礼典を受ける人々は、それに臨む前に、次のようにして自らを備えなければなりません——すなわち、〔第一に〕自分がキリストに在ることについて、[1] 自分の罪《スィンズ》と欠点《ウォンツ》について、[2] 自分の知識[3]・信仰[4]・悔い改め[5]・神と兄弟たちへの愛[6]・すべての人々に対する思いやり《チャリティ》[7]・自分に悪《ロング》をなした人々への赦し《フォギヴィング》[8]、の真実さ《トゥルース》と程度《メジャー》について、キリストを求める思い《ディザイアズ》について、[9] そして、自分の新たな従順[10]について、自らを吟味する《イグザミニング》ことによって、[11] また〔第二に〕真剣な黙想[12]と熱心《ファーヴァント》な祈りにより、[13] これらの霊的賜物《グレイスィズ》を新たに働かせる《リニューイング》ことによって、[14] です。

1 Ⅱコリント13・5
2 Ⅰコリント5・7を出エジプト12・15と比較
3 Ⅰコリント11・29
4 Ⅱコリント13・5、マタイ26・28
5 ゼカリヤ12・10、Ⅰコリント11・31
6 Ⅰコリント10・16、17、使徒2・46、47
7 Ⅰコリント5・8、11・18、20
8 マタイ5・23、24

9 イザヤ55・1、ヨハネ7・37
10 Iコリント5・7、8
11 Iコリント11・28
12 Iコリント11・24、25
13 歴代下30・18、19、マタイ26・26
14 Iコリント11・25、26、28、ヘブライ10・21、22、24、詩26・6

問[172] 自分がキリストに在ることについて、あるいは自分がなすべき準備《デュー・プレパレイション》について、疑っている《ダウトゥス》人が、主の晩餐に臨んでもよい《メイ》でしょうか。

答 自分がキリストに在ることについて、あるいは主の晩餐の聖礼典のために自分がなすべき準備について疑っている人は、まだそのことを確信してい《ノット・アシュアド》なくても、キリストに真にあずかっていると思われ《メイ・ハヴ・トゥルー・インタレスト》[1]、また、もしその人が、キリストに真にあずかっていない場合についてしかるべく不安を覚え、[2]キリストの内に見出されること[3]と不正《イニクウィティ》から離れることとを心《アンフェインドリィ》から願っているならば、[4]その人は、神の評価《ゴッズ・アカウント》では、確かにキリストにあずかっています——このような場合《イン・ホウィッチ・ケイス》（弱い、疑っているキリスト者をも安心《リリーフ》させるためにさまざまな約束《プラミスィズ》がなされており、またこの聖礼典が定められているので）、[5]そのような人は、自分の不信仰《アンビリーフ》を嘆き悲しみ《ビウェイル》、[6]自分の疑いが解決され《リゾルヴド》るように努める《レイバー》べきであり、[7]そして、そうしているのであれば、いっそう《ファーザー》強められる《ストレンクスンド》ために主の晩餐に臨んでよい《メイ》し、また臨むべき《オート・トウ》です。[8]

1 イザヤ50・10、Iヨハネ5・13、詩88編、77・2〜13〔77・1〜12〕、ヨナ2・5、8〔2・4、7〕
2 イザヤ54・7〜10、マタイ5・3、4、詩31・23〔31・22〕、73・13、22、23
3 フィリピ3・8、9、詩10・17、42・2、3、6、12〔42・1、2、5、11〕
4 IIテモテ2・19、イザヤ50・10、詩66・18〜20
5 イザヤ40・11、29、31、マタイ11・28、12・20、26・28
6 マルコ9・24
7 使徒2・37、16・30
8 ローマ4・11、Iコリント11・28

問[173] 信仰を公に告白《プラフェス》していて、主の晩餐に臨みたいと願っている人が、それから遠ざけられて《ケプト・フラム》よいでしょうか。

答 信仰を公に告白していて、主の晩餐に臨みたいと願っていても、無知《イグナラント》であったり、あるいは問題のある《スキャンダラス》人々は、指導《インストラクションズ》を受けて改善《レフォメイション》の結果を明らかにする《マニフェスト》までは、[1] キリストがかれの教会にゆだねておられる権能《パウア》によって、この聖礼典から遠ざけられて《ビー・ケプト・フラム》よい《メイ》し、また遠ざけられるべき《オート・トウ》です。[2]

1 IIコリント2・7

2　Ｉコリント11・27～34をマタイ7・6、Ｉコリント5章、ユダ23、Ｉテモテ5・22と比較

問［174］　主の晩餐の聖礼典が執行されているとき、それを受ける人々に、何が求められていますか。

答　主の晩餐の聖礼典を受ける人々に求められているのは、それが執行されている間、〔第一に〕まったく聖い畏敬《レヴァランス》と注意《アテンション》をもって、この規定《オーディナンス》において神を待ち望み《ウェイト・アポン》[1]、〔第二に〕聖礼典の品《しな》と動作《アクションズ》を勤勉《ディリジャントリィ》に見守り[2]、〔第三に〕主の体を注意深く《ヒードフリィ》わきまえ《ディサーン》[3]、主の死と苦しみについて心を込めて黙想し[4]、〔第四に〕それによって心をかき立て、自分たちのさまざまな霊的賜物《グレイスィズ》を活発に働かせ《ア・ヴィガラス・エクササイズ》て、次のようにすることです[5]——すなわち、自分たち自身を裁いて[6]罪を悲しむこと[7]、キリストに対して熱心に飢え渇き《アーネスト・ハンガリング・アンド・サースティング》[8]、信仰によってかれを糧とすること《フィーディング・オン》[9]、かれの満ちあふれる豊かさ《フルネス》の中から受け[10]、かれの功績《メリッツ》に依り頼み《トラスティング》[11]、かれの愛を喜び[12]、かれの恵みに感謝すること[13]、自分たちの、神との契約《ゼア・カヴェナント・ウィズ・ゴッド》[14]、および、すべての聖徒たち《セインツ》への愛[15]を新たにすること《リニューイング》、です。

1　レビ10・3、ヘブライ12・28、詩5・8〔5・7〕、Ｉコリント11・17、26、27
2　出エジプト24・8をマタイ26・28と比較
3　Ｉコリント11・29
4　ルカ22・19
5　Ｉコリント11・26、10・3～5、11、14

6 Ｉコリント11・31
7 ゼカリヤ12・10
8 黙示22・17
9 ヨハネ6・35
10 ヨハネ1・16
11 フィリピ3・9
12 詩63・5、6〔63・4、5〕、歴代下30・21
13 詩22・27〔22・26〕
14 エレミヤ50・5、詩50・5
15 使徒2・42

問［175］　主の晩餐の聖礼典を受けたあとの、キリスト者《（クリスチャンズ）》の義務《（デューティ）》は何ですか。

答　主の晩餐の聖礼典を受けたあとのキリスト者の義務は、〔第一に〕そこにおいて自分たちがどのようにふるまったか、また、どれほどよくできたかを真剣に考慮すること、[1]〔第二に〕もし励まし《（クウィクニング）》と慰め《（カムフォト）》を見出すなら、それに対して神に感謝し《（ブレス・ゴッド）》、[2]その継続を懇願し《（ベッグ）》、[3]後退《（リラプスィズ）》に気をつけ、[4]自分たちの誓願《（ヴァウズ）》を果たし、[5]この規定にしばしば参列する《（フリークワント・アテンダンス）》よう自らを励ますこと、[6]〔第三に〕しかし、もし当面《（プレザント）》の益《（ベネフィット）》を見出さなければ、この聖礼典への自分たちの準備と、聖礼典のときの態度《（キャリッジ）》をいっそう厳密《（イグザクトリィ）》に見直す《（リヴュー）》こと、[7]そして、〔第四に〕もしその両方の点で、神に対しても自分たち自身の良心に対しても、自らをよしとできるのであれば、しかるべき時にその聖礼典が実を結ぶのを待たなければならず、[8]〔第五に〕しかしもし、いずれかの点で落ち度があった《ハヴ・フェイルド》ことがわかれば、謙虚になり、[9] 以後はいっそう注意深く、より勤勉にこの聖礼典に参列《アテンド》しなければなりません。[10]

1 詩28・7、85・9〔85・8〕、Ⅰコリント11・17、30、31
2 歴代下30・21〜23、25、26、使徒2・42、46、47
3 詩36・11〔36・10〕、雅3・4、歴代上29・18
4 Ⅰコリント10・3〜5、12
5 詩50・14
6 Ⅰコリント11・25、26、使徒2・42、46
7 雅5・1〜6
8 詩123・1、2、42・6、9、〔42・5、8〕、43・3〜5
9 歴代下30・18、19、イザヤ1・16、18
10 Ⅱコリント7・11、歴代上15・12〜14

問[176] 洗礼と主の晩餐の二つの聖礼典は、どういう点《ホウェアイン》で一致《アグリー》していますか。

答 洗礼と主の晩餐の二つの聖礼典は、〔第一に〕いずれの創始者《オーサー》も神である、[1]〔第二に〕いずれの霊的な内容《パート》もキリストとかれの益《ベネフィッツ》である、[2]〔第三に〕いずれも同一の契約《ザ・セイム・カヴェナント》の証印《スィールズ》であり、[3]

福音に仕える牧師《ミニスターズ・オヴ・ザ・ガスペル》によって実施《ディスペンスト》されるべきもので、それ以外のだれによっても実施されてはならず、[4] キリストの再臨《セカンド・カミング》の時まで、かれの教会において継続《カンティニュード》されなければならない、[5] などの点で一致しています。

1 マタイ28・19、Ⅰコリント11・23
2 ローマ6・3、4、Ⅰコリント10・16
3 ローマ4・11をコロサイ2・12と比較、マタイ26・27、28
4 ヨハネ1・33、マタイ28・19、Ⅰコリント11・23、4・1、ヘブライ5・4
5 マタイ28・19、20、Ⅰコリント11・26

問[177] 洗礼と主の晩餐の二つの聖礼典は、どういう点で異《ディファー》なっていますか。

答 洗礼と主の晩餐の二つの聖礼典は、洗礼が、わたしたちの再生《リジュナレイション》とキリストへの接ぎ木《イングラフティング》のしるし《サイン》と証印《スィール》となるように、[1] 水で、一度だけ、しかも幼児にも、[2] 執行《アドミニスタード》されるのに対し、主の晩餐は、魂への霊的栄養《ナリッシュメント》としてのキリストを表《レプリゼント》し、差し出す《イグズィビット》ため、[3] また、わたしたちがキリストの内に在り続け、成長することを確証《カンファーム》するため、[4] 自分たちを吟味《イグザミン》する年齢に達し、そうできる者に対してだけ、[5] パンとぶどう酒の品々《エリメンツ》で、しばしば執行される、という点で異なっています。

1 マタイ3・11、テトス3・5、ガラテヤ3・27
2 創世17・7、9、使徒2・38、39、Ⅰコリント7・14
3 Ⅰコリント11・23～26
4 Ⅰコリント10・16
5 Ⅰコリント11・28、29

問[178] 祈り《プレア》とは、何ですか。

答 祈りとは、キリストの御名によって、[1] 神の霊の助けにより、[2] わたしたちの罪の告白《カンフェッション》[3]と、神の憐れみ《マースィ》に対する心からの感謝《サンクフル・アクナリジメント》[4]とともに、わたしたちの願い《ディザイアズ》を神にささげること《オファリング・アップ》[5]です。

1 ヨハネ16・23
2 ローマ8・26
3 詩32・5、6、ダニエル9・4
4 フィリピ4・6
5 詩62・9〔62・8〕

問[179] わたしたちは、神にのみ祈らなければなりませんか。

答　神のみが、すべての人の心を探り《サーチ》[1]、求め《リクウェスツ》を聞き[2]、罪を赦し《パードゥン》[3]、願い《ディザイアズ》をかなえる《フルフィル》ことができ[4]、また、ただひとり、信じられ[5]、宗教的礼拝をもって拝まれる《ワーシップト》べきお方ですから[6]、宗教的礼拝の特別な一要素である祈りは[7]、すべての人により、神おひとりにだけなされねばならず[8]、他の何ものに対してもなされてはなりません[9]。

1　列王上8・39、使徒1・24、ローマ8・27
2　詩65・3〔65・2〕
3　ミカ7・18
4　詩145・18、19
5　ローマ10・14
6　マタイ4・10
7　Ⅰコリント1・2
8　詩50・15
9　ローマ10・14

問[180]　キリストの御名によって祈る《プレイ》とは、どういうことですか。
答　キリストの御名によって祈るとは、かれの命令《カマンド》に従い、かれの約束《プラミスィズ》への信頼をもって、かれのゆえに憐れみ《マースィ》を願い求める《アースク》ことで[1]、それは、キリストの御名をただ口にする《メンショニング》ことによってではなく、[2]

わたしたちが、祈る励ましと、祈りにおける、大胆さ《ボウルドネス》・力《ストレングス》・受け入れられるとの希望《ホウプ・オヴ・アクセプタンス》を、キリストとかれの仲介《ミーディエイション》から引き出すこと《ドローイング》によってなされます。[3]

1 ヨハネ14・13、14、16・24、ダニエル9・17
2 マタイ7・21
3 ヘブライ4・14〜16、Ⅰヨハネ5・13〜15

問[181] わたしたちは、なぜキリストの御名によって祈らなければなりませんか。

答 〔第一に〕人間の罪性《スィンフルネス》と、それゆえの人間の神からの隔たり《ディスタンス》とは、わたしたちが仲介者なしに神の御前《プレザンス》に近づけないほど非常に大きく、[1] また、〔第二に〕キリストおひとり以外に、その栄光ある《グローリアス》御業《ワーク》に任命された《アポインテッド》お方、あるいは、ふさわしい《フィット》お方は、天においても地においてもだれもいませんから、[2] わたしたちは、他のいかなる名でもなく、ただキリストの御名によって祈らなければなりません。[3]

1 ヨハネ14・6、イザヤ59・2、エフェソ3・12
2 ヨハネ6・27、ヘブライ7・25〜27、Ⅰテモテ2・5
3 コロサイ3・17、ヘブライ13・15

問[182] 御霊《ザ・スピリット》は、わたしたちが祈るのをどのように助けてくださいますか。

答 わたしたちは本来何を祈るべきかもわからないため、御霊は、〔第一に〕だれのために、また何のために祈りがなされねばならないかと、どのようになされねばならないか、の両方をわたしたちが理解できるようにしてくださることにより、また〔第二に〕この祈りの義務を正しく果たすのに欠かせない《レクウィズィット》認識《アプリヘンションズ》・感情《アフェクションズ》・霊的賜物《グレイスィズ》をわたしたちの心の内に生み出し《ワーキング》、活発にさせる《クウィックニング》ことにより(すべての人に、いつでも、同じ程度に、というわけではありませんが)、わたしたちの弱さ《インファーミティズ》を助けてくださいます。[1]

1 ローマ8・26、27、詩10・17、ゼカリヤ12・10

問[183] わたしたちは、だれのために祈らなければなりませんか。

答 わたしたちは、〔第一に〕地上のキリスト教会全体のために、[1]〔第二に〕為政者《マジストレイツ》たちと[2]牧師《ミニスターズ》たち[3]のために、〔第三に〕わたしたち自身と[4]わたしたちの兄弟たち、[5]それどころか《イエー》さらに、わたしたちの敵《エナミーズ》たち、のために、[6]そして〔第四に〕今生きている、[7]またこれから生まれてくる、[8]あらゆるたぐいの《オール・ソーツ・オヴ》人々のために、祈らなければなりません――しかし死者《ザ・デッド》たちのためや、[9]死にいたる罪《ザ・スィン・アントゥ・デス》を犯したことが知られている人々のためには、祈ってはなりません。[10]

1 エフェソ6・18、詩28・9
2 Ｉテモテ2・1、2
3 コロサイ4・3
4 創世32・12〔32・11〕
5 ヤコブ5・16
6 マタイ5・44
7 Ｉテモテ2・1、2
8 ヨハネ17・20、サムエル下7・29
9 サムエル下12・21～23
10 Ｉヨハネ5・16

問[184] わたしたちは、どのようなこと《ホウット・スィングズ》のために祈らなければなりませんか。

答 わたしたちは、神の栄光[1]・教会の繁栄《ウエルフェア》[2]・わたしたち自身[3]や他《た》の人々の幸い《グッド》[4]、に資する《テンディング・トウ》あらゆることのために祈らなければなりませんが、しかし、いかなる不法《アンローフル》なことのためにも祈ってはなりません。[5]

1 マタイ6・9
2 詩51・20〔51・18〕、122・6
3 マタイ7・11
4 詩125・4
5 Iヨハネ5・14

問[185] わたしたちは、どのように《ハウ》祈らなければなりませんか。

答 わたしたちは、〔第一に〕神の威厳《マジェスティ》に対する畏敬に満ちた《オーフル》認識《アプリヘンション》をもち、[1] 自分たち自身の、無価値《アンワーズィネス》[2]・必要《ネセスィティーズ》[3]・罪《スィンズ》[4]、を深く覚えつつ、また〔第二に〕罪を悔いる《ペニタント》[5]、感謝に満ちた《サンクフル》[6]、広くされた《インラージド》心[7]をもって、さらに〔第三に〕理解《アンダースタンディング》[8]・信仰[9]・誠実さ《スィンセリティ》[10]・熱意《ファーヴァンスィ》[11]・愛[12]・神の御心《ウィル》に謙虚に服従《ハムブル・サブミッション》しつつ[13]神を待ち望む[14]堅忍《パースィヴィアランス》[15]、をもって、祈らなければなりません。

1 コヘレト4・17〔5・1〕
2 創世18・27、32・11〔32・10〕
3 ルカ15・17〜19
4 ルカ18・13、14
5 詩51・19〔51・17〕

6 フィリピ4・6
7 サムエル上1・15、2・1
8 Iコリント14・15
9 マルコ11・24、ヤコブ1・6
10 詩145・18、17・1
11 ヤコブ5・16
12 Iテモテ2・8
13 マタイ26・39
14 ミカ7・7
15 エフェソ6・18

問[186] 神は、祈りの義務におけるわたしたちの導き《ダイレクション》として、どのような規範《ルール》を与えておられますか。

答 神の言葉全体《ホウル》が、祈りの義務についてわたしたちを導くのに役立ちますが、[1] しかし、導きの特別な規範は、わたしたちの救い主キリストがその弟子たちに教えられたあの祈祷文《ザット・フォーム・オヴ・プレア》、いわゆる「主の祈り《ザ・ローズ・プレア》」です。[2]

1 Iヨハネ5・14
2 マタイ6・9〜13、ルカ11・2〜4

問［187］　主の祈り《ザ・ローズ・プレア》は、どのように用いられなければなりませんか。

答　主の祈りは、わたしたちが他のさまざまな祈りをなすときに従うべきひな型《パターン》として導きに役立つだけでなく、また、理解・信仰・畏敬《レヴァランス》・その他祈りの義務を正しく果たすために必要なさまざまな霊的賜物《グレイスィズ》、をもってなされるのであれば、一つの祈りとしても用いることができます。[1]

1　マタイ6・9をルカ11・2と比較

問［188］　主の祈りは、いくつの部分《パーツ》から成っていますか。

答　主の祈りは、序文《プレファス》と祈願《ピティッションズ》と結《カンクルージョン》びの言葉の三つの部分から成っています。

問［189］　主の祈りの序文は、わたしたちに何を教えていますか。

答　主の祈りの序文（「天にまします我らの父よ」という言葉に含まれています）[1]は、わたしたちに、祈るとき、〔第一に〕神の父《ファーザリィ》としての慈しみ《グッドネス》と、わたしたちがそれにあずかっていることへの信頼《カンフィデンス》をもって、[2]また、畏敬《レヴァランス》と、他のあらゆる、子どもらしい《チャイルドライク》気持《ディスポズィッションズ》ち[3]・敬虔な感情《ヘヴンリィ・アフェクションズ》[4]・神の主権的《サヴリン》な力《パウア》と威厳《マジェスティ》と恵み深い《グレイシャス》へりくだり《カンディセンション》に対するふさわしい《デュー》認識《アプリヘンション》[5]、をもって神に近づく《ドゥロー・ニア》べきこと、また〔第二に〕、他《た》の人々と共に、そして他の人々のために、祈るべきこと、[6]を教えています。

1 マタイ6・9
2 ルカ11・13、ローマ8・15
3 イザヤ64・8〔64・9〕
4 詩123・1、哀3・41
5 イザヤ63・15、16、ネヘミヤ1・4～6
6 使徒12・5

問[190] 第一の祈願《ピティッション》でわたしたちは、何を祈り求めるのですか。

答 第一の祈願（すなわち「ねがわくは、み名をあがめさせたまえ」[1]）でわたしたちは、自分たち自身とすべての人の内にある、神を正しく敬う《オナー・ライト》ことができないまったくの無能力《インアビリティ》と、無気力《インディスポズィション》を認め[2]て、〔第一に〕神がその恵みによって、わたしたちと他《た》の人々が、[3]神と神の称号《タイトルズ》[4]・属性《アトリビューツ》[5]・規定《オーディナンスィズ》・言葉《ワード》[6]・御業《ワークス》・その他、神が御自身を知らせるのに用いるのをよしとされるすべてのものを、[7]知り《ノウ》、認め《アクナリッジ》、高く評価し《ハイリィ・イスティーム》、思い《ソート》と言葉《ワード》[8]と行い《ディード》[9]において、神に栄光を帰すことができるように、またそうしたくなるように、してくださるように、さらに〔第二に〕神が、無神論《エイスィイズム》[10]・無知《イグナランス》[11]・偶像崇拝《アイドラトリィ》[12]・神聖冒瀆《プラフェインネス》[13]・その他、神の栄誉を汚す《ディスオノラブル》すべてのことを、[14]防止《プリヴェント》あるいは除去し《リムーヴ》、またかれの力強い《オウヴァ・ルーリング》摂理《プラヴィデンズ》によってすべてのことを御自身の栄光に役立つように導《ダイレクト》き、整《ディスポウズ》えてくださるように、と祈ります。[15]

1 マタイ6・9
2 Ⅱコリント3・5、詩51・17〔51・15〕
3 詩67・3、4〔67・2、3〕
4 詩83・19〔83・18〕
5 詩86・10〜13、15
6 Ⅱテサロニケ3・1、詩147・19、20、138・1〜3、Ⅱコリント2・14、15
7 詩145編、8編
8 詩103・1、19・15〔19・14〕
9 フィリピ1・9、11
10 詩67・2〜5〔67・1〜4〕
11 エフェソ1・17、18
12 詩97・7
13 詩74・18、22、23
14 列王下19・15、16
15 歴代下20・6、10〜12、詩83編、140・5、9〔140・4、8〕

問[191] 第二の祈《ピティッション》願でわたしたちは、何を祈り求めるのですか。

答　第二の祈願（すなわち「み国を来らせたまえ」[1]）でわたしたちは、自分たち自身と全人類《オール・マンカインド》が生まれながらにして《バイ・ネイチャー》罪とサタンの支配下《ドミニオン》にあることを認めて《アクナリジング》[2]、〔第一に〕罪とサタンの王国《キングダム》が滅ぼされ[3]、福音《ガスペル》が全世界に広められ《プラパゲイティド》[4]、ユダヤ人が召され《コールド》[5]、数満ちた異邦人たち《ザ・フルネス・オヴ・ザ・ジェンタイルズ》が招き入れられ《ブロート・イン》、[6]教会が、福音《ガスペル》の役者《オフィサーズ》と規定《オーディナンスィズ》すべてを備えられ《ファーニッシュト》[7]、腐敗《カラプション》を清められ《パージド》[8]、この世の為政者《スィヴィル・マジストレイト》により評価され《カウンティナンスト》、維持される《メインテインド》ように、[9]また〔第二に〕キリストの諸規定が純粋に実施され《ディスペンスト》、今なお罪の中にある人々を回心させ《カンヴァーティング》、すでに回心している人々を確固とし《カンファーミング》、慰め《カムフォティング》、造り上げる《ビルディング・アップ》のに有効とされる《イフェクチュアル》ように[10]、さらに〔第三に〕キリストが地上《ヒア》でわたしたちの心を支配し《ルール》[11]、かれの再臨《セカンド・カミング》と、わたしたちがかれと共に永遠に行う統治《レイニング》のときを、早めてくださるように[12]、そして〔第四に〕キリストが、これらの目的《エンズ》に最も役立つように、かれの力に満ちた王権《キングダム》を全世界において行使する《エクササイズ》のをよしとされる《ビー・プリーズド・トゥ》ように[13]、と祈ります。

1　マタイ6・10
2　エフェソ2・2、3
3　詩68・2、19〔68・1、18〕、黙示12・10、11
4　Ⅱテサロニケ3・1
5　ローマ10・1
6　ヨハネ17・9、20、ローマ11・25、26、詩67編

7 マタイ9・38、Ⅱテサロニケ3・1
8 マラキ1・11、ゼファニヤ3・9
9 Ⅰテモテ2・1、2
10 使徒4・29、30、エフェソ6・18〜20、ローマ15・29、30、32、Ⅱテサロニケ1・11、2・16、17
11 エフェソ3・14〜20
12 黙示22・20
13 イザヤ63・19〔64・1〕、64・1〔64・2〕、黙示4・8〜11

問[192] 第三の祈願《ピティッション》でわたしたちは、何を祈り求めるのですか。

答 第三の祈願（すなわち「みこころの天になるごとく、地にもなさせたまえ」[1]）でわたしたちは、自分たちとすべての人々が、生まれながらにして《バイ・ネイチャー》、単に、神の御心《ウィル》を知り、行うことがまったくできず、またそうしようともしないというだけでなく、[2]かれの言葉に逆らい、[3]かれの摂理に不平を言い《リパイン》、つぶやきがちであり《マーマー》、[4]肉と悪魔の意志《ウィル》を行うことに全面的に《ホウルリィ》傾いている[5]ことを認めて《アクナリジング》、〔第一に〕神がかれの霊によってわたしたち自身と他《た》の人々から、心の、闇《ブラインドネス》[6]・弱さ《ウィークネス》[7]・無気力《インディスポウズドネス》[8]・強情《パーヴァースネス》[9]、すべてを取り去り、さらに〔第二に〕かれの恵みによってわたしたちを、天使たちが天においてしている[10]のと同様の謙遜《ヒューミリティ》[11]・快活さ《チアフルネス》[12]・忠実さ《フェイスフルネス》[13]・勤勉さ《ディリジャンス》[14]・熱心《ズィール》[15]・誠実さ《フェイスフルネス》[16]・堅実さ《カンスタンスィ》[17]をもって、すべてのことにおいてかれの御心を知り、行い、それに従う《サブミット》ことができ、また、そう望む《ウィリング》ように、してくださるように、[18]と祈ります。

1 マタイ6・10
2 ローマ7・18、ヨブ21・14、Ⅰコリント2・14
3 ローマ8・7
4 出エジプト17・7、民数14・2
5 エフェソ2・2
6 エフェソ1・17、18
7 エフェソ3・16
8 マタイ26・40、41
9 エレミヤ31・18、19
10 イザヤ6・2、3、詩103・20、21、マタイ18・10
11 ミカ6・8
12 詩100・2、ヨブ1・21、サムエル下15・25
13 イザヤ38・3
14 詩119・4、5
15 ローマ12・11
16 詩119・80
17 詩119・112
18 詩119・1、8、35、36、使徒21・14

問［193］ 第四の祈願《ピティッション》でわたしたちは、何を祈り求めるのですか。

答 第四の祈願（すなわち「我らの日用《にちよう》の糧《かて》を、今日も与えたまえ」[1]）でわたしたちは、〔第一に〕自分たちがアダムにおいて、また自分たち自身の罪《スィン》により、この世のあらゆる外的な祝福《アウトワード・ブレッスィングズ》にあずかる権利《ライト》を喪失《フォーフェティド》し、そのため神によりそれらの祝福を全面的《ホウルリィ》に取り去られ、たとえそれらの外的祝福を用いてもわたしたちにとって呪いとなるのが当然であること、[2] また〔第二に〕、それらの祝福はそれ自体ではわたしたちを支える《サステイン》こともできなければ、[3] わたしたちもそれらの祝福に値し《メリット》たり、[4] 自分たち自身の精勤《インダストリィ》によってそれらを獲得することもできず、[5] かえって、不法に《アンローフリィ》それらを欲し、[6] 手に入れ、[7] 用いる[8] 傾向がある《プロウン・トゥ》こと、を認めて《アクナリジング》、自分たち自身と他《た》の人々のために、〔第一に〕かれらもわたしたちも共に、合法的手段を用いて日々に神の摂理《プラヴィデンス》を待ち望みつつ、神の無償の賜物《フリー・ギフト》から、神の父としての知恵に最善と思われるところに従って、ふさわしいだけ《カムピタント・ポーション》の祝福を享受し、[9] また、わたしたちがそれらを聖く、喜んで《カムフォタブル》用い、[10] それらに満足する《カンテントマント》ときに、それらが継続され、わたしたちにとって祝されたものとなるように、さらに〔第二に〕この世での《テムパラル》わたしたちの支え《サポート》と慰め《カムフォト》に反するすべてのものから、わたしたちが、守られる《ビー・ケプト》ように、[11] と祈ります。[12]

1 マタイ6・11

2 創世2・17、3・17、ローマ8・20〜22、エレミヤ5・25、申命28・15〜68
3 申命8・3
4 創世32・11〔32・10〕
5 申命8・17、18
6 エレミヤ6・13、マルコ7・21、22
7 ホセア12・8〔12・7〕
8 ヤコブ4・3
9 創世43・12〜14、28・20、エフェソ4・28、Ⅱテサロニケ3・11、12、フィリピ4・6
10 Ⅰテモテ4・3〜5
11 Ⅰテモテ6・6〜8
12 箴30・8、9

問[194] 第五の祈願《ピティッション》でわたしたちは、何を祈り求めるのですか。

答 第五の祈願（すなわち「我らに罪をおかす者を、我らがゆるすごとく、我らの罪をもゆるしたまえ」[1]）でわたしたちは、自分たちと他のすべての人々が、原罪《オリジナル・スイン》と現実罪《アクチュアル・スイン》の両方の罪責《ギルト》があり、それによって神の正義《ジャスティス》に対して負債者《デッターズ》となっていること、またその負債《デット》に対しては、わたしたちも他のいかなる被造物も、わずかの《リースト》償い《サティスファクション》さえもなしえないことを認め《アクナリジング》て[2]、自分たち自身と他《た》の人々のために、〔第一に〕神がその無償の恵み《フリー・グレイス》から、信仰によって認識《アプリヘンディド》され、適用《アプライド》されるキリストの従順《オウビーディアンス》と償い《サティスファクション》をとおして、わたしたちを罪責と罪に対する罰《パニッシュメント》との両方から解き放ち《アクウィット》[3]、〔第二に〕わたしたちをかれの愛する御子において受け入れ《アクセプト》[4]、〔第三に〕わたしたちに対するその愛顧《フェイヴァ》と恵み《グレイス》を継続し、[5]〔第四に〕わたしたちの日ごとの失敗《フェイリングズ》を赦し《パードゥン》[6]、また〔第五に〕わたしたちに日ごとにますます赦し《フォーギヴネス》の確信《アシュアランス》を与え、そして〔第六に〕わたしたちを平安《ピース》と喜び《ジョイ》で満たしてくださるように、[7]と祈ります――わたしたちは、自分が心から他《た》の人々に対してかれらの過ち《オフェンスィズ》を赦して《フォーギヴ》いるということのような証し《テスティモニィ》を自分たち自身の内にもっているとき、これらのことをいっそう大胆《イムボウルドゥンド》に求める《アースク》ようにされ、また、期待する《イクスペクト》ように励まされます《インカリジド》。[8]

1 マタイ6・12
2 ローマ3・9～21、マタイ18・24、25、詩130・3、4
3 ローマ3・24～26、ヘブライ9・22
4 エフェソ1・6、7
5 Ⅱペトロ1・2
6 ホセア14・3〔14・2〕、エレミヤ14・7
7 ローマ15・13、詩51・9～12、14〔51・7～10、12〕
8 ルカ11・4、マタイ6・14、15、18・35

問[195] 第六の祈願《（ピティッション）》でわたしたちは、何を祈り求めるのですか。

答 第六の祈願（すなわち「我らをこころみにあわせず、悪より救い出《いだ》したまえ」）[1]でわたしたちは、〔第一に〕最も賢く義しい《（ライチャス）》恵み深い神が、さまざまな聖く正しい《（ジャスト）》目的《（エンズ）》のために、わたしたちが誘惑《（テムプテイションズ）》に襲われ、負かされ、一時的にとりことされる《（レッド・キャプティヴ）》ような具合に物事《（スイングズ）》を定めた《（オーダー）》もうことがあること、[2]また〔第二に〕サタン[3]と世[4]と肉とが、わたしたちを強力にわきへ引き寄せ《（ドゥロー・アサイド）》、わなに陥れ《（インスネア）》ようと身構えて《（アー・レディ）》いること、[5]さらに〔第三に〕わたしたちが、自分たちの罪の赦し《（パードゥン）》の後でさえも、自らの腐敗と弱さ[6]と警戒不足《（ウォント・オヴ・ウォッチフルネス）》[7]のために、単に誘惑されやすかったり、進んで自分たち自身を誘惑《（テムプテイションズ）》にさらす《（イクスポウズ）》というだけではなく、[8]自分たち自身では、それらの誘惑に抵抗し《（リズィスト）》、それらから立ち直り《（リカヴァー）》、それらを生かして用いる《（イムプルーヴ）》ことはできないし、また、そうしようともせず、[9]したがって、誘惑の力のもとに放置されるにふさわしいことを認めて《（アクナリジング）》、[10]〔第一に〕自分たちとすべての神の民が、罪を犯すように誘惑されることから神の摂理によって守られ、[11]また、たとえ誘惑に陥っても、その誘惑のときに、神の霊により力強く支えられ、持ちこたえる《（スタンド）》ことができるようにされ、[12]さらにまた、もし倒れた《（フォールン）》ときには、再び起こされ《（レイズド）》、誘惑から立ち直らされ《（リカヴァード）》、[13]誘惑を聖化されたしかたで用い《（サンクティファイド・ユース）》、生かして用いる《（イムプルーヴメント）》ことができるために、[14]そのように神が世界とその中のすべてを支配し《（オウヴァーオール）》、[15]肉を従えさせ《（サブデュー）》、[16]サタンを抑制し《（リストレイン）》、[17]万事《（オール・スィングズ）》を秩序づけ《（オーダー）》、[18]恵みの手段《（ミーンズ・オヴ・グレイス）》すべてを与え、祝福し、[19]また、わたしたちが恵みの手段を注意深く用いるようにしてくださるように、また〔第二に〕、わたしたちの聖化《（サンクティフィケイション）》と救い《（サルヴェイション）》が完成され《（パーフェクティド）》、[20]サタンがわた

したちの足で踏みつけられ《トロッドゥン》[21]、わたしたちが罪と誘惑とあらゆる悪から永遠に《フォ・エヴァ》完全に《フリィ》解放される《フリード》ように、[22]
と祈ります。

1 マタイ6・13
2 歴代下32・31
3 歴代上21・1
4 ルカ21・34、マルコ4・19
5 ヤコブ1・14
6 ガラテヤ5・17
7 マタイ26・41
8 マタイ26・69〜72、ガラテヤ2・11〜15、歴代下18・3を19・2と比較
9 ローマ7・23、24、歴代上21・1〜4、歴代下16・7〜10
10 詩81・12、13〔81・11、12〕
11 マタイ26・41、詩19・14〔19・13〕
12 エフェソ3・14〜17、Ⅰテサロニケ3・13、ユダ24
13 詩51・14〔51・12〕
14 Ⅰペトロ5・8〜10
15 ヨハネ17・15
16 詩51・12〔51・10〕、119・133
17 Ⅱコリント12・7、8

18　Ｉコリント10・12、13
19　ヘブライ13・20、21
20　IIコリント13・7、9
21　ローマ16・20、ゼカリヤ3・2、ルカ22・31、32
22　ヨハネ17・15、Ｉテサロニケ5・23

問［196］　主の祈りの結びの言葉《カンクルージョン》は、わたしたちに何を教えていますか。

答　主の祈りの結びの言葉（すなわち「国とちからと栄えとは、かぎりなくなんじのものなればなり」[1]）は、わたしたちに、〔第一に〕自分たち自身や他のいかなる被造物《クリーチャー》の内にあるふさわしさ《ワーズィ》からではなく、神から引き出される論拠《アーギュメント》でもって、[2]わたしたちの祈願《ピティッションズ》を強化する《インフォース》こと、[3]また〔第二に〕わたしたちの祈りに、永遠の主権《サヴァランティ》と全能《アムニポタンスィ》と栄光ある《グローリアス》卓越《エクサランスィ》を神のみに帰す[4]讃美《プレイズィズ》を加える《ジョイン》こと[5]を教えています――これらのことについて《イン・リガード・ホウェアオヴ》神は、わたしたちを助けることができ、また進んで《ウィリング》助けてくださるので、[6]わたしたちは、そうしてくださるように神に嘆願し《プリード》、[7]また、神がわたしたちの求め《リクウェスツ》をかなえてくださるものと、静かに神に信頼《リライ》しているように、[8]信仰によって大胆《イムボウルドゥンド》にされます――それで、このようなわたしたちの願い《ディザイア》と確信《アシュアランス》を証しする《テスティファイ》ために、わたしたちは「アーメン」と言います。[9]

1　マタイ6・13
2　ローマ15・30
3　ダニエル9・4、7〜9、16〜19
4　歴代上29・10〜13
5　フィリピ4・6
6　エフェソ3・20、21、ルカ11・13
7　歴代下20・6、11
8　歴代下14・10〔14・11〕
9　Ⅰコリント14・16、黙示22・20、21

三訂版　ウェストミンスター小教理問答

凡例

1　ジョン・R・バウア（John R. Bower）が準備しているといわれる本「小教理問答」のクリティカル・テキストはまだ刊行されていない（二〇二一年七月現在）ので、この〈三訂版〉の底本には、これまで同様、一六四八年の聖句付き初版を用い、それを一六四七年の聖句なし初版や他の諸版と照合した。

2　「第一」「第二」などの表記や証拠聖句については、信仰告白の凡例を参照されたい。

3　（　）は原註を、〔　〕は訳者註を表す。一つの長文がコロン、セミコロンで区切られている場合、あるいは本文において挿入や付加と見られる部分の場合、――で示した。

4　翻訳にあたっては、一麦出版社の方針に従い、本文、証拠聖句とも、基本的に聖書新共同訳にそっている。ただし「十戒」については、暗記を容易にするため文語文を用いる。証拠聖句の箇所が口語訳聖書、新改訳聖書で異なる場合は、〔　〕に記した。

問[1] 人間の第一の目的《マンズ・チーフ・エンド》は、何ですか。

答 人間の第一の目的は、神に栄光を帰し《グロリファイ・ゴッド》[1]、永遠に《フォ・エヴァ》神を喜びとする《インジョイ・ヒム》ことです。[2]

1 Ⅰコリント10・31、ローマ11・36

2 詩73・24～28

問[2] どうしたら《ハウ》神に栄光を帰し、神を喜びとすることができるかについて、わたしたちを導《ダイレクト》くために、神はどのような規範《ルール》を与えておられ《ハス・ギヴン》ますか。

答 神の言葉（それは旧約と新約の聖書《ザ・スクリプチャーズ・オヴ・オウルド・アンド・ニュー・テスタメント》に含まれ《カンテインド》ています）[1]が、どうしたら《ハウ》神に栄光を帰し、神を喜びとすることができるかについて、わたしたちを導く唯一の規範《ズィ・オウンリィ・ルール》です。[2]

1 Ⅱテモテ3・16、エフェソ2・20

2　Ⅰヨハネ1・3、4

問[3]　聖書《ザ・スクリプチャーズ》は、主《プリンスィパリィ》に何を教えて《ティーチ》いますか。

答　聖書は、主に、人間が神について何《ホワット》を信じなければならないかと、神が人間にどのような《ホワット》義務《デューティ》を求めて《リクワイア》おられるかを教えています。[1]

1　Ⅱテモテ1・13、3・16

問[4]　神は、どのような《ホワット・イズ》お方ですか。

答　神は、その存在《ビーイング》[1]・知恵《ウィズダム》[2]・力《パウア》[3]・聖性《ホウリネス》[4]・正義《ライチャスネス》・慈しみ《グッドネス》・まこと《トゥルース》[5]において、無限《インフィニット》[6]・永遠《イターナル》[7]・不変《アンチェインジャブル》[8][9]の霊です。

1　出エジプト3・14
2　詩147・5
3　黙示4・8
4　黙示15・4
5　出エジプト34・6、7

6　ヨブ11・7～9
7　詩90・2
8　ヤコブ1・17
9　ヨハネ4・24

問[5]　ひとりより、多くの神々《ゴッズ》がいますか。
答　ただひとり《バット・ワン・オウンリィ》、生ける《リヴィング》、真《トゥルー》の神がおられるだけです。[1]

1　申命6・4、エレミヤ10・10

問[6]　神性《ゴッドヘッド》の内には、いくつの位格《パースンズ》がありますか。
答　神性の内には、三つの位格、すなわち、父《ザ・ファーザー》と子《ザ・サン》と聖霊《ザ・ホウリィ・ゴウスト》があり、そしてこれら三つ〔の位格〕は、実体《サブスタンス》において同一《セイム》、力と栄光において同等《イークワル》の、ひとりの神《ワン・ゴッド》です。[1]

1　Iヨハネ5・7、マタイ28・19

問[7] 神の聖定《ディクリーズ》とは、何ですか。

答 神の聖定とは、それによって《ホウェアバイ》神が、御自身の栄光のために、起こってくることは何事であれすべて前もって定めておられる《ハス・フォーオーディンド》、そのような御心《ウィル》の計らい《カウンサル》に従った、神の永遠《イターナル》の計画《パーパス》です。1

1 エフェソ1・4、11、ローマ9・22、23

問[8] 神はかれの聖定を、どのように《ハウ》遂行され《エクスィキュート》ますか。

答 神は、創造《クリエイション》と摂理《プラヴィデンス》の御業《ワークス》によって、かれの聖定を遂行されます。

問[9] 創造の御業《ワーク》とは、何ですか。

答 創造の御業とは、神がすべてのものを無《オヴ・ナッスィング》から、かれの力ある言葉《ザ・ワード・オヴ・ヒス・パウア》により、六日間で、すべてきわめて良く造られた《メイキング》ことです。1

1 創世1章、ヘブライ11・3

問[10] 神は、人間《マン》をどのように《ハウ》創造され《クリエイティド》ましたか。

答　神は、知識《ナリッジ》と義《ライチャスネス》と聖性《ホウリネス》において御自身のかたち《イミッジ》に従い《アフタア》、被造物《クリーチャーズ》に対する支配権《ドミニオン》をもつ者として、人間を、男性《メイル》と女性《フィーメイル》に創造されました。[1]

1　創世1・26〜28、コロサイ3・10、エフェソ4・24

問[11]　神の摂理《プラヴィデンス》の御業《ワークス》とは、何ですか。

答　神の摂理の御業とは、かれの全被造物《クリーチャーズ》とそれらの全活動《アクションズ》に対する、神の最も聖く、[1]賢く、[2]力強い、保持《プリザーヴィング》[3]と統治《ガヴァニング》[4]です。

1　詩145・17
2　詩104・24、イザヤ28・29
3　ヘブライ1・3
4　詩103・19、マタイ10・29〜31

問[12]　神は、創造された状態《イステイト》にあった人間に対して、どのような特別な摂理の行為《アクト》を行われ《エクササイズ》ましたか。

答　神は、人間を創造されたとき、完全な《パーフェクト》従順《オウビーディアンス》を条件に、人間との命の契約《ア・カヴェナント・オヴ・ライフ》に入られ、死を罰《ペイン》として、善悪の知識の木《ザ・トゥリー・オヴ・ザ・ナリッジ・オヴ・グッド・アンド・イーヴィル》から食べることを禁じられました。[1]

1 ガラテヤ3・12、創世2・17

問[13] わたしたちの最初の先祖《ファースト・ペアレンツ》たちは、かれらが創造された状態《イステイト》に留まって《カンティニュー》いましたか。

答 わたしたちの最初の先祖たちは、かれら自身の意志《ウィル》の自由《フリーダム》にまかされて《レフト》いたところ、神に対して《アゲンスト》罪を犯す《スィニィング》ことによって、かれらが創造された状態から堕落して《フェル》しまいました。[1]

1 創世3・6～8、13、コヘレト7・29

問[14] 罪《スイン》とは、何ですか。

答 罪とは、神の律法《ザ・ロー・オヴ・ゴッド》に対する服従《ウォント・オヴ・カンフォーミティ》の欠除、あるいは、それへの違反《トランスグレッション》です。[1]

1 Iヨハネ3・4

問[15] わたしたちの最初の先祖たちが創造された状態《イステイト》から堕落したときの罪とは、何でしたか。

答 わたしたちの最初の先祖たちが創造された状態から堕落したときの罪とは、かれらが、禁じられていた木の果実《ザ・フォビッドゥン・フルートゥ》を食べたことです[1]。

1　創世3・6、12

問[16]　アダムの最初の違反《ファースト・トランスグレッション》において、全人類《オール・マンカインド》が堕落《フォール》したのですか。

答　契約《ザ・カヴェナント》は、ただアダム自身のためだけでなく、かれの子孫《パステリティ》のためにも、アダムと結ばれていたので、通常《オーディナリィ》の出生《ジェネレイション》によってかれから出る《ディセンディング》全人類は、アダムの最初の違反において、かれにあって罪を犯し、かれと共に堕落《フェル》しました[1]。

1　創世2・16、17、ローマ5・12、Ⅰコリント15・21、22

問[17]　堕落《ザ・フォール》は、人類をどのような状態に陥れ《ブリング》ましたか。

答　堕落は、人類を罪と悲惨《ミザリィ》の状態に陥れました[1]。

1　ローマ5・12

問[18] 人間が堕落して陥った状態の罪性《スィンフルネス》は、どのような点に《ホウェアイン》ありますか。

答 人間が堕落して陥った状態の罪性は、アダムの最初の罪の罪責《ギルト》と、原義《オリジナル・ライチャスネス》の欠如《ウォント》と、一般に原罪《オリジナル・スィン》とよばれている、人間の全本性《ホウル・ネイチャ》の腐敗《カラプション》、および、原罪から出てくる《プラスィード》すべての現実の違反《アクチュアル・トランスグレッションズ》、とにあります。[1]

1 ローマ5・12、19、3・10~20、エフェソ2・1~3、ヤコブ1・14、15、マタイ15・19

問[19] 人間が堕落して陥った状態の悲惨《ミザリィ》とは、何ですか。

答 全人類は、かれらの堕落によって神との交わり《カミュニオン》を失い[1]、今では神の怒り《ラス》と呪い《カース》のもとにあり[2]、そのため、この世での《ズィス・ライフ》あらゆる悲惨と、死そのものと、地獄《ヘル》の永遠《フォー・エヴァ》の苦痛《ペインズ》を免れなく《ライアブル》されています。[3]

1 創世3・8、10、24
2 エフェソ2・2、3、ガラテヤ3・10
3 哀3・39、ローマ6・23、マタイ25・41、46

問[20] 神は全人類を、罪と悲惨の状態の中で滅び《ペリッシュ》るままにしておかれ《リーヴ》ましたか。

答　神は、ひとえにかれがよしとされる《（グッド・プレジャー）》ところに従い、まったくの永遠から《（フラム・オール・イタニティ）》ある人々《（サム）》を永遠の命《（エヴァラスティング・ライフ）》へと選んでおられた《（イレクテッド）》ので、[1] ひとりの贖い主《（ア・リディーマー）》により、かれらを罪と悲惨の状態から救い出し《（デイリヴァー）》、救いの《（サルヴェイション）》状態《（アン・イステイト）》に入れるために、恵みの契約《（ア・カヴェナント・オヴ・グレイス）》に入られ《（ディド・エンター）》ました。[2]

1　エフェソ1・4
2　ローマ3・20〜22、ガラテヤ3・21、22

問[21]　神の選びの民《（ゴッズ・イレクト）》の贖い主《（リディーマー）》とは、だれですか。

答　神の選びの民の唯一《（オウンリィ）》の贖い主は、主イエス・キリストで、[1] かれは、永遠の、神の御子《（サン・オヴ・ゴッド）》でありながら、人間《（マン）》となられ、かくして、二つの別個《（ディスティンクト）》の本性《（ネイチャーズ）》である、神と人間でありつつ、[2] 一人格《（ワン・パースン）》であられましたし、永遠にそうあり続けられます。[3]

1　Iテモテ2・5、6
2　ヨハネ1・14、ガラテヤ4・4
3　ローマ9・5、ルカ1・35、コロサイ2・9、ヘブライ7・24、25

問[22] キリストは、神の御子でありながら、どのように《ハウ》して人間となられ《ビカム》ましたか。

答 神の御子キリストは、聖霊の力によりおとめ《ヴァージン》マリアの胎《ウーム》に宿され《カンスィーヴド》、彼女から生まれながら、[1]しかし罪はない《ウィズアウト・スイン》[2]というしかたで、御自身に真の体《トゥルー・バディ》[3]と理性ある魂《リーズナブル・ソウル》[4]を取る《テイク》ことにより、人間となられました。

1 ルカ1・27、31、35、42、ガラテヤ4・4
2 ヘブライ4・15、7・26
3 ヘブライ2・14、16、10・5
4 マタイ26・38

問[23] キリストは、わたしたちの贖い主《リディーマー》として、どのような《ホワット》職務《オフィスイズ》を遂行され《エクスィキュート》ますか。

答 キリストは、わたしたちの贖い主として、謙卑《ヒューミリエイション》と高挙《エグゾールテイション》いずれの状態においても、預言者《プラファット》と祭司《プリースト》と王《キング》の職務を遂行されます。[1]

1 使徒3・21、22、ヘブライ12・25をⅡコリント13・3、ヘブライ5・5〜7、7・25と比較、詩2・6、イザヤ9・5、6〔9・6、7〕、マタイ21・5、詩2・8〜11

問[24] キリストは、預言者の職務《オウィス》をどのようにして《ハウ》遂行されますか。

答 キリストは、わたしたちの救いのために、神の御心《ウィル》を、かれの言葉と霊によってわたしたちに啓示《リヴィーリング》することにより、預言者の職務を遂行されます。[1]

1 ヨハネ1・18、Ⅰペトロ1・10～12、ヨハネ15・15、20・31

問[25] キリストは、祭司の職務をどのようにして遂行されますか。

答 キリストは、神の正義《ディヴァイン・ジャスティス》を満たして《サティスファイ》わたしたちを神に和解させる《レコンサイル》ために、[1]御自身をいけにえ《サクリファイス》としてただ一度献げた《オファリング・アップ》ことと[2]、わたしたちのために絶えざる《カンティニュアル》執り成し《インターセッション》をすることによって[3]、祭司の職務を遂行されます。

1 ヘブライ2・17
2 ヘブライ9・14、28
3 ヘブライ7・24、25

問[26] キリストは、王の職務をどのようにして遂行されますか。

答　キリストは、わたしたちを御自身に従わせる《サブデュー》こと、[1] わたしたちを治め《ルール》、[2] 擁護する《ディフェンド》こと、[3] また、かれとわたしたちのすべての敵を抑《リストレイン》え、征服する《カンカー》こと、[4] によって王の職務を遂行されます。

1　使徒15・14~16
2　イザヤ33・22
3　イザヤ32・1、2
4　Iコリント15・25、詩110編

問[27]　キリストの謙卑《ヒューミリエイション》は、どのような点《ホウェアイン》にありましたか。

答　キリストの謙卑は、〔第一に〕かれが〔人間として〕お生まれになられ、それも低い状態においてであり、[1] 律法《ザ・ロー》のもとに置かれ、[2] この世《ズィズ・ライフ》のさまざまな悲惨《ミザリズ》[3] と神の怒り《ラス》[4] と十字架の呪われた《カースト》死[5] を忍ばれた《アンダーゴウイング》こと、〔第二に〕葬られ《ベリッド》、[6] 一時的に《フォアア・タイム》死の力のもとに留まられた《カンティーニューイング》こと、[7] にありました。

1　ルカ2・7
2　ガラテヤ4・4
3　ヘブライ12・2、3、イザヤ53・2、3
4　ルカ22・44、マタイ27・46
5　フィリピ2・8

6　Ⅰコリント15・4
7　使徒2・24〜27、31

問[28]　キリストの高挙《エグゾールテイション》は、どのような点《ホウェアイン》にありますか。

答　キリストの高挙は、かれが三日目に死者の中からよみがえられた《ライズィング・アゲイン》こと、[1] 天に昇られた《アセンディング・アップ》こと、[2] 父なる神の右《ザ・ライト・ハンド》の座に着かれたこと、[3] また、終わりの日《ザ・ラスト・デイ》に世《ザ・ワールド》を裁く《ジャッジ》ために来られること、[4] にあります。

1　Ⅰコリント15・4
2　マルコ16・19
3　エフェソ1・20
4　使徒1・11、17・31

問[29]　わたしたちはどのようにして《ハウ》、キリストによって買い取られた《パーチャスト》贖《リデンプション》いにあずかる者《パーテイカーズ》とされるのですか。

答　わたしたちは、キリストによって買い取られた贖いが、かれの聖霊《ホウリィ・スピリット》による、[1] わたしたちへの有効な《イフェクチュアル》適用《アプリケイション》によって、[2] その贖いにあずかる者とされます。

1 ヨハネ1・11、12
2 テトス3・5、6

問[30] 御霊《ザ・スピリット》は、キリストによって買い取られた《パーチャスト》贖い《リデンプション》を、どのようにしてわたしたちに適用される《アプライ》のですか。

答 御霊は、わたしたちの有効召命《イフェクチュアル・コーリング》において、わたしたちの内に信仰を起こし《ワーキング》[1]、それによってわたしたちをキリストに結合する《ユナイティング》ことにより[2]、キリストによって買い取られた贖いをわたしたちに適用されます《アプライス》。

1 エフェソ1・13、14、ヨハネ6・37、39、エフェソ2・8
2 エフェソ3・17、Ⅰコリント1・9

問[31] 有効召命《イフェクチュアル・コーリング》とは何ですか。

答 有効召命とは、それによって神の霊《ゴッズ・スピリッツ》が、〔第一に〕わたしたちに自分の罪《スィン》と悲惨《ミザリィ》を悟らせ《カンヴィンスィング》[1]、〔第二に〕わたしたちの思い《マインズ》をキリストを知る知識で照らし《インライトニング》[2]、〔第三に〕わたしたちの意志《ウィルズ》を新たにする《リニューイング》

[3]ことによって、福音において無償《フリーリィ》でわたしたちに提供《オファード》されているイエス・キリストを深く受け止める《イムブレイス》ように、わたしたちを説得《パスウェイド》し、また、そうできるようにしてくださる、[4]そのような御業《ワーク》です。[5]

1 使徒2・37
2 使徒26・18
3 エゼキエル36・26、27
4 ヨハネ6・44、45、フィリピ2・13
5 Ⅱテモテ1・9、Ⅱテサロニケ2・13、14

問[32] 有効《イフェクチュアリィ》に召命《コールド》される人々は、この世《ズィス・ライフ》において、どのような益《ベネフィッツ》にあずかる《パーテイク》のですか。

答 有効に召命される人々は、この世において、義認《ジャスティフィケイション》、[1]養子《アダプション》とすること、[2]聖化《サンクティフィケイション》、またこの世においてそれらに伴い、あるいはそれらから生じる《フロウ》、さまざまな益、[3]にあずかります。

1 ローマ8・30
2 エフェソ1・5
3 Ⅰコリント1・26、30

問[33]　義認《ジャスティフィケイション》とは何ですか。

答　義認とは、それによって《ホウェアイン》神が、わたしたちに転嫁され《イムピューティド》[1]、信仰によってのみ受け取られる《リスィーヴド》[2]、ただ、キリストの義《ライチャスネス》のゆえに、わたしたちのすべての罪を赦《パードゥンス》し[3]、わたしたちを御前《みまえ》に義《ライチャス》なる者《もの》として受け入れてくださる《アクセプトゥス》[4]、そのような、神の無償の恵み《フリー・グレイス》による意志決定《アクト》です。

1　ローマ3・24、25、4・6〜8
2　IIコリント5・19、21
3　ローマ5・17〜19
4　ガラテヤ2・16、フィリピ3・9

問[34]　養子とすること《アダプション》とは、何ですか。

答　養子とすることとは、それによって《ホウェアバイ》わたしたちが、神の子たち《サンズ・オヴ・ゴッド》の数に入れられ、神の子たちのすべての特権《プリヴァリッジズ》にあずかる権利《ライト》をもつようになる[1]、そのような、神の無償の恵み《フリー・グレイス》による意志決定《アクト》です[2]。

1　ヨハネ1・12、ローマ8・17
2　Iヨハネ3・1

問[35] 聖化《サンクティフィケイション》とは、何ですか。

答 聖化とは、それによって《ホウェアバイ》わたしたちが、神のかたち《イミジ・オヴ・ゴッド》に従って全人《ホウル・マン》を新たにされ《リニュード》[1]、ますます罪に対して死に、義《ライチャスネス》に対して生きることができるようにされる[2]、そのような、神の無償の恵みによる御業《ワーク》です[3]。

1 エフェソ4・23、24
2 ローマ6・4、6
3 Ⅱテサロニケ2・13

問[36] この世《ズィス・ライフ》において義認、養子とすること、聖化、に伴い《アカムパニ》、あるいはそれらから生じる《フロウ》、益《ベネフィッツ》とは、何ですか。

答 この世において義認、養子とすること、聖化、に伴い、あるいはそれらから生じる、益とは、神の愛への確信《アシュアランス》、良心の平和《ピース・オヴ・カンシャンス》[1]、聖霊による喜び《ジョイ》[2]、恵みの増加《インクリース》[3]、終わり《ズィ・エンド》にいたるまでの恵みにおける堅忍《パースィヴィアランス》[4]、です。

1 ローマ5・1、2、5
2 ローマ14・17
3 箴4・18
4 Ⅰヨハネ5・13、Ⅰペトロ1・5

問[37] 信者《ビリーヴァーズ》は死のとき、キリストからどのような益《ホワット・ベネフィッツ》を受けますか。

答 信者の魂は、かれらの死のとき、聖性《ホウリネス》において完全《パーフェクト》にされ、[1] 直ちに栄光《グローリイ》に入り、[2] 信者の体は、キリストになお結合された《ユナイティド》まま、[3] 復活《レザレクション》まで、[4] かれらの墓《グレイヴズ》の中で休み《レスト》ます。[5]

1 ヘブライ12・23
2 Ⅱコリント5・1、6、8、フィリピ1・23、ルカ23・43
3 Ⅰテサロニケ4・14
4 ヨブ19・26、27
5 イザヤ57・2

問[38] 信者は復活のとき、キリストからどのような益を受けますか。

答 復活のとき信者は、栄光の内によみがえらされ《レイズド・アップ》たのち、[1] 審判の日《ザ・デイ・オヴ・ジャッジメント》に〔キリストのものとして〕公《オウプンリ》に認めら《アクナリッジド》れ、無罪《アクウィテッド》とされ、[2]また、まったくの永遠まで《トゥ・オール・イタニティ》、[3]完全に祝福されて《ブレスト》神をかぎりなく喜びとする《フル・インジョイイング》ようになります。[4]

1　Ｉコリント15・43
2　マタイ25・23、10・32
3　Ｉテサロニケ4・17、18
4　Ｉヨハネ3・2、Ｉコリント13・12

問[39]　神が人間《マン》に求めておられる《リクワイアス》義務《デューティ》は、何ですか。
答　神が人間に求めておられる義務は、啓示された《リヴィールド》神の御心《ウィル》への従順《オウビーディアンス》です。[1]

1　ミカ6・8、サムエル上15・22

問[40]　神は、従順の規範《ルール》として、初めに《アト・ファースト》何を人間に啓示されました《リヴィール》か。
答　神が従順のため初めに人間に啓示された規範は、道徳律法《ザ・モラル・ロー》でした。[1]

1　ローマ2・14、15、10・5

問[41]　道徳律法は、どこに要約《サマリリィ》して含《カムプリヘンディド》まれていますか。

答　道徳律法は、十戒《ザ・テン・カマンドメンツ》の中に要約して含まれています。[1]

1　申命10・4

問[42]　十戒の要約《サム》は、何ですか。

答　十戒の要約は、心《ハート》を尽くし、精神《ソウル》を尽くし、力《ストレンクス》を尽くし、思い《マインド》を尽くして、わたしたちの神である主《ロード》を愛することと、わたしたちの隣人《ネイバー》を自分自身のように愛することです。[1]

1　マタイ22・37～40

問[43]　十戒の序文《プレファス》は、何ですか。

答　十戒の序文は、「我は汝《なんじ》の神エホバ〔主〕、汝をエジプトの地、その奴隷たる家より導き出《いだ》せし者なり」[1]という言葉で述べられています。

1　出エジプト20・2

問[44]　十戒の序文は、わたしたちに何を教えていますか。

答　十戒の序文はわたしたちに、神は主であり、わたしたちの神また贖い主《（リディーマー）》であられるので、それゆえにわたしたちはかれのすべての戒《（カマンドメンツ）》めを守《（キープ）》らなければならない、ということを教えています。[1]

1　ルカ1・74、75、Ⅰペトロ1・15～19

問[45]　第一戒は、どれ《（ホウィッチ）》ですか。

答　第一戒は、「汝、わが顔の前に、我のほか何物をも神とすべからず」[1]です。

1　出エジプト20・3

問[46]　第一戒では、何が求められて《（リクワイアド）》いますか。

答　第一戒はわたしたちに、神が唯一の真《（トゥルー）》の神、またわたしたちの神であることを知り《（ノウ）》、認める《（アクナリッジ）》こと[1]、そして、それにふさわしく《（アコーディングリィ）》かれを礼拝《（ワーシップ）》し、かれに栄光を帰す《（グロリファイ・ヒム）》こと[2]、を求めています。

1　歴代上28・9、申命26・17
2　マタイ4・10、詩29・2

問[47]　第一戒では、何が禁じられて《（フォビッドゥン）》いますか。
答　第一戒は、真の神を神、[1] またわたしたちの神、[2] ではないとして否定したり、[3] 真の神を礼拝し、かれに栄光を帰すことをしないこと、また、かれのみにふさわしい礼拝と栄光を、何か他のものに与えること、[4] を禁じています。

1　ローマ1・21
2　詩81・11、12〔81・10、11〕
3　詩14・1
4　ローマ1・25、26

問[48]　第一戒の「わが顔の前に」という言葉によって、わたしたちは特に何を教えられていますか。
答　第一戒の「わが顔の前に」というこの言葉はわたしたちに、すべてのことを見ておられる神は、何かほかの神をもつという罪に特に目を留め《（テイク・ノウティス）》、これを非常に不快に思われる《（ディスプリーズド）》ことを教えています。[1]

1　エゼキエル8・5～18

問[49]　第二戒は、どれですか。

答　第二戒は、「汝、己《おの》れのために、何《なに》の偶像をも彫《きざ》むべからず、また上《かみ》は天にあるもの、下《しも》は地にあるもの、ならびに地の下の水のなかにあるものの、何の形をも作るべからず、これを拝むべからず、これに仕《つこ》うべからず、われエホバ〔主〕汝の神は嫉《ねた》む神なれば、我をにくむ者にむかいては、父の罪《イニクウィティ》を子に報いて三四代《さんよだい》に及ぼし、我を愛しわが戒めを守る者には恵みを施して千代《せんだい》にいたるなり」[1]です。

1　出エジプト20・4～6

問[50]　第二戒では、何が求められて《リクワイアド》いますか。

答　第二戒は、神がかれの御言葉において定めておられる《ハス・アポインティド》すべての宗教的礼拝《リリジャス・ワーシップ》と規定《オーディナンスィズ》を受け入れ《リスィーヴィング》、遵守し《オヴザーヴィング》、純粋《ピュア》かつ完全《インタイア》に保つ《キーピング》ことを求めています《リクワイアス》[1]。

1　申命32・46、マタイ28・20、使徒2・42

問[51]　第二戒では、何が禁じられて《フォビッドゥン》いますか。

答　第二戒は、聖画像《イミジズ》により、[1] あるいは神の言葉において定められていない何か他の方法で、[2] 神を礼拝することを禁じて《フォビッドゥス》います。

1　申命4・15〜19、出エジプト32・5、8
2　申命12・31、13・1〔12・32〕

問[52]　第二戒に付け加えられている《アネックスト》理由《リーズンズ》は、何ですか。

答　第二戒に付け加えられている理由は、わたしたちに対する神の主権《サヴァランティ》、[1] わたしたちに対する神の所有権《プラプライアティ》、[2] そして御自身への礼拝に対して神がもっておられる熱心《ズィール》、[3] です。

1　詩95・2、3、6
2　詩45・12〔45・11〕
3　出エジプト34・13、14

問[53] 第三戒は、どれですか。

答 第三戒は、「汝の神エホバ〔主〕の名をみだりに口にあぐべからず、エホバ〔主〕はおのれの名をみだりに口にあぐる者を罪《つみ》せではおかざるべし[1]」です。

1 出エジプト20・7

問[54] 第三戒では、何が求められてい《リクワイアド》ますか。

答 第三戒は、神の御名《ネイムズ》[1]、称号《タイトルズ》[2]、属性《アトリビューツ》[3]、規定《オーディナンスィズ》[4]、言葉《ワーズ》[5]、御業《ワークス》[6]の、聖《ホウリイ》く、敬虔《レヴァラント》な使用《ユース》を求め《リクワイアス》ています。

1 マタイ6・9、申命28・58
2 詩68・5〔68・4〕
3 黙示15・3、4
4 マラキ1・11、14
5 詩138・1、2
6 ヨブ36・24

問[55] 第三戒では、何が禁《フォビッドゥン》じられていますか。

答 第三戒は、神が御自身を知らせるのにお用いになるいかなるものをも、汚《プラフェイニング》すこと、あるいは濫用《アビューズィング》することをすべて禁じています。[1]

1 マラキ1・6、7、12、2・2、3・14

問[56] 第三戒に付け加えられている理由は、何ですか。

答 第三戒に付け加えられている理由は、この戒めを破る者たち《ブレイカーズ》がたとえ人間による罰《パニッシュメント》は免《エスケイプ》れたとしても、わたしたちの神である主は、かれの義しい審判《ライチャス・ジャッジメント》を免れることはかれらにお許《ノット・サファー》しにならない、ということです。[1]

1 サムエル上2・12、17、22、29、3・13、申命28・58、59

問[57] 第四戒は、どれですか。

答 第四戒は、「安息日《あんそくにち》をおぼえてこれを潔《きよ》くすべし、六日《むいか》のあいだ働きて汝のすべての業《わざ》をなすべし、七日《なぬか》は汝の神エホバ〔主〕の安息なれば、何《なに》の業をもなすべからず、汝も汝の息子娘も、汝の僕《しもべ》しもめも汝の家畜も、汝の門のうちにおる他国《よそぐに》の人もしかり、そはエホバ〔主〕六日《むいか》のうちに天と地と海とそれらのうちのすべての物をつくりて、七日目《なぬかめ》に休みたればなり、これをもてエホバ〔主〕安息日《あんそくにち》を祝いて聖日としたもう」[1]です。

1 出エジプト20・8〜11

問[58] 第四戒では、何が求められて《（リクワイアド）》いますか。

答 第四戒は、神がかれの言葉において定めておられる《（ハス・アポインテイド）》一定の時間《（セット・タイム）》、すなわち、七日《なのか》のうち丸一日《（ワン・ホウル・デイ）》を、御自身に対して聖なる安息日《（ホウリィ・サバス）》となるように、神に対して聖く守る《（キーピング・ホウリィ）》ことを求めています。[1]

1 申命5・12〜14

問[59] 神は、七日《なのか》のうちどの日を、週ごとの《（ウィークリィ）》安息日《あんそくび》に定めておられ《（ハス・アポインテイド）》ますか。

答 神は、世の初めからキリストの復活までは、週の第七日《だいななにち》を週ごとの安息日《あんそくび》と定めておられましたが、それ以降は、引き続き世の終わりまで、週の第一日を安息日と定められました――これがキリスト教安息日《（ザ・クリスチャン・サバス）》です。[1]

1　創世2・2、3、Iコリント16・1、2、使徒20・7

問[60]　安息日《あんそくび》は、どのように《（ハウ）》聖別されなければ《（サンクティファイド）》なりませんか。

答　安息日は、他の日には合法的《（ローフル）》であるこの世の《（ワールドリィ）》仕事《（イムプロイメンツ）》や娯楽《（レクリエイションズ）》からも離れて、[1]その日丸一日《（オール・ザット・デイ）》を聖く休み《（ホウリィ・レスティング）》、[2]必要な活動《（ネセサリィ・ワークス）》と憐れみの活動《（ワークス・オヴ・マースィ）》に用いられる時間を除き、[3]全時間《（ホウル・ターム）》を、公的《（パブリック）》・私的《（プライヴィット）》な神礼拝の営み《（エクササイズィズ）》をして過ごすことによって[4]聖別され《（サンクティファイド）》なければなりません。

1　出エジプト16・25～28、ネヘミヤ13・15～19、21、22
2　出エジプト20・8、10
3　マタイ12・1～13
4　ルカ4・16、使徒20・7、詩92・1〔92編の表題〕、イザヤ66・23

問[61]　第四戒では、何が禁じられていますか。

答　第四戒は、〔第一に〕この戒めで求められている義務《（デューティーズ）》の怠慢《（オウミッション）》、あるいはいいかげん《（ケアレス）》な実行《（パフォーマンス）》、[1]また〔第二に〕怠惰《（アイドルネス）》や、[2]それ自体罪深いことを行うことにより、[3]あるいは、この世の仕事や娯楽についての不必要《アンネセサリィ》な思い《ソーツ》・言葉《ワーズ》・活動《ワークス》によって[4]この日を汚すこと《プラフェイニング》、を禁じています。

1 エゼキエル22・26、アモス8・5、マラキ1・13
2 使徒20・7、9
3 エゼキエル23・38
4 エレミヤ17・24～26、イザヤ58・13

問[62] 第四戒に付け加えられている《アネックスト》理由《リーズンズ》は、何ですか。

答 第四戒に付け加えられている理由は、〔第一に〕神がわたしたち自身の仕事《イムプロイメンツ》のために一週のうち六日間をわたしたちに与えておられる《アラウイング》こと、[1]〔第二に〕かれが第七日に対して特別な所有権《プラプライアティ》を主張しておられる《チャレンジング》こと、〔第三に〕かれ自身の模範《イグザンプル》、そして〔第四に〕かれが安息日を祝福された《ブレッスイング》こと、です。[2]

1 出エジプト20・9
2 出エジプト20・11

問[63] 第五戒は、どれですか。

答　第五戒は、「汝《なんじ》の父母《ちちはは》をうやまえ、これは汝の神エホバ〔主〕の汝に賜う所の地に、汝の命の長からんためなり」[1]です。

1　出エジプト20・12

問[64]　第五戒では、何が求められて《リクワイアド》いますか。

答　第五戒は、目上の人《スピアリアズ》[1]、目下の人《インフィアリアズ》[2]、あるいは対等の人《イークワルズ》[3]として、さまざまな《セヴラル》立場《プレイスィズ》と関係《リレイションズ》にある、あらゆる人《エヴリィ・ワン》の栄誉《オナー》を守り《プリザーヴィング》、その人に対する義務《デューティーズ》を果たす《パフォーミング》ことを求めています。

1　エフェソ5・21
2　Ⅰペトロ2・17
3　ローマ12・10

問[65]　第五戒では、何が禁じられていますか。

答　第五戒は、さまざまな立場と関係にある、あらゆる人《エヴリ・ワン》の栄誉《オナー》とその人への義務《デューティ》を無視すること、あるいはそれらに反することを行ったりすることを禁じています。[1]

1 マタイ15・4～6、エゼキエル34・2～4、ローマ13・8

問[66] 第五戒に付け加えられている理由《リーズン》は、何ですか。

答 第五戒に付け加えられている理由《リーズン》は、この戒めを守るすべての人々に対する、長寿《ロング・ライフ》と繁栄《プラスペラティ》（それが神の栄光とかれら自身の益《グッド》に役立つかぎりで）の約束《プラミス》です。[1]

1 申命5・16、エフェソ6・2、3

問[67] 第六戒は、どれですか。

答 第六戒は、「汝、殺すなかれ」[1]です。

1 出エジプト20・13

問[68] 第六戒では、何が求められていますか。

答 第六戒は、わたしたち自身の命[1]と他《た》の人々の命[2]を守る《プリザーヴ》ための、あらゆる合法的《ローフル》な努力《インデヴァーズ》を求めています。

1　エフェソ5・28、29
2　列王上18・4

問[69]　第六戒では、何が禁じられていますか。
答　第六戒は、わたしたち自身の命や隣人の命を不当《アンジャストリィ》に奪うこと、および、それにいたる《テンデス》いっさいのことを禁じています。[1]

1　使徒16・28、創世9・6

問[70]　第七戒は、どれですか。
答　第七戒は、「汝、姦淫《かんいん》するなかれ」[1]です。

1　出エジプト20・14

問[71] 第七戒で求められていることは、何ですか。

答 第七戒は、心《ハート》と話し《スピーチ》とふるまい《ビヘイヴィア》において、わたしたち自身と隣人の純潔《チャスティティ》を保持《プリザヴェイション》することを求めています。[1]

1 Ⅰコリント7・2、3、5、34、36、コロサイ4・6、Ⅰペトロ3・2

問[72] 第七戒では、何が禁じられていますか。

答 第七戒は、あらゆる不純《アンチェイスト》な思い《ソーツ》と言葉《ワーズ》と行動《アクションズ》を禁じています。[1]

1 マタイ15・19、5・28、エフェソ5・3、4

問[73] 第八戒は、どれですか。

答 第八戒は、「汝、盗むなかれ[1]」です。

1 出エジプト20・15

問[74] 第八戒では、何が求められていますか。

答　第八戒は、わたしたち自身と他《た》の人々の、富《（ウェルス）》と財《（アウトワード・イステイト）》を合法的《（ローフル）》に獲得《（プラキュアリング）》し、増加《（ファーザリング）》させることを求めています。[1]

1　創世30・30、Ⅰテモテ5・8、レビ25・35、申命22・1〜4、出エジプト23・4、5、創世47・14、20

問[75] 第八戒では、何が禁じられていますか。

答　第八戒は、わたしたち自身や隣人の、富や財を不当《（アンジャストリィ）》に損《（ヒンダー）》なったり、そうする恐れの《（メイ）》あるいっさいのことを禁じています。[1]

1　箴21・17、23・20、21、28・19、エフェソ4・28

問[76] 第九戒は、どれですか。

答　第九戒は、「汝、その隣人《となり》に対して偽りの証《あかし》を立つるなかれ[1]」です。

1　出エジプト20・16

問[77]　第九戒では、何が求められていますか。

答　第九戒は、人《マン》と人との間の真実《トゥルース》と、[1]わたしたち自身および隣人の名声《グッド・ネイム》を保持し《メインテイニング》、高めること《プラモウティング》、[2]特に証言を行う《ウィットネス・ベアリング》に際して、[3]を求めています。

1　ゼカリヤ8・16
2　Ⅲヨハネ12
3　箴14・5、25

問[78]　第九戒では、何が禁じられていますか。

答　第九戒は、真実《トゥルース》をゆがめたり《プレジュディシャル》、あるいは、わたしたち自身や隣人の名声を損う《インジュリアス》いっさいのことを禁じています。[1]

1　サムエル上17・28、レビ19・16、詩15・3

問[79] 第十戒は、どれですか。

答 第十戒は、「汝、その隣人《となり》の家をむさぼるなかれ、また汝の隣人の妻、およびその僕《しもべ》、しもめ、牛、驢馬《ろば》、ならびにすべて汝の隣人の持物をむさぼるなかれ」[1]です。

1 出エジプト20・17

問[80] 第十戒では、何が求められていますか。

答 第十戒は、隣人とその人に属するすべてのものに対する、正しい《ライト》、思いやりの《チャリタブル》気持ち《フレイム・オヴ・スピリット》をもちつつ、[1]わたしたち自身の境遇《カンディションズ》に十分に満足する《フル・カンテントマント》ことを求めています。[2]

1 ヨブ31・29、ローマ12・15、Iテモテ1・5、Iコリント13・4～7
2 ヘブライ13・5、Iテモテ6・6

問[81] 第十戒では、何が禁じられていますか。

答 第十戒は、すべて、わたしたち自身の生活状態《イステイト》に満足しないことと、[1]隣人の良い《グッド》ものをねたむこと《エンヴィイング》、あるいは悲しむこと《グリーヴィング》、[2]また、隣人に属するいかなるものに対してであれ、すべて過度《インオーディネト》な欲求《モウションズ》や愛着《アフェクションズ》をいだくこと、[3] を禁じています。

1 列王上21・4、エステル5・13、Iコリント10・10
2 ガラテヤ5・26、ヤコブ3・14、16
3 ローマ7・7、8、13・9、申命5・21

問[82] これらの神の戒め《カマンドメンツ》を、だれか完全《パーフェクトリィ》に守る《キープ》ことができますか。

答 堕落以来、単なる人間はだれも、この世《ズィス・ライフ》においてこれらの神の戒めを完全に守ることはできず、[1] かえって、思い《ソート》と言葉《ワード》と行い《ディード》において、日ごと《デイリィ》にそれらを破って《ブレイク》います。[2]

1 コヘレト7・20、Iヨハネ1・8、10、ガラテヤ5・17
2 創世6・5、8・21、ローマ3・9〜21、ヤコブ3・2〜13

問[83] 律法に対する違反《トランスグレッションズ》はみな、同程度《イークワリィ》にいまわしい《ヘイナス》のですか。

答 ある罪は、それ自体で、また、いくつかの加重《アグラヴェイションズ》の理由で、他《た》の罪よりも神の御前に《イン・ザ・サイト・オヴ》いっそういまわしくなります。[1]

1　エゼキエル8・6、13、15、Ｉヨハネ5・16、詩78・17、32、56

問[84]　すべて《エヴリィ》の罪は、何に値《ディザーヴ》しますか。

答　すべての罪は、この世《ズイス・ライフ》においても、来るべき世《ホウィッチ・イス・トゥ・カム》においても、神の怒り《ラス》と呪い《カース》に値します。[1]

1　エフェソ5・6、ガラテヤ3・10、哀3・39、マタイ25・41

問[85]　罪のゆえにわたしたちが受けて当然である神の怒りと呪いを免れる《エスケイプ》ために、神はわたしたちに何を求めておられますか。

答　罪のゆえにわたしたちが受けて当然である神の怒りと呪いを免れるために、神はわたしたちに、イエス・キリストに対する信仰《フェイス・イン・ジーザス・グライスト》と、命にいたる悔い改め《リペンタンス・アントゥ・ライフ》[1]を、贖い《リデムプション》に伴う益《ベネフィッツ》をキリストがわたしたちに分かち与える《カミューニケイト》のにお用いになる、すべての外的手段《アウトワード・ミーンズ》の勤勉《ディリジャント》[2]な使用とともに、求めておられます。

1　使徒20・21

2 箴2・1〜6、8・33〜36、イザヤ55・3

問[86] イエス・キリストに対する信仰とは、何ですか。

答 イエス・キリストに対する信仰とは、それによって《ホウェアバイ》わたしたちが、救いのために、福音においてわたしたちに提供《オファー》されているままに、キリストのみを受け入れ《リスィーヴ》、かれにのみ依り頼む《レスト》[1]、そのような、救いに導く霊的賜物《ア・セイヴィング・グレイス》です[2]。

1 ヨハネ1・12、イザヤ26・3、4、フィリピ3・9、ガラテヤ2・16
2 ヘブライ10・39

問[87] 命にいたる悔い改め《リペンタンス・アントゥ・ライフ》とは、何ですか。

答 命にいたる悔い改めとは、それによって《ホウェアバイ》罪人《つみびと》が、自分の罪に対する真《トゥルー》の自覚《センス》[1]と、キリストにおける神の憐れみ《マースィ》への認識《アプリヘンション》[2]から、自分の罪に対する悲しみ《グリーフ》と憎しみ《ヘイトリッド》をもって、また、新しい従順《オウビーディアンス》への十分《フル》な決意《パーパス》と努力《インデヴァー》をもって[3]、罪から神に立ち帰る[4]、そのような、救いに導く霊的賜物《ア・セイヴィング・グレイス》です[5]。

1 使徒2・37、38

2 ヨエル2・12、エレミヤ3・22
3 Ⅱコリント7・11、イザヤ1・16、17
4 エレミヤ31・18、19、エゼキエル36・31
5 使徒11・18

問[88] 贖《リデムプション》いの益をキリストがわたしたちに分かち与えられる《カミューニケイト》、外的手段《アウトワード・ミーンズ》は、何ですか。

答 贖いの益をキリストがわたしたちに分かち与えられる外的な、通常《オーディナリィ》の手段は、キリストの諸規定《オーディナンスィズ》、特に、御言葉《ザ・ワード》と聖礼典《サクラメント》と祈り《プレア》で、これらすべてが、選びの民《ズィ・イレクト》にとって救いのために有効《イフェクチュアル》とされます。[1]

1 マタイ28・19、20、使徒2・42、46、47

問[89] 御言葉《ザ・ワード》は、どのようにして《ハウ》救いに有効とされるのですか。

答 神の霊《ザ・スピリット・オヴ・ゴッド》が、御言葉の朗読《リーディング》、しかし特に御言葉の説教《プリーチング》を、罪人に罪を悟らせ《カンヴィンスィング》、回心させ《カンヴァーティング》、さらに、救いにいたる信仰をとおして、かれらを聖性《ホウリネス》と慰め《カムフォト》において建て上げる《ビルディング・アップ》のに、有効な手段とされます。[1]

1 ネヘミヤ8・8、Ⅰコリント14・24、25、使徒26・18、詩19・9〔19・8〕、使徒20・32、ローマ15・4、Ⅱテモテ3・15～17、ローマ10・13～17、1・16

問[90] 御言葉が救いに有効《イフェクチュアル》となるために、それはどのように《ハウ》読まれ、聞かれなければなりませんか。

答 御言葉が救いに有効となるために、わたしたちは、勤勉さ《ディリジャンス》[1]と準備《プレパレイション》[2]と祈り[3]をもってそれに注意を払い《アテンド》、信仰と愛をもってそれを受け入れ《リスィーヴ》[4]、心に蓄え《レイ・アップ》[5]、生活の中で実践《プラクティス》しなければなりません。[6]

1 箴8・34
2 Ⅰペトロ2・1、2
3 詩119・18
4 ヘブライ4・2、Ⅱテサロニケ2・10
5 詩119・11
6 ルカ8・15、ヤコブ1・25

問[91] 聖礼典《ザ・サクラメンツ》は、どのようにして《ハウ》救いの有効な手段《ミーンズ》となるのですか。

答 聖礼典は、それら自体の内にある、あるいはそれらを執行する人《アドミニスター》の内にある、どのような効力《ヴァーチュー》によってでもなく、それらを信仰によって受ける人々の場合、ただキリストの祝福《ブレッシング》[1]とかれの霊の働き《ワーキング》[2]によって、救いの有効な手段となります。

1 Ⅰペトロ3・21、マタイ3・11、Ⅰコリント3・6、7

2 Ⅰコリント12・13

問[92] 聖礼典《ア・サクラメント》とは、何《ホワット》ですか。

答 聖礼典とは、そこにおいて《ホウェアイン》、キリストと、新しい契約《ザ・ニュー・カヴェナント》の益《ベネフィッツ》が、知覚できる《センサブル》しるし《サインズ》によって表され《レプリゼンティド》、証印され《スイールド》、適用される《アプライド》、そのような、キリストによって制定された《インスティテューティド》聖い規定《アン・ホウリィ・オーディナンス》です[1]。

1 創世17・7、10、出エジプト12章、Ⅰコリント11・23、26

問[93] 新約《ザ・ニュー・テスタメント》の聖礼典《サクラメンツ》は、どれ《ホウィッチ》ですか。

答　新約の聖礼典は、洗礼《バプティズム》[1]と主の晩餐《ザ・ローズ・サパー》[2]です。

1　マタイ28・19
2　マタイ26・26〜28

問[94]　洗礼とは、何ですか。

答　洗礼とは、そこにおいて《ホウェアイン》、父と子と聖霊の御名による水の洗い《ウォッシング・ウィズ・ウォーター》[1]が、わたしたちがキリストに接ぎ木され《イングラフティング》、恵みの契約《ザ・カヴェナント・オヴ・グレイス》の益《ベネフィッツ》にあずかる《パーティキング》ことと、主のもの《ザ・ローズ》になるとわたしたちが約束すること《インゲイジメント》を、意味し《スィグニファイ》、証印する《スィール》[2]、そのような聖礼典です。

1　マタイ28・19
2　ローマ6・4、ガラテヤ3・27

問[95]　洗礼は、だれに対して執行される《アドミニスタード》べきですか。

答　洗礼は、目に見える教会《ザ・ヴィズィブル・チャーチ》の外にいるいかなる人々に対しても、かれらがキリストに対する信仰とかれへの従順《オウビーディアンス》を公に告白する《プラフェス》までは、執行されてはなりませんが、[1]目に見える教会の会員《メムバーズ》の幼児《インファンツ》たちは、洗礼を授けられる《バプタイズド》べきです。[2]

1 使徒8・36、37、2・38
2 使徒2・38、39、創世17・10をコロサイ2・11、12と比較、Iコリント7・14

問[96] 主の晩餐《ザ・ローズ・サパー》とは、何ですか。

答 主の晩餐とは、そこにおいて《ホウェアイン》、キリストの御指示《アポイントメント》に従ってパンとぶどう酒を与え《ギヴィング》、また受け取る《リスィーヴィング》ことによって、かれの死が示され《ショウド・フォース》、ふさわしい《ワーズィ》受領者《リスィーヴァーズ》が、身体的《コーポラル》・肉的《カーナル》な仕方《マナー》ではなく、信仰によって、かれの体と血にあずかる者《パーテイカーズ》とされ、それに伴い、かれらの霊的栄養《ナリッシュメント》と恵みにおける成長《グロウス》に役立つかれのあらゆる益《ベネフィッツ》が与えられる、[1]そのような聖礼典です。

1 Iコリント11・23〜26、10・16

問[97] 主の晩餐をふさわしく《ワーズィリィ》受け取る《リスィーヴィング》ために、何が求められて《リクワイアド》いますか。

答 主の晩餐にふさわしくあずかろう《パーテイク》とする人々には、ふさわしくないままで来て飲み食いして自分たち自身に裁き《ジャッジメント》を招くことがないようにするため、〔第一に〕主の体《バディ》をわきまえる《ディサーン》知識について、[1]

〔第二に〕かれを糧とする《フィード・アポン・ヒム》自分たちの信仰について、[2]また〔第三に〕自分たちの悔い改め《リペンタンス》[3]と愛[4]と新しい従順[5]について、自分たち自身を吟味《イグザミン》することが求められています。[6]

1 Ⅰコリント11・28、29
2 Ⅱコリント13・5
3 Ⅰコリント11・31
4 Ⅰコリント10・16、17
5 Ⅰコリント5・7、8
6 Ⅰコリント11・28、29

問[98] 祈り《プレア》とは、何ですか。

答 祈りとは、神の御心《ウィル》にかなう事柄《スィングズ》を求めて、[1]キリストの御名により、[2]わたしたちの罪の告白[3]と、神《ヒズ》の憐れみ《マースィーズ》に対する心からの感謝《サンクフル・アクナリジメント》[4]とともに、わたしたちの願い《ディザイアズ》を神にささげる《オファリング・アップ》ことです。[5]

1 Ⅰヨハネ5・14
2 ヨハネ16・23
3 詩32・5、6、ダニエル9・4
4 フィリピ4・6

5　詩62・9〔62・8〕

問[99]　神は、祈りにおけるわたしたちの導《ダイレクション》きのため、どのような《ホワット》規範《ルール》を与えておられますか。

答　神の言葉全体が、祈りにおいてわたしたちを導《ダイレクト》くのに役立《オヴ・ユース》ちますが、[1] しかし、導《ダイレクション》きの特別な規範は、キリストがその弟子たちに教えられたあの祈祷文《ザット・フォーム・オヴ・プレア》、いわゆる「主の祈り《ザ・ローズ・プレア》」です。[2]

1　Ⅰヨハネ5・14
2　マタイ6・9～13をルカ11・2～4と比較

問[100]　主の祈りの序文《プレファス》は、わたしたちに何を教えていますか。

答　主の祈りの序文、すなわち「天にましますわれらの父よ」[1] はわたしたちに、わたしたちを助けることができ、また喜んでそうしてくださる神に、子どもが父親に対してするように、まったき《オール》聖い畏敬《ホウリィ・レヴァランス》と信頼《カンフィダンス》をもって近づく《ドゥロー・ニア》ように、[2] またわたしたちが、他《た》の人々と共に、そして他の人々のために、祈るべきである、[3] と教えています。

1 マタイ6・9
2 ローマ8・15、ルカ11・13
3 使徒12・5、Ⅰテモテ2・1、2

問[101] 第一の祈願《ピティッション》でわたしたちは、何を祈り求め《プレイ・フォー》るのですか。

答 第一の祈願、すなわち「ねがわくはみ名をあがめさせたまえ」[1]でわたしたちは、神が、御自身を知らせるのにお用いになるすべてのことにおいて、[2]わたしたちと他の人々が、かれに栄光を帰す《グロリファイ》ことができるようにしてくださるように、また、かれが万事を御自身の栄光のために整えてくださるように、[3]と祈ります。

1 マタイ6・9
2 詩67・3、4〔67・2、3〕
3 詩83編

問[102] 第二の祈願《ピティッション》でわたしたちは、何を祈り求めるのですか。

答 第二の祈願、すなわち「み国を来らせたまえ」[1]でわたしたちは、〔第一に〕サタンの王国《セイトウンズ・キングダム》が滅《ディストロイド》ぼされるように、[2] そして〔第二に〕恵みの王国《ザ・キングダム・オヴ・グレイス》が前進《アドヴァーンスト》させられ、[3] わたしたち自身と他《た》の人々がその中に入れられ、その中で守《ケプト》られるように、[4] また〔第三に〕栄光の王国《ザ・キングダム・オヴ・グローリィ》が早く来《ヘイスンド》たらされるように、[5] と祈ります。

1　マタイ6・10
2　詩68・2、19〔68・1、18〕
3　黙示12・10、11
4　Ⅱテサロニケ3・1、ローマ10・1、ヨハネ17・9、20
5　黙示22・20

問[103]　第三の祈《ピティッション》願でわたしたちは、何を祈り求めるのですか。

答　第三の祈願、すなわち「みこころの天になるごとく、地にもなさせたまえ」[1] でわたしたちは、神がその恵みにより、ちょうど天使たちが天においてしているように、[2] わたしたちもすべてのことにおいて、神の御心《ウィル》を知り、それに従《オウベイ》い、服《サブミット》することができるように、またそう望《ウィリング》むように、してくださるように、[3] と祈ります。

1　マタイ6・10

2　詩103・20、21
3　詩67編、119・36、マタイ26・39、サムエル下15・25、ヨブ1・21

問[104]　第四の祈願《ピティッション》でわたしたちは、何を祈り求めるのですか。
答　第四の祈願、すなわち「我らの日用《にちよう》の糧《かて》を今日も与えたまえ」[1]でわたしたちは、神の無償《フリー》の賜物《ギフト》の中からわたしたちが、この世《ズィス・ライフ》の良きものをふさわしい分《カムピタント・ポーション》だけ受け、それらでもって神の祝福《ブレッスィング》を喜《インジョイ》ぶことができるように、[2]と祈ります。

1　マタイ6・11
2　箴30・8、9、創世28・20、Ⅰテモテ4・4、5

問[105]　第五の祈願《ピティッション》でわたしたちは、何を祈り求めるのですか。
答　第五の祈願、すなわち「我らに罪をおかす者を我らがゆるす《フォギヴ》ごとく、我らの罪をもゆるしたまえ」[1]でわたしたちは、神がキリストのゆえに、わたしたちのすべての罪を、無償《フリーリィ》で赦《パードゥン》してくださるように、[2]と祈りますが、わたしたちは、神の恵みにより、他《た》の人々を心から赦《フォーギヴ》すことができるようにされているので、なおさらそのように求めることが奨励《インカリジド》されています。[3]

1 マタイ6・12
2 詩51・3、4、9、11〔1、2、7、9〕、ダニエル9・17〜19
3 ルカ11・4、マタイ18・35

問[106] 第六の祈願《ピティッション》で、わたしたちは何を祈り求めるのですか。

答 第六の祈願、すなわち「我らをこころみにあわせず、悪より救い出《いだ》したまえ」[1]でわたしたちは、罪を犯すよう誘惑《テムプテド》されることから神がわたしたちを守って《キープ》くださるように[2]、また、もし誘惑された場合には、わたしたちを支え《サポート》、救い助け《ディリヴァ》出してくださるように[3]、と祈ります。

1 マタイ6・13
2 マタイ26・41
3 Ⅱコリント12・7、8

問[107] 主の祈りの結びの言葉《カンクルージョン》は、わたしたちに何を教えていますか。

答 主の祈りの結びの言葉、すなわち「国とちからと栄えとは、限りなくなんじのものなればなり、アーメン」[1]は、わたしたちに、祈りにおける励まし《インカリジメント》を神からのみ受けるように[2]、また、わたしたちの祈りにおいて、国《キングダム》と力《パウア》と栄光《グローリイ》を神に帰して《アスクライビング》かれを讃美《プレイズ》するように、[3]教えています――そして、わたしたちは、祈りが聞かれるようにというわたしたちの願い《ディザイア》と、確かに聞かれるという確信《アシュアランス》との証しとして《イン・テスニィ・オヴ》、「アーメン」と言います。[4]

1 マタイ6・13
2 ダニエル9・4、7〜9、16〜19
3 歴代上29・10〜13
4 Ⅰコリント14・16、黙示22・20、21

三訂版　ウェストミンスター信仰規準

発行日……二〇二一年九月二十一日　第一版第一刷発行
定価……[本体二、二〇〇＋消費税]円
訳者……松谷好明
発行者……西村勝佳
発行所……株式会社一麦出版社
札幌市南区北ノ沢三丁目四―一〇　〒〇〇五―〇八三二
郵便振替〇二七五〇―三―二七八〇九
電話(〇一一)五七八―五八八八　FAX(〇一一)五七八―四八八八
URL http://www.ichibaku.co.jp/
携帯サイト http://mobile.ichibaku.co.jp/
印刷……株式会社総北海
製本……石田製本株式会社
装釘……須田照生

ISBN978-4-86325-135-9 C0016